요시다식 구체관절인형만들기

초판 1쇄 발행 2008년 10월 30일
초판 3쇄 발행 2017년 06월 10일

저자 요시다 료 (Yoshida Ryo)
역자 정양희 (Chong Yang Hee)
발행인 이은영
편집인 이은영
디자인 DESIGN STUDIO 203 (02) 323-2569

펴낸곳 돌모아
주소 서울 송파구 방이동 126-2 203 돌모아
전화 (02)3432-4993
팩스 (02)3432-4993
출력 · 인쇄
출판 등록 제 2008 – 74

ISBN 978-89-961720-1-7 93630

요시다식 구체관절인형만들기

YOSHIDA STYLE BALL JOINTED DOLL MAKING GUIDE

FORWARD

최근, 인형을 커스텀하거나, 오리지널로 제작하는 젊은이가 늘고 있는 듯 합니다. 애니메이션이나 게임캐릭터의 피규어도 많이 만들어지고 있고, 예술장면에서도 인형이 등장하고 있습니다. 인형은 단순히 OTAKU의 세계를 넘어서 대중적인 취미로 인지되어, 예전처럼「인형은 부녀자들만의 것」이 아니게 되었습니다.

본서는 월간 HOBBY JAPAN에 2004년 10월부터 19회에 걸쳐 연재된「YOSHIDA RYO 구체관절인형 제작노트」를 베이스로, 보다 이해하기 쉽도록 사진페이지를 늘리고 보충항목을 첨가했습니다. 구체관절인형 제작에 도전하는 초심자 분들도 기법을 이해할 수 있도록 해설해 놓았습니다.

흥미가 있는 분께서는 꼭 이 책을 길잡이로 당신 자신의 오리지널 인형제작을 시작해 주세요. 완성한 인형은 당신에게 만드는 기쁨을 줄거라 생각합니다.

吉田 良

These days, many young people enjoy customizing and making their own dolls. There are many products featuring characters from animations & games in the market, and dolls are found even in art scenes. Dolls are not only for girls, but it has been growing a more popular hobby beyond the OTAKU world.

This book is based on the serial HOW TO articles "RYO YOSHIDA Ball Jointed Doll Making Guide" in Monthly HOBBY JAPAN for 19 months since Oct-2004 issue. I have added more explanations and photographs to help especially beginners understand techniques of doll making.

Please start making your original doll. I wish that this book may help you. I am sure that making your own doll will bring you joy and happiness of handicraft.

Ryo Yoshida

CONTENTS

CHAPTER I 기초 Base — 9

I-1 제도, 데생 Drawing & Sketch — 10
I-2 심재 깎기 Make a core of the doll — 12
I-3 베이스 만들기 Make a base — 16

CHAPTER II 조형 Modeling — 19

II-1 얼굴 만들기 Model a face — 20
II-2 몸 만들기 Make a body — 24
II-3 팔·다리 만들기 Make arms & legs — 28
II-4 손발 만들기 Make hands & feet — 32
II-5 사포질 Sanding — 40

CHAPTER III 관절 Joints — 43

III-1 관절구 만들기 Make ball joints — 44
III-2 구 붙이기 Fix balls — 50
III-3 구 받침 만들기 Make joint's saucers — 52
III-4 목관절 설정하기 Set up a neck joint — 58

CHAPTER IV 조립 Construction — 61

IV-1 안구 Artificial eyes — 62
IV-2 안구·치아 만들기 Make artificial eyes & teeth — 66
IV-3 팔·다리 연결준비 Set up to put together arms & legs — 70
IV-4 손목·발목·머리의 연결준비 Set up to put together wrists, ankles & head — 72
IV-5 연결 Joining — 76

CHAPTER V 도색 Painting — 79

V-1 밑칠하기 Foundation coating — 80
V-2 밑칠하기 (상급편) Foundation coating (Advanced) — 82
V-3 피부 표현 Create skin — 86

CHAPTER VI 머리카락 Hair — 95

VI-1 머리카락 붙이기 Put hairs on — 96
VI-2 정수리 Top of the head — 98
VI-3 머리 손질 Hair arrange — 102

CHAPTER VII 구두 Shoes — 105

VII-1 구두 만들기 Make shoes — 106

도구와 소재 Tools & Material — 8,15,94
SHOP 소개·참고문헌 Shop list & References — 134

대나무헤라

시판되고 있는 것은 사진(위)와 같이 되어 있습니다. 사진 (아래)와 같이 자신이 사용하기 쉬운 형태로 깎아서 사용해 주세요. 대나무 헤라만으로도 충분합니다만, 마모되지 않는 금속제의 점토헤라나 조형용 spatula(주걱) 도 있으면 편리. 직접 만드는 경우에는 대나무의 껍질쪽을 남겨두고 얇게 연마해서, 양끝을 날카로운 모양과 둥그스름한 모양으로 깎습니다.

아트나이프

모양이 펜처럼 가늘어서 손에 쥐기 편하고, 좁은 곳에서의 방향회전이 자유로운 나이프. 디자인 커터와 닮았으나, 조형작업에는 OLFA에서 발매되고 있는 큰 아트나이프가 적합한 듯 합니다. 부지런히 칼을 교체할 필요가 있기 때문에 교체용 칼은 충분히 준비해 둘 것.

커터

커터는 일반 사이즈 외에, 큰 공작용 커터가 있으면 매우 편리. 모양이나 톱니부분이 모두 수지인 제품은 힘을 쓰는 작업에서 마음을 놓을 수 없기 때문에 피하는 것이 좋겠지요.

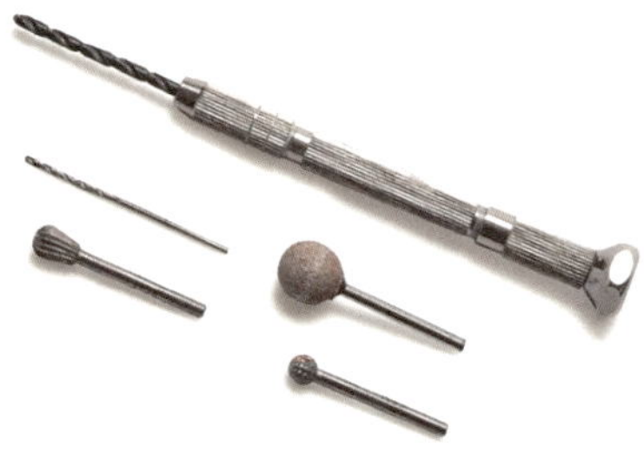

핀바이스와 드릴 날

수동으로 특정사이즈의 구멍을 뚫는 데에 사용합니다. 핀바이스에 드릴 날을 장착시켜, 소재에 대고 천천히 돌려서 구멍을 뚫습니다. 핀바이스는 손잡이와 같은 것으로, 단품으로는 도움이 되지 않기 때문에, 반드시 드릴 날 세트와 함께 구입할 것.

G클리어

합성 고무계의 접착제. 고무, 경질플라스틱 등, 다양한 소재를 접착합니다. 젖은 상태에서 붙여 건조시키는 것이 아니라, 양면에 바른 후 10분 정도 건조시킨 후에 맞춰 붙입니다. 가능한 한 강하게 눌러 주는 것이 포인트.

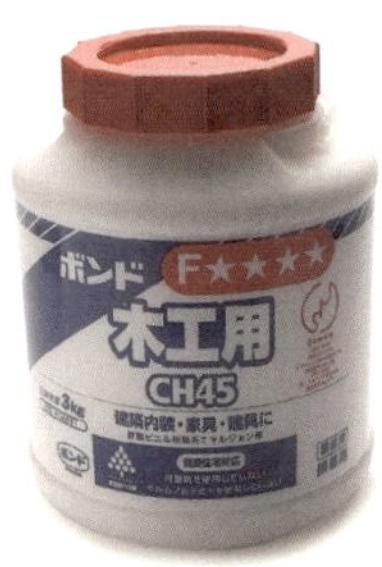

목공용 본드

수용산성비닐계 접착제. 종이, 나무, 천이나 가죽 등을 접착시킵니다. 경화제는 흰색입니다만, 마르면 무색으로 변합니다. 수성이기 때문에 무해하고, 소재를 녹이지 않는 장점이 있습니다.

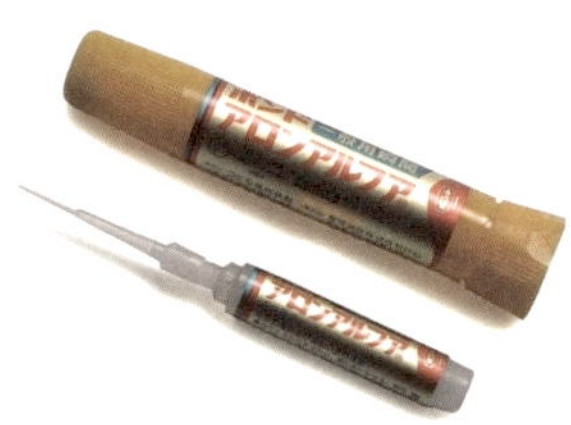

순간접착제

Cyanoacrylate (의료용 강력 순간접착제)계 접착제. 공기 중 접착면의 수분에 의해 화학반응을 일으켜 경화. 다양한 소재를 재빠르고, 강력하게 접착시킬 수 있습니다. 다만, 충격에는 약한 면도 있기 때문에 경우에 따라서는 심지를 넣는 등의 보강이 필요할 수도.

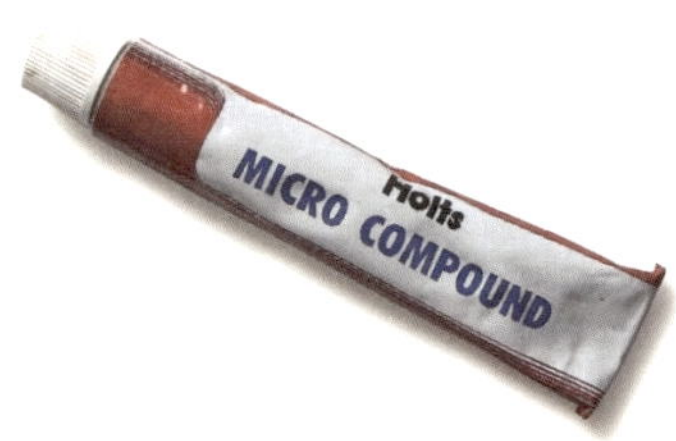

콤파운드

미세한 상처를 없애거나, 도료를 칠한 피막을 닦아서 광택을 내게 하는 연마제. 부드러운 천에 묻혀서 사용. 반 고체상태와 액체상태가 있습니다. 안구의 아크릴 반구를 닦거나 기타, 유리 안구 등의 표면이 상처로 탁해졌을 때에도 사용합니다.

CHAPTER I

기초
Base

§1 제도·데생

Drawing & Sketch

1. 밑그림 그리기

2. 본 만들기

제작에 임해 우선 실 크기의 밑그림을 그립니다. 이 그림을 기초로 심재를 깎기도 하지만, 인형의 이미지를 어느 정도 알 수 있기 때문에, 중요한 작업입니다. 관절부분은 나중에 설정하기 때문에, 이 단계에서는 관절을 만들어 넣는 것은 의식하지 말고, 신체의 라인을 중시해서 그려주세요. 얼굴 · 손발의 이미지 이전에, 무엇보다 중요한 것은 등신 밸런스이며, 체형입니다. 생각하고 있는 인형이 리얼한 것인지, 변형된 것인지, 마른 몸인지, 육감적인지. 인형의 연령을 가정해보면 그리기 쉬워질 거라고 생각합니다. 연령에 따라 머리부분에 대한 신체의 밸런스는 달라집니다. 유아는 4~5등신, 소녀 · 소년은 6~7등신, 성인은 7~8등신. 체격에 관해서도, 어린이는 어깨 폭을 좁게 하고, 설정 연령이 올라가면 어깨 폭을 넓게 해서 듬직하게 만들어 갑니다. 미술서의 인체데생의 교본을 참고로 하면 더욱 좋겠지요. (참고 문헌 p134) 자신의 만들고 싶은 이미지를 찾아서 그에 맞는 비율을 정해주세요.

† 준비물

- 제도용지 (모눈 종이)
- 자
- 필기도구
- 트레이싱 종이
- 가위

1» 밑그림 그리기

make a rough sketch

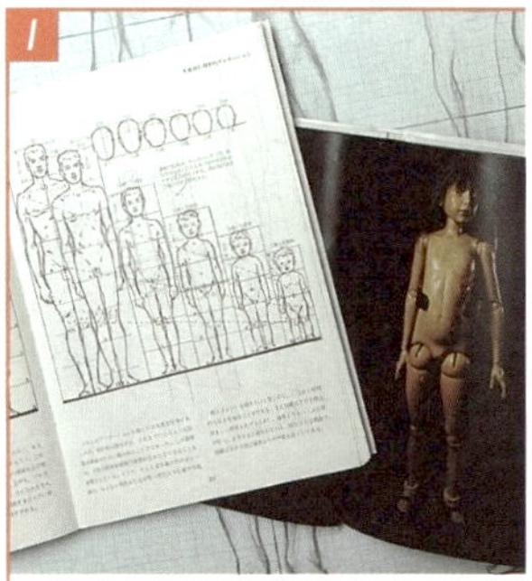

1 만들고 싶은 인형이 몇 등신인지 정합니다. 이번에는 두상이 9cm인 신장 54cm의 6등신 소녀인형으로 합니다.

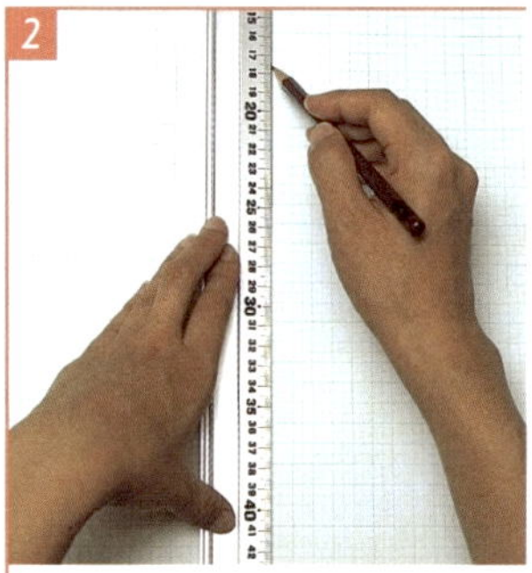

2 입체를 제도하기 때문에, 정면과 측면을 그립니다. 우선, 정면의 중심선을 긋습니다.

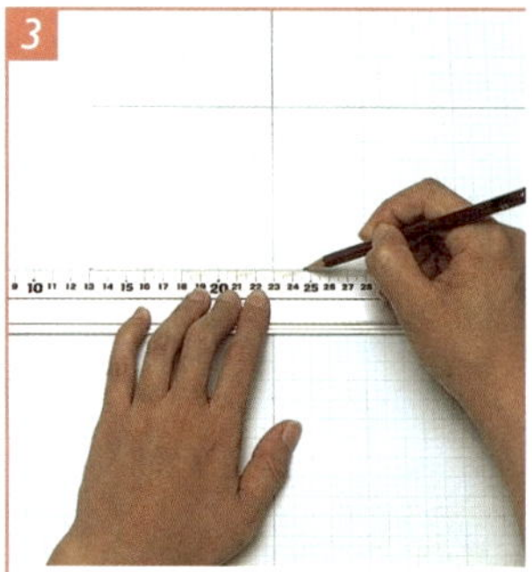

3 정한 등신비율에 맞춰 가로선을 긋습니다.

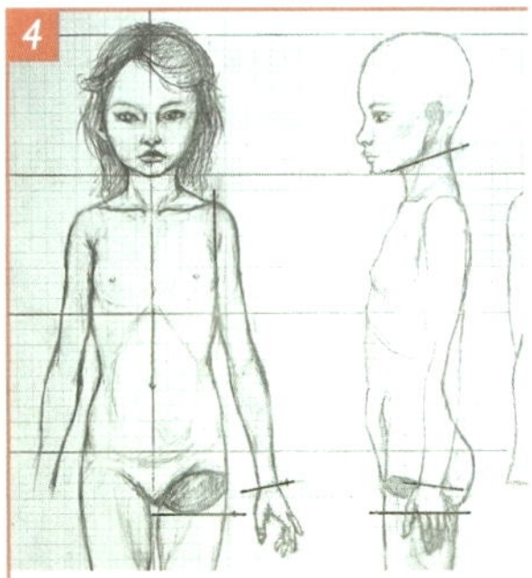

4 정면과 옆의 각 위치, 턱, 어깨, 허벅지, 무릎 · 팔꿈치, 손목 등이 일치하도록 주의해서 그려주세요.

2» 본 만들기

draw a paper pattern

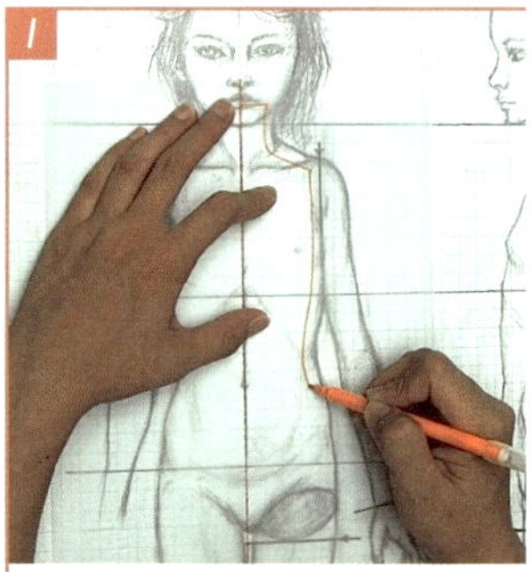

1 도안이 그려졌다면 심재를 깎기 위해 사용할 본을 트레이싱 종이에 베껴둡니다. 우선 중심선을 긋습니다.

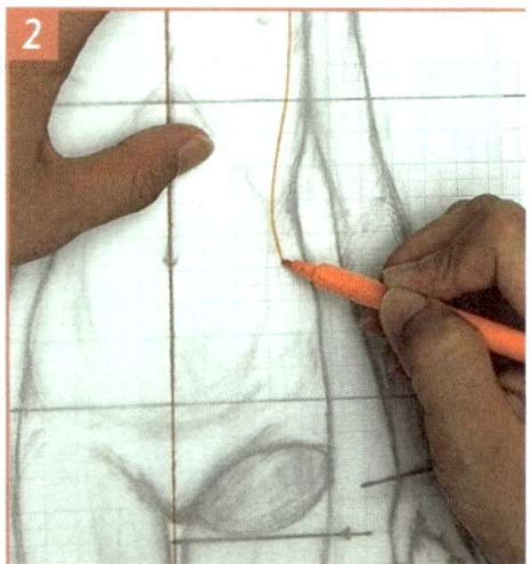

2 완성선보다 5mm정도 안쪽에 선을 고쳐 그려주세요. 그 5mm축소된 만큼이 점토의 두께가 됩니다.

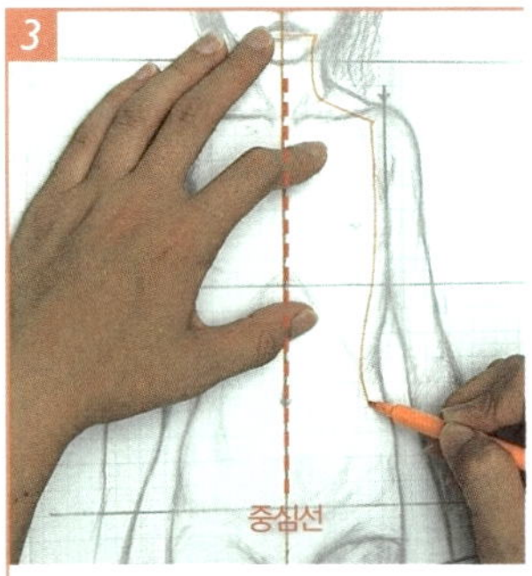

정면의 두상과 몸통은, 트레이싱 종이 위에 그은 중심선을 밑그림의 중심선에 겹쳐서 절반을 베껴 그리세요.

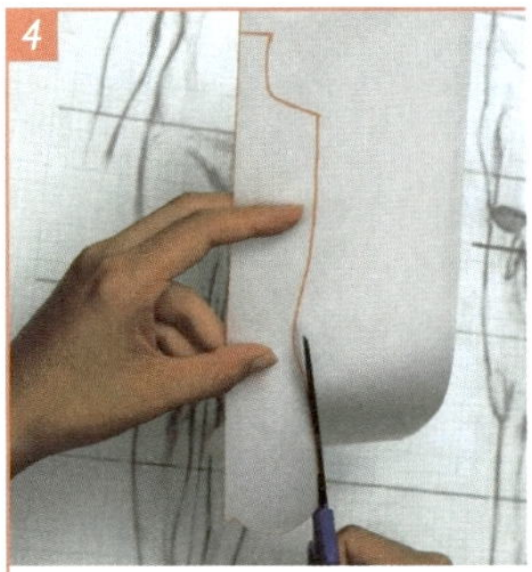

트레이싱 종이의 중심선을 둘로 접어서 잘라내고, 펼쳐서 좌우대칭의 본을 만듭니다.

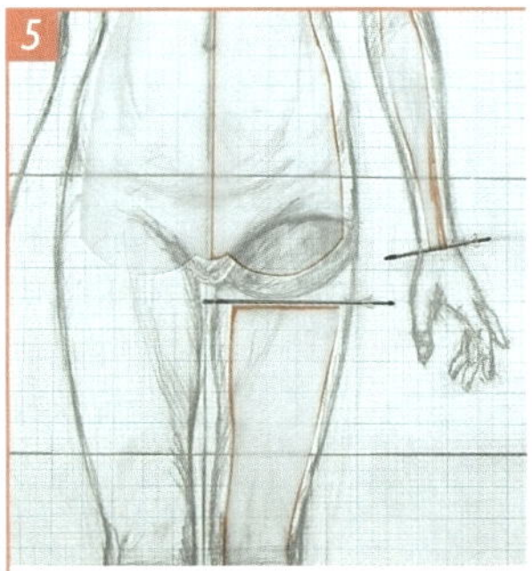

정면의 팔과 다리, 측면의 각 부분은 한쪽만 그리면 OK입니다. 반대쪽의 본은 뒤집어서 사용합니다.

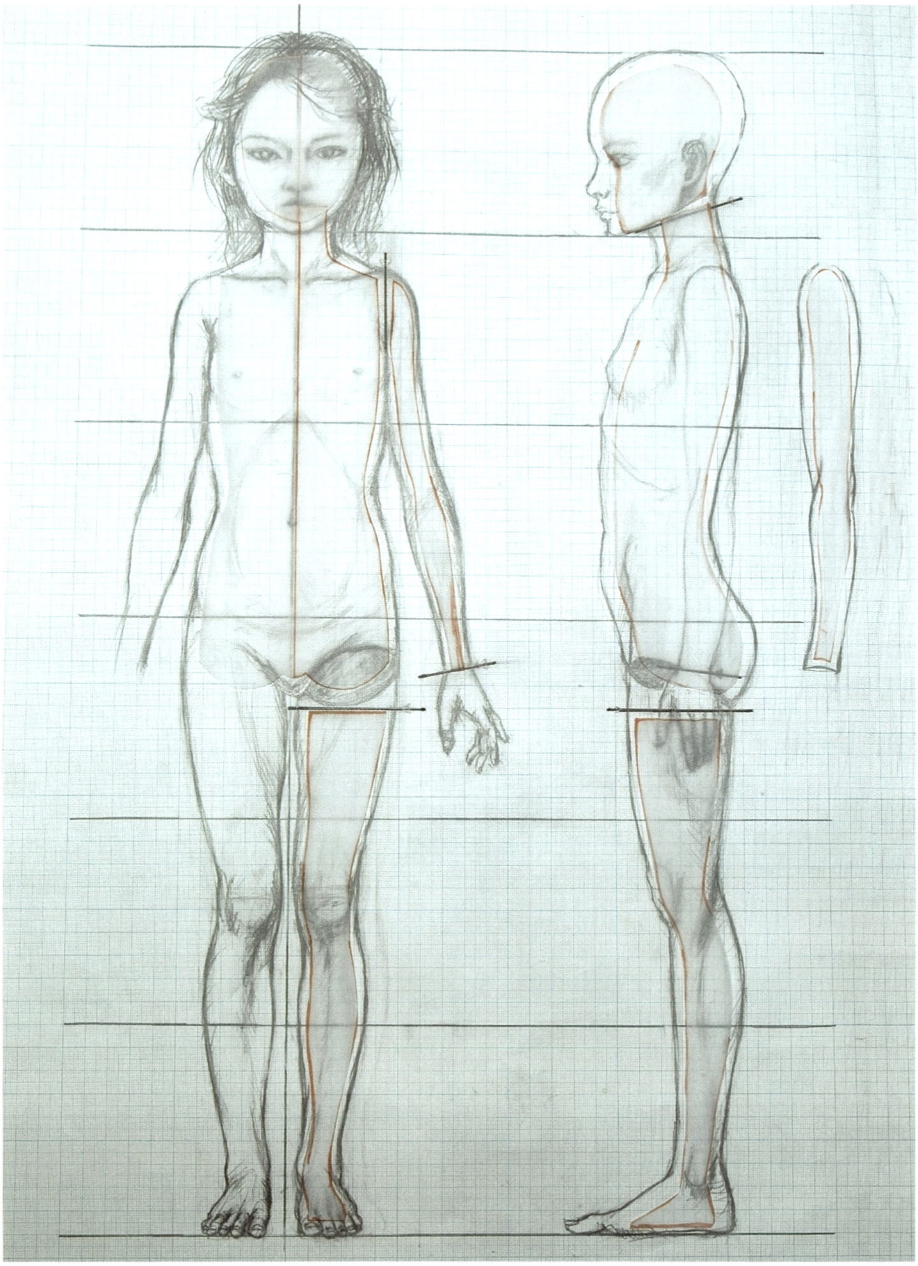

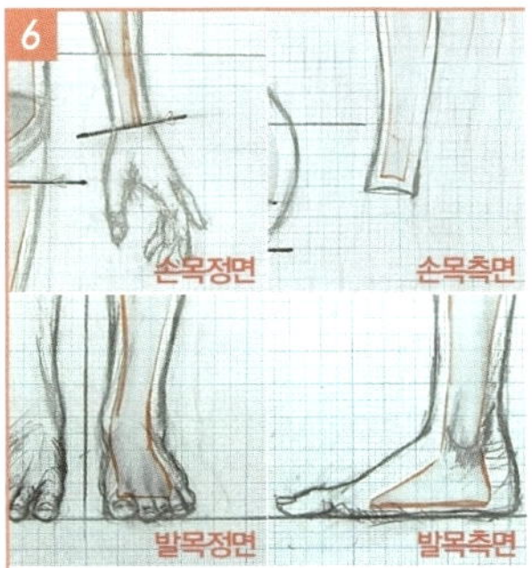

손목 · 발목의 가늘어지는 부분은 점토의 두께 분량이 얇아지도록 조정해 주세요. 단 최소 2mm는 확보해둡시다.

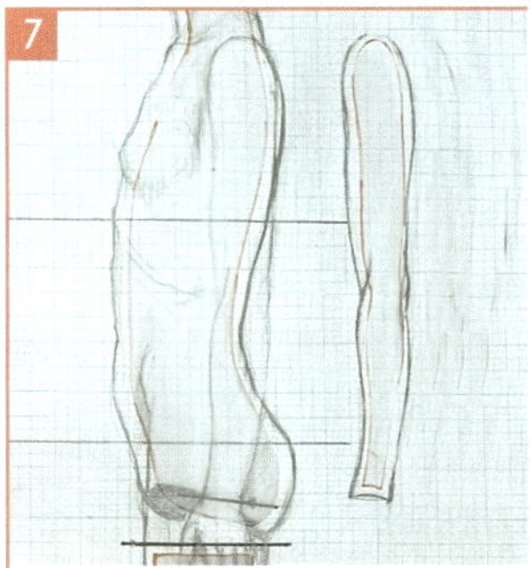

팔은 몸과 겹치지 않도록 조금 옮겨서 그려둡니다. 손끝은 철사를 사용해서 만들기 때문에 심재의 본은 필요 없습니다.

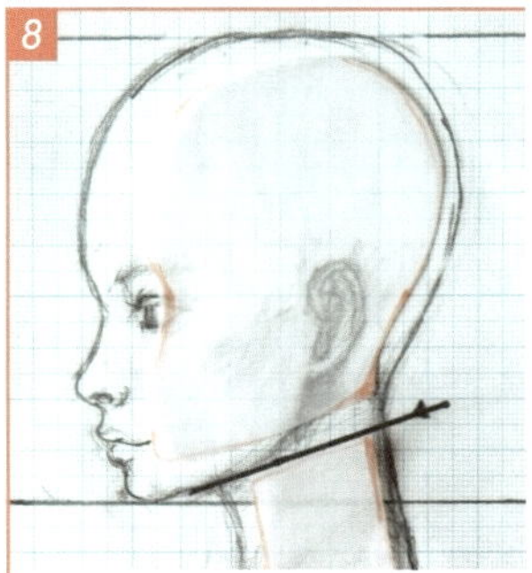

얼굴은 만들 때 심재가 표면에 드러나서 방해가 되는 경우도 있기 때문에, 조형하기 쉽도록 점토의 두께 분량을 많이 취합니다.

베낀 각 부분의 선을 따라 잘라 놓으면, 본은 완성됩니다.

§2 심재 깎기

Make a core of the doll

1. 블록상태에서 잘라내기 → 2. 본을 대서 잘라내기 → 3. 심재의 형태 만들기

점토의 베이스를 만들기 위한 심재를 잘라냅니다. 이번에는 나중에 심재를 파내기 위해, 부드러운 일반적인 스티로폼을 사용합니다. 딱딱한 타입이면 후에 빼낼 때 수고스럽기 때문입니다. 실 사이즈보다 한 단계 작은 스티로폼 심재를 만들어 봅시다. 스티로폼 심재를 사용함으로써, 점토의 두께를 비교적 균등하게 조형할 수 있게 됩니다. 또 점토가 건조 된 후에 심재를 빼내고, 속을 비우게 하는 것도 간단히 됩니다. 깎아서 형태를 만드는 어려움은 있습니다만, 어느 정도의 오차는 괜찮습니다. 그러나 신중하게 시도해 보세요. 발포스티로폼 작업에서는, 깎을 때 정전기로 작은 조각이 흩날리게 됩니다. 사전에 청소기를 옆에 준비하는 등의 대책을 세우세요.

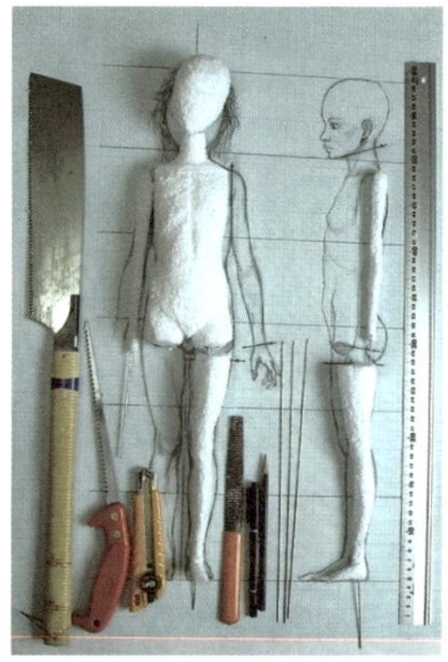

† 준비물

- 톱
- 돌려 빼는 톱 (쥐꼬리톱)
- 커터
- 목공용 거친 줄 (p41참조)
- 필기도구
- 스테인리스 꼬챙이
- 자
- 발포스티로폼

1» 블록상태에서 잘라내기

cut the styrene foam into 6 blocks

1

정면, 측면의 본을 대서, 스티로폼에 대충 자르는 선을 긋습니다.

2

머리 · 몸 · 양팔 · 양다리의 합계 6블록의 자르는 선을 긋습니다.

3

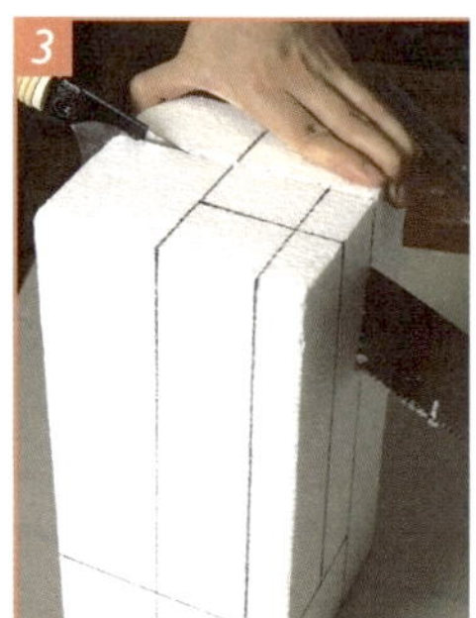

톱, 커터 등으로 잘라냅니다.

블록의 두께에 맞춰 도구를 나눠 사용합시다. 스티로폼 커터를 사용해도 좋습니다.

4

6개의 블록을 잘라냈습니다.

2» 본을 대서 잘라내기

cut the styrene foam out

1

각 블록에 각각의 본을 따라 매직으로 긋습니다. 우선, 측면의 선을 베껴 그립니다.

2

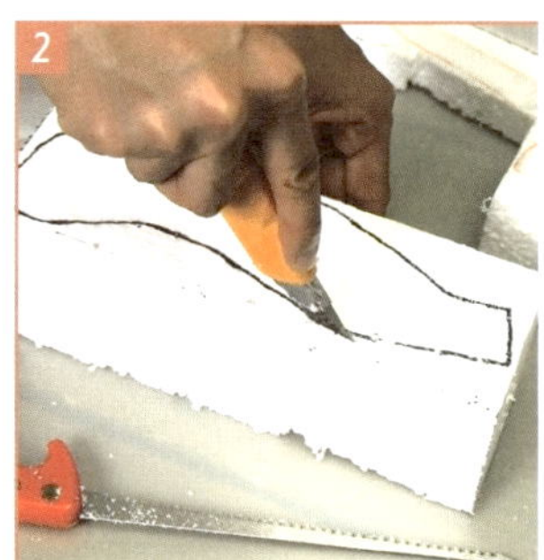

측면의 선을 그렸으면, 측면을 잘라냅니다.

다음은 측면의 모양을 잘라낸 스티로폼 위에 정면의 선을 긋습니다.

정면의 선을 옮겨 그렸다면, 정면을 잘라냅니다.

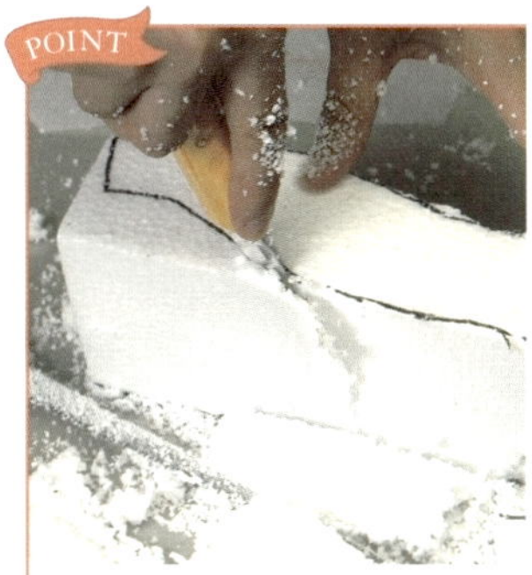

잘라낼 때는 칼날을 수직으로 사용해주세요. 경사지게 사용하면 형태가 뒤틀어집니다.

끝이 가늘고 예리한 쥐꼬리톱을 사용하면 곡선 자르기가 쉽습니다. 특히 큰 인형을 만들 때 편리합니다.

몸이 끝났으면, 같은 방법으로 머리도 본에 맞게 잘라냅니다.

팔과 다리의 본은 한쪽 면에 각한 장씩이기 때문에 뒤집어서 좌우 양방향의 심재를 잘라 냅니다.

팔과 다리는 꺾이기 쉬우므로 꼬치용 가는 대나무 꼬챙이를 꽂아서 보강해 둡시다.

3 »

심재의 형태 만들기

shave the core

본으로 잘라놓은 스티로폼의 형태를 정리해 갑니다. 사각의 모서리를 커터로 가볍게 깎습니다.

전체의 각이 진 부분을 깎아서 둥글려갑니다.

커터로 정돈해도 좋지만, 저는 목공용의 거친 줄을 사용해서 형태를 정리해 갑니다.

몸체의 앞부분도 거친 줄을 사용해서 뒤틀림을 조정해 갑니다.

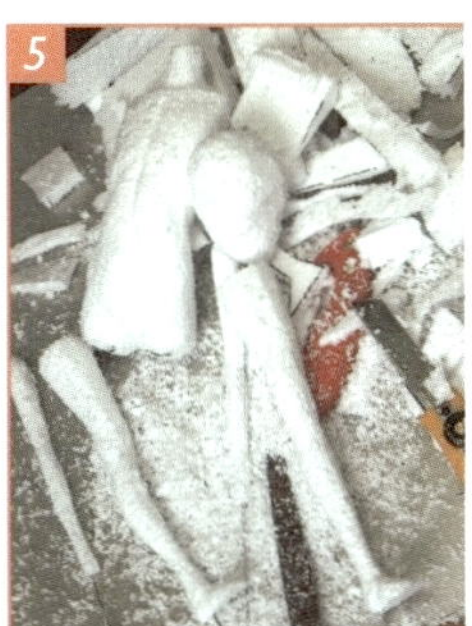

같은 형태로 팔, 다리, 머리부분도 정리해 갑시다.

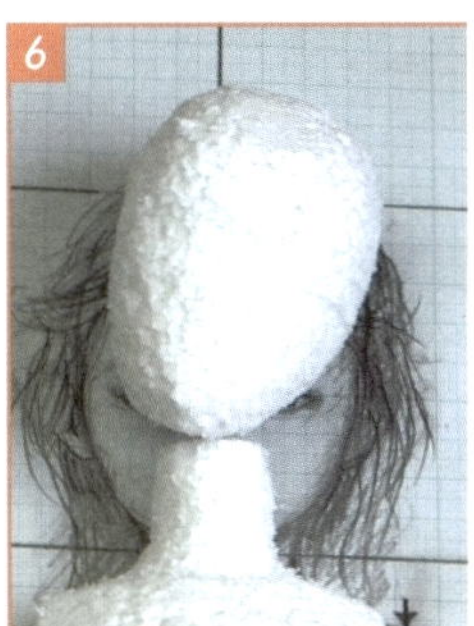

머리를 깎습니다. 깊이 패인 눈의 위치가 원 포인트입니다.

머리의 심재

귀여운 어린 아이의 머리를 할 경우에는 눈의 위치가 상하 1/2보다 밑에 두도록 해 주세요. 높은 연령의 경우에는 반대로 눈의 위치를 위쪽에 둡니다. 눈 · 코 · 입은 점토로 조형해 가기 때문에 스티로폼의 단계에서는 세세한 조형이 필요 없습니다.

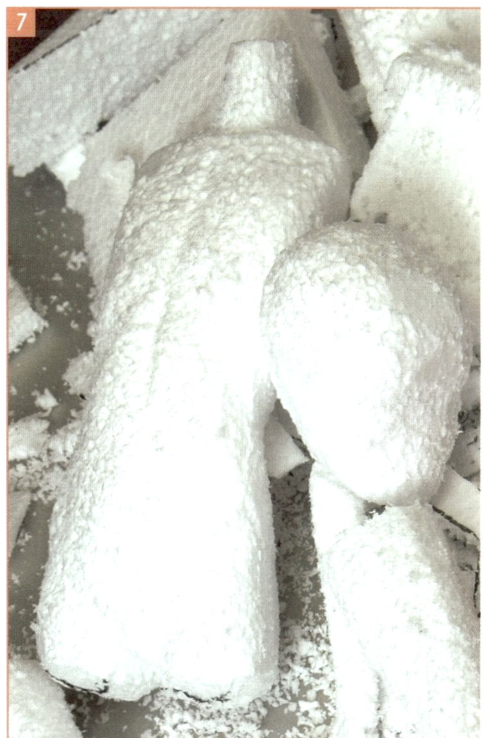

얼굴은 섬세한 조형을 하기 위해, 점토의 두께분량을 다른 부분보다 두껍게 합니다. 이마의 둥그스름함과, 뺨에서 턱까지의 둥그스름함에 주의해서 깎아 주세요.

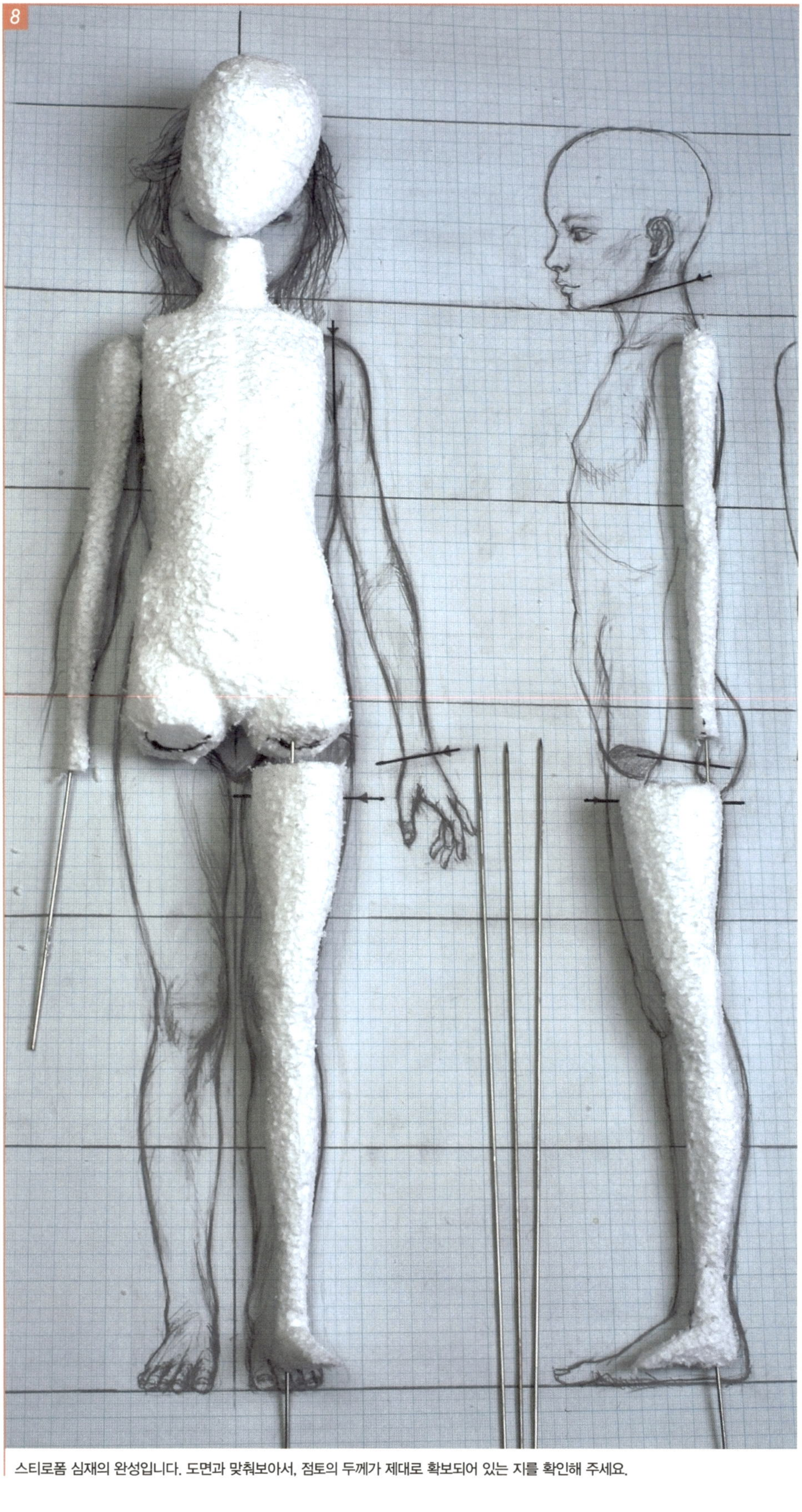

스티로폼 심재의 완성입니다. 도면과 맞춰보아서, 점토의 두께가 제대로 확보되어 있는 지를 확인해 주세요.

상급 편: 심재의 재 이용

심재를 재 이용하기 위해서 딱딱한 심재(압축스티로폼 아이소핑크 등)를 사용하여, 짓부수지 않고 꺼내는 방법도 있습니다.

1 심재가 되는 스티로폼을 랩이나 비닐로 말아서, 테이프로 단단히 묶은 후에 점토를 감싸서 만듭니다.

2 점토의 표면은 마르고 안쪽은 부드러운 반 건조상태가 되면 측면(몸체라면 겨드랑이부분)의 중심에 선을 긋습니다.

3 선을 따라서, 커터로 점토의 두께만큼만 칼 선을 넣고 앞과 뒤의 두 부분 나누기를 합니다.

4 일그러짐을 막기 위해 심재에 점토가 씌어진 상태로 점토를 바짝 건조시킨 후, 점토를 떼어내고 스티로폼을 꺼냅니다.

5 두 부분은 잘라낸 단면의 양쪽에 무르게 반죽한 점토를 발라 붙여서, 원상태로 만들어 놓습니다.

6 건조 후, 절단한 라인에 틈이나 쪼개짐이 없도록 체크, 보수를 확실하게 해 두세요.

스티로폼을 깎는 작업자체가 데생의 공부로 중요합니다. 인형의 골격, 자세나 움직임의 밑바탕이 되는 것이 심재 입니다. 심재가 제대로 만들어지지 않으면 점토를 붙여도 자연스런 인체의 형태가 되지 않습니다. 잘못된 심재는 재 이용을 해도 잘못된 인형이 되기 때문에 처음에는 귀찮더라도 한 체 한 체 깎아서 사용해주세요.

Advice

심재단계라고하지만, 데생을 확실히 해서 만들어가면, 점토만 둘러 씌워도 어느 정도의 형태가 나옵니다. 하나하나 과정을 바르게 해내는 것이 결과적으로 빠르고 수월합니다. 다만, 이것은 어디까지나 심재이므로 많이 깎아버린 부분은 점토 작업단계에서 보정할 수 있습니다. 심재가 너무 커서, 점토의 두께 분량이 얇아지는 것은 점토 조형 할 때에 문제가 됩니다.

발포스티로폼

일반적인 하얀 것을 말합니다. 유기용제를 포함한 접착제나 매직잉크를 사용하면 녹아 내리므로 주의해 주세요. 잘리지 않는 녹슨 칼로 자르면 정전기가 심해지므로, 칼은 반드시 새로운 날을 사용합시다.

스티로폼 구

발포스티로폼 상태의 구. 각이 진 상태에서 구를 깎으려면 힘들지만, TOKYU HANDS(재료쇼핑몰)에서 구를 구입해서 늘어놓고 사용하면 편리합니다.

라돌

창작인형에 가장 사용하기 좋은 석분점토. 수용성으로 조각하기 좋고, 조형성과 강도의 균형감을 갖고 있는 기본적인 점토입니다. 비스크인형 등의 원형제작에도 적합합니다. 사용 전에는 잘 반죽하여, 점토의 섬유를 미리 길들여 놓읍시다.

라돌프리미어

라돌보다 조금 가볍고, 결도 고우며 강도도 있습니다. 단, 마른 점토 위에 재 접착력이 약하기 때문에 주의가 필요. 물에도 약하기 때문에 점토의 두께를 확보할 것. 프리미어와 라돌을 반반으로 배합해서 사용하는 경우가 많은 점토입니다.

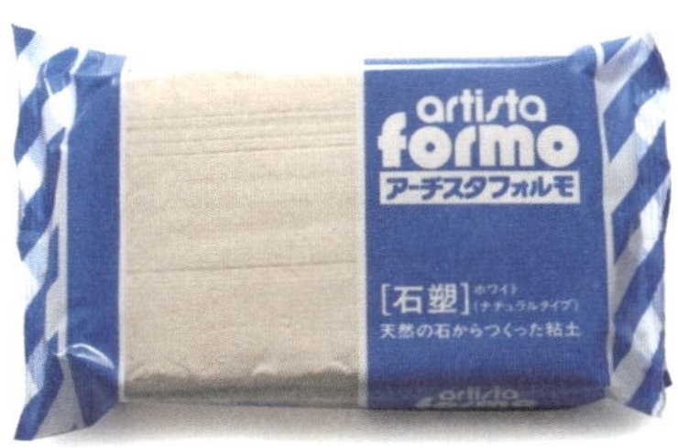

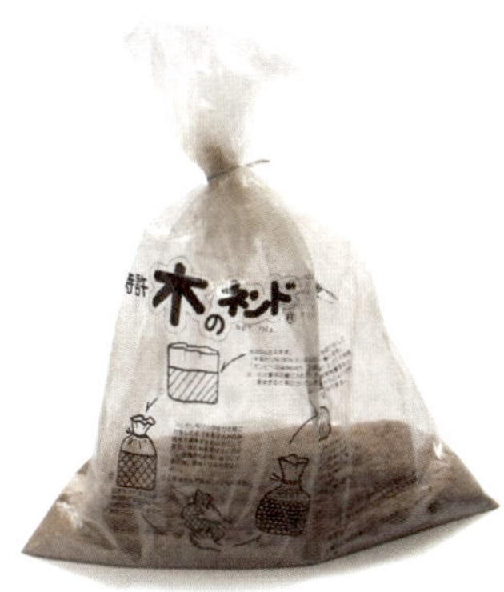

아티스트 포르모

라돌보다 섬유질이 많고 결도 거칠지만, 그만큼 가격도 저렴하고 조각하기 쉬우므로 심재로 이용하는 사람이 많은 석분점토. 화이트·브라운·그린 세 타입이 있고, 각각의 혼색도 가능합니다. 나무를 닮은 우드포르모도 있습니다.

나무점토

천연의 나무가루와 화학 풀을 섞은 것. 분말상태에서 물로 반죽하여 사용. 가볍고 강도도 높기 때문에 큰 인형을 만들 때 잘 이용하는 점토입니다. 건조 때의 수축이 특히 심해서 갈라지기 때문에 석분점토와의 혼합사용이 대부분입니다.

§3 베이스 만들기

Make a base

1. 점토 밀기 → 2. 점토로 둘러 씌우기 → 3. 베이스 완성

지금부터는 점토조형에 들어갑니다. 우선, 밑바탕이 되는 점토베이스를 만듭니다. 예쁘게 점토를 둘러싸려면 다소의 익숙함이 필요합니다. 서두르지 않고, 들뜨지 않게 단단히 둘러 붙이면 점토의 두께에 밀리는 일 없이 깨끗하게 기본형이 나옵니다. 다소의 뜨는 형상은 건조할 때 수축해서 상쇄되기 때문에, 신경 쓰실 필요는 없습니다. 스티로폼은 나중에 빼내기 때문에, 점토는 최소한의 두께를 균등하게 확보해두도록 합시다. 그 위에 데생을 정리해 갑니다. 가능한 한 이 단계에서, 납득할 수 있는 비율(proportion)로 해 둡시다.

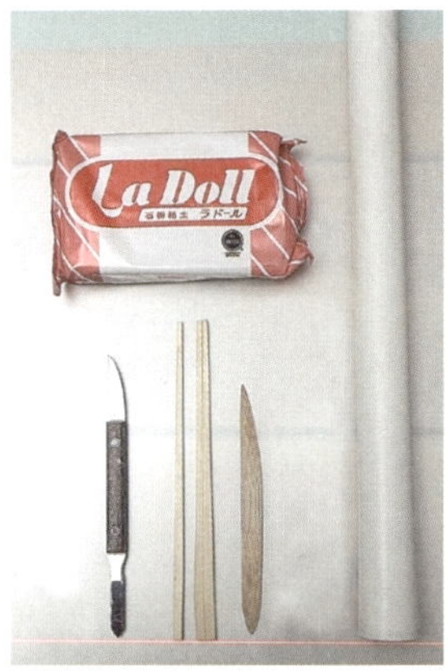

† 준비물

- 점토(라돌)
- 점토용 밀대(플라스틱 파이프 등)
- 점토판 (점토가 붙기 힘든 플라스틱판, 또는 비닐시트 등)
- 나무젓가락
- 점토헤라(칼), 대나무헤라
- 브러시(솔), 칫솔
- 물통(브러시가 들어갈 정도)
- 가위

1» 점토 밀기

stretch clay

1 점토판을 준비하고, 개봉한 라돌의 1/2정도를 밀대로 밀어서, 균등한 두께로 만든다.

2 이때, 두께의 가이드로서 나무젓가락이나 두툼한 철사를 준비해서 사용하면 두께를 균일하게 조정할 수 있다.

3 물통에 브러시를 넣어서 물을 묻힌다.

4 점토의 밀착성을 높이기 위해, 표면을 물로 적신 브러시로 문질러 무르게 합니다.

POINT 심재를 점토로 감쌌을 때, 서로 밀착하지 않으면 공기층이 생겨서 조형하기 어렵습니다.

2» 점토로 둘러 씌우기

wrap the core in clay

1 점토의 표면을 부드럽게 해두었다면, 스티로폼 심재를 놓습니다.

2 스티로폼을 감싸듯이 점토를 둘러 감쌉니다.

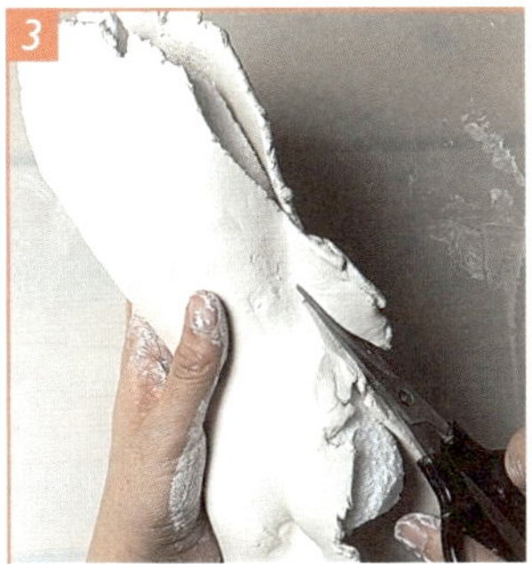

맞물리는 곳은 가위나 헤라로 잘라 낸 후 잘 봉합해 주세요.

점토 붙이기

점토를 이어 붙이거나 덧붙일 경우에는, 점토에 충분한 물기를 주어 촉촉한 상태인지 확인해 주세요. 잘 개어서 점토가 일체화 되도록 합니다. 점토 사이에 공기층이 들어가면 나중에 금이 가는 원인이 되고 깨지기 쉽습니다. 촉촉하게 만드는 것으로 점토끼리 밀착되어 공기층이 들어가기 어렵게 합니다.

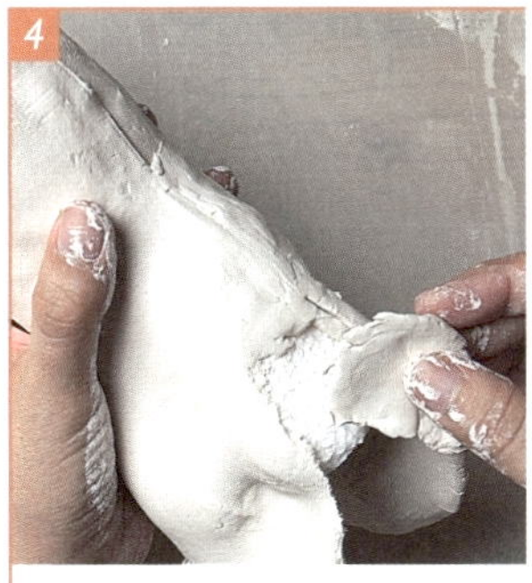

점토가 부족해서, 스티로폼이 드러나게 되면 새로운 점토로 이어 붙이세요.

이때 맞물리는 곳은 점토를 문질러 붙이고, 점토끼리 일체화가 되도록 주의합시다.

나중에 관절을 설정하는 부분(어깨 · 고관절 · 손목 · 목 부분)은 스티로폼이 보이도록 원형으로 점토를 잘라내 주세요.

팔과 다리에도 똑같이 점토를 둘러 씌웁니다. 심재에 꼬챙이를 꽂아 놓은 채 작업하면 부러지지 않습니다.

Advice

손목 · 발목 부분은 처음에 균등한 두께로 늘려놓은 점토로는 지나치게 두꺼워지는 경우가 있습니다. 그때에는 균등하게 늘린 점토를 손발의 끝부분을 향해 서서히 얇게 되도록 밀어서 둘러싸면 좋습니다. 점토를 잇는 부분은, 점토와 점토가 일체화 되도록 잘 문질러 붙입니다.

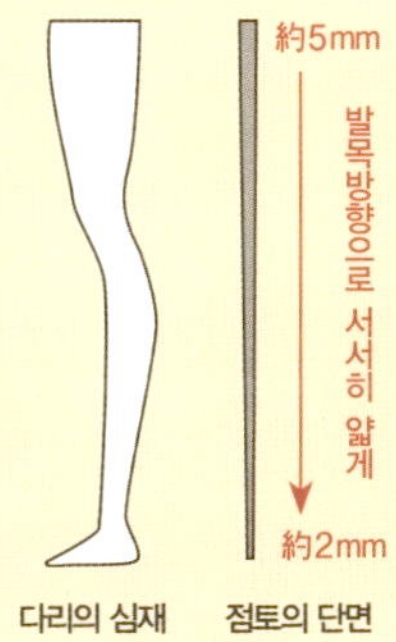

3»

베이스 완성

put the final touches on the base

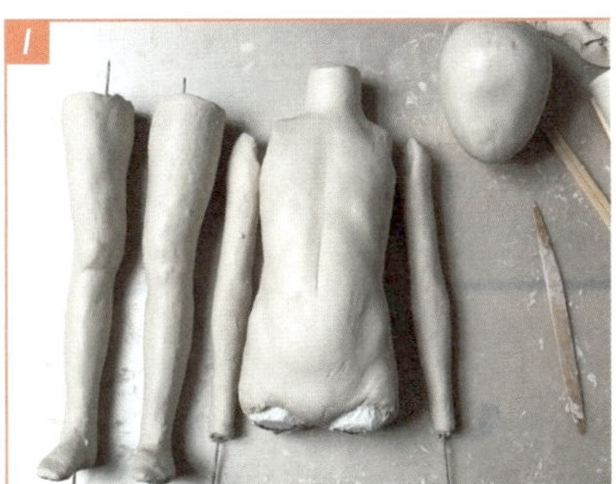

점토로 스티로폼을 감싼 상태에서, 한번 더 전체의 비율(proportion)과 데생을 확인합시다. 너무 두껍게 감싸면 뚱뚱해져 버립니다.

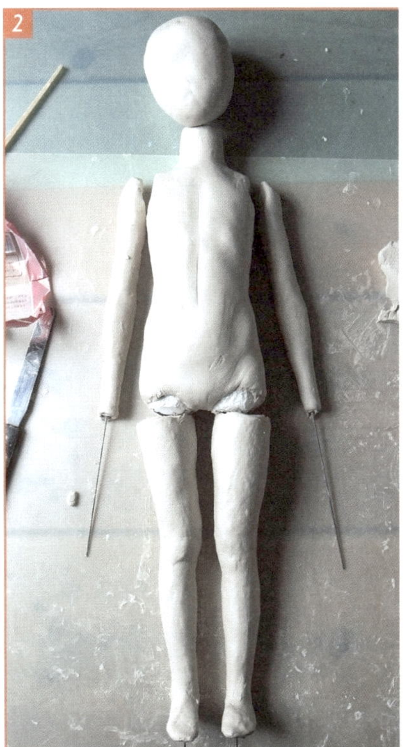

각 부위를 한번 나열해 보면 알기 쉽습니다. 점토를 과다하게 붙인 부분은 조정합시다. 가능한 한 이 작업의 단계에서 납득할 수 있는 비율(proportion)로 해 두세요.

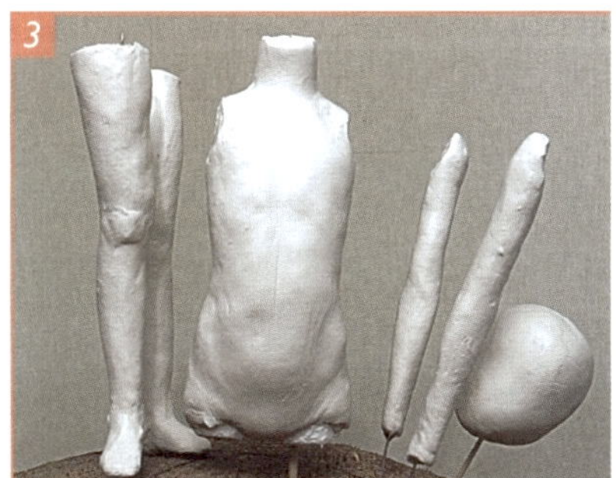

여기까지의 작업이 끝난 단계에서 한번 건조시킵니다. 단번에 세세한 곳까지 조형할 수 있는 분은 더 진행시켜도 좋습니다.

Advice

건조시킬 때는, 반드시 각 부분을 세워서 모든 면이 공기에 닿도록 해주세요. 눕혀서 건조시키면, 휘어지거나, 비틀어지는 원인이 됩니다.

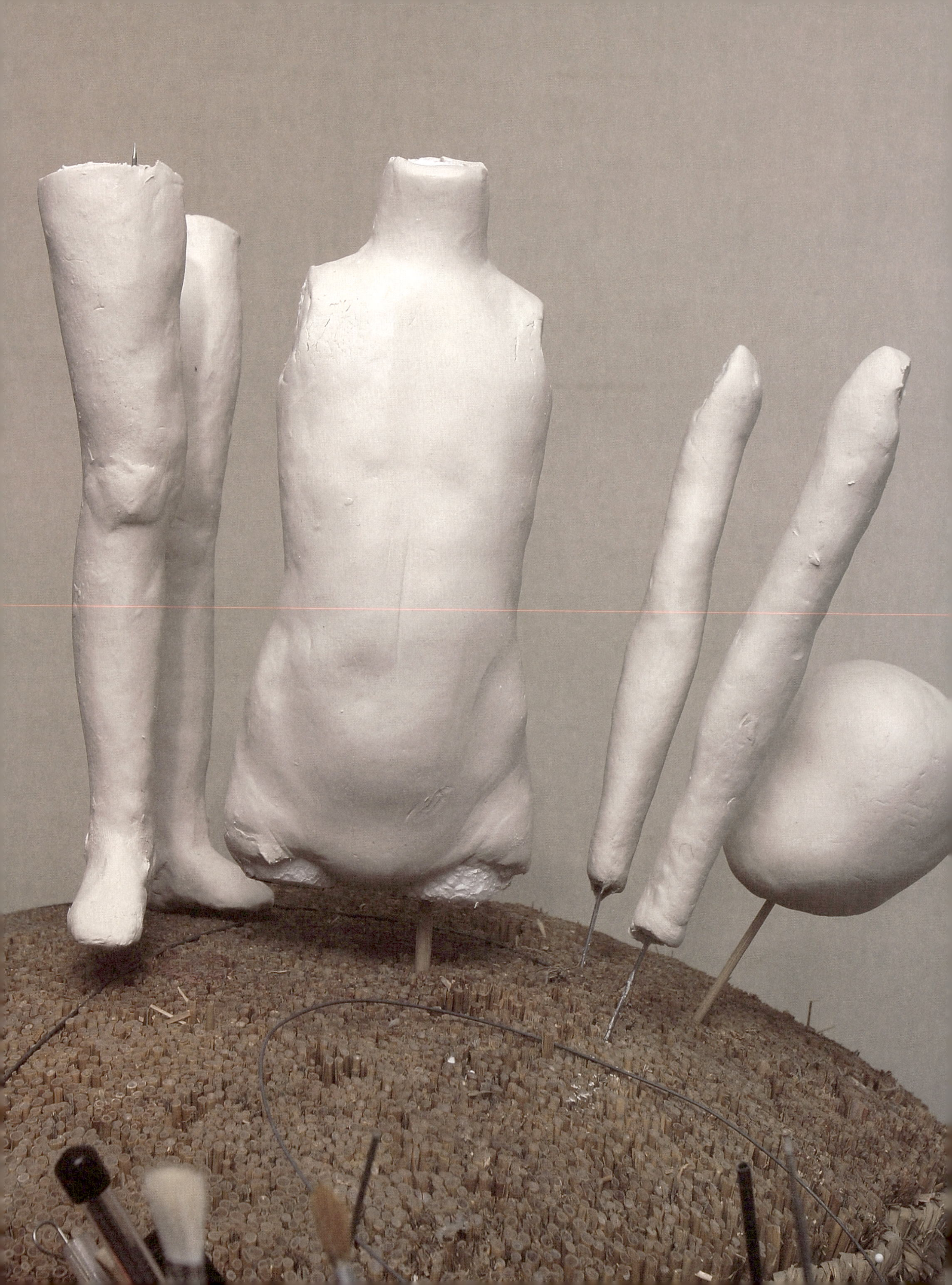

CHAPTER II

조형

Modeling

§1 얼굴 만들기

Model a face

1. 밑바탕 만들기 → 2. 눈·코·귀의 조형 → 3. 세부·전체의 조형

인형 앞에 섰을 때, 누구나 우선은 무의식 중에 얼굴을 보게 되지 않습니까? 인형은 얼굴이 생명이라고 말들 합니다. 얼굴을 만들 때 중요한 것은 밸런스(균형)입니다. 신체와 같이, 얼굴의 비율도 성장연령에 따라 변화합니다. 어리고 귀여운 얼굴을 할 때에는 두상의 상하1/2이하에 얼굴을 만드는 것이 좋겠지요. 또, 몸 · 팔 · 다리 전부에도 표정이 있습니다만, 그 중에서도 중요한 것은 얼굴의 표정입니다. 인간의 표정은 인형의 표정이 됩니다. 표정에는 웃고, 울고 라는 구체적인 것 이외에도 여러 가지가 있습니다. 만드는 사람의 각각의 생각을 개성적인 인형의 형태로 만들어 주세요.

† 준비물

- 점토헤라, 대나무헤라
- 연필
- 필기도구
- 점토, 물

1» 밑바탕 만들기

make a foundation

1

대략적인 이미지를 그려봅시다. 익숙한 경우에는 그리지 않고 점토 붙이기를 하셔도 좋습니다.

2

건조된 점토면은 물을 바르고, 잘 반죽된 점토를 문질러서 덧붙입니다. 점토가 일체화 되도록 해주세요.

3

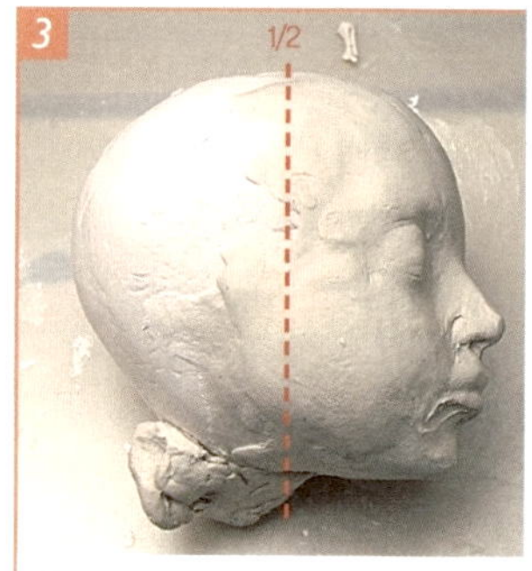

측면도 전후 1/2 부근부터 턱 선으로, 입체적으로 만들어 봅시다. 먼저 얼굴전체의 분위기를 만들어 주세요.

POINT

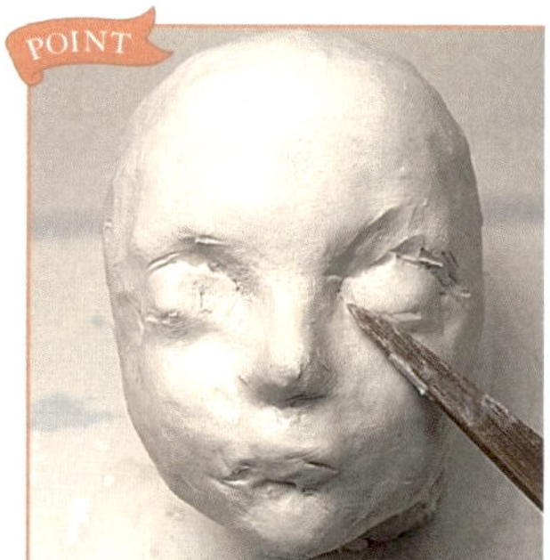

한 곳만을 집중하여 만드는 경향이 있으나, 골격, 눈의 위치 · 코의 길이 · 입의 크기 등에 주의해서, 대략적인 균형을 잡습니다.

2» 눈·코·귀의 조형

model a nose, eyes &ears

1

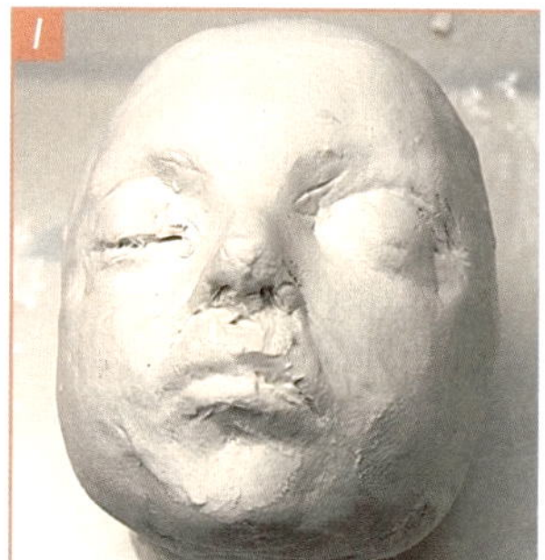

대략 위치가 정해지면, 각 부분을 만들어 갑니다. 우선 눈을 도톰하게 만듭니다.

2

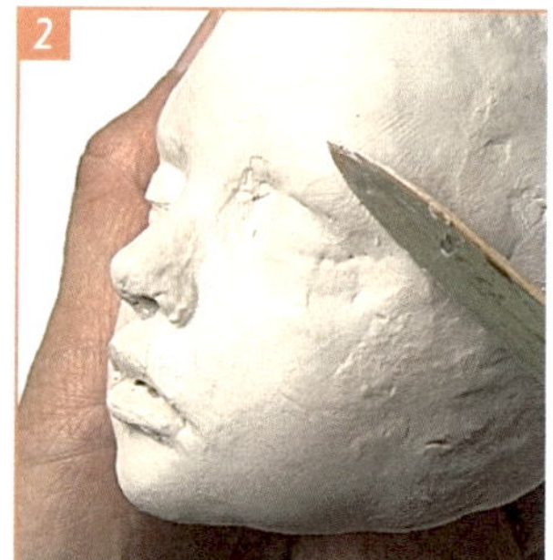

나중에 안구를 넣습니다만, 우선은 눈이 감겨진 상태로 만들어봅시다.

POINT

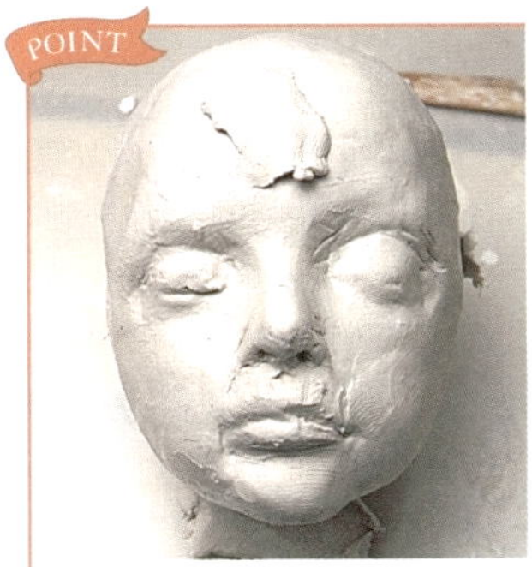

안구는 구체이기 때문에 눈꺼풀 안쪽의 볼록한 구체를 느낄 수 있도록 만들어 주세요.

3

헤라와 붓을 잘 사용하여 만들어 갑니다. 도톰함이나 깊이감이 있는 부분(입술, 귀의 안쪽 등)은 붓을 사용하는 것이 편리합니다.

4

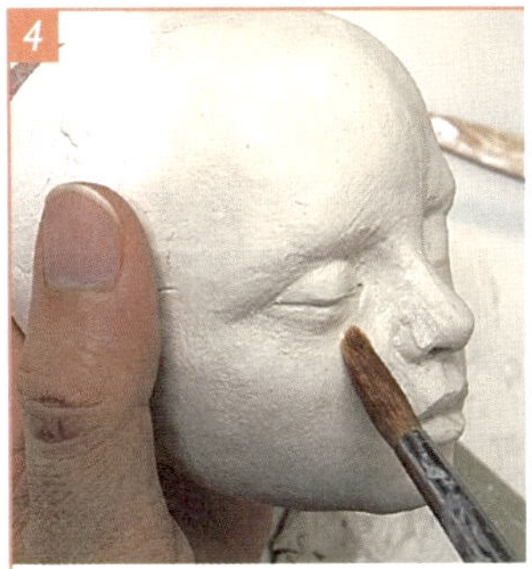

붓은 유화용처럼 탄력이 강한 붓에 물을 묻혀, 점토표면을 매끄럽게 하면서 사용해 주세요.

POINT

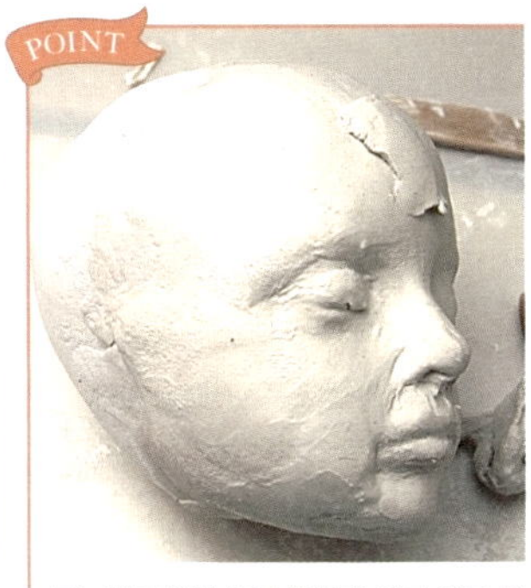

코는 짧고 약간 위를 향하게 하고, 입도 작고 오동통하게 하면 아이처럼 됩니다. 어른은, 콧대를 길게, 입은 크게 합니다.

5

각 부분의 형태가 정돈되면 헤라를 사용해 눈꺼풀을 열어서, 안구부분을 만들어 봅시다. 여기에서도 안구의 둥그스름함을 의식해서 만들어 주세요.

6

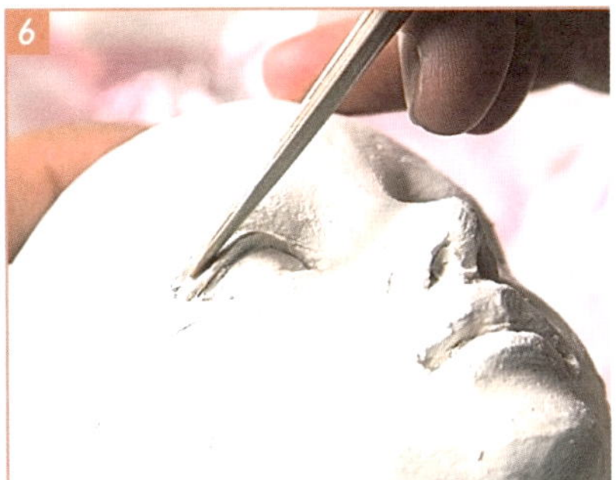

쌍꺼풀을 만들고 있습니다.

7

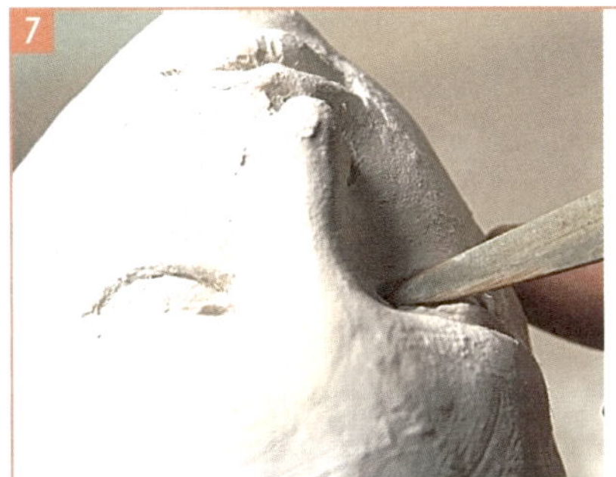

안구를 만듭니다.

8

계속해서 눈꼬리, 아래눈두덩도 만듭니다.

9

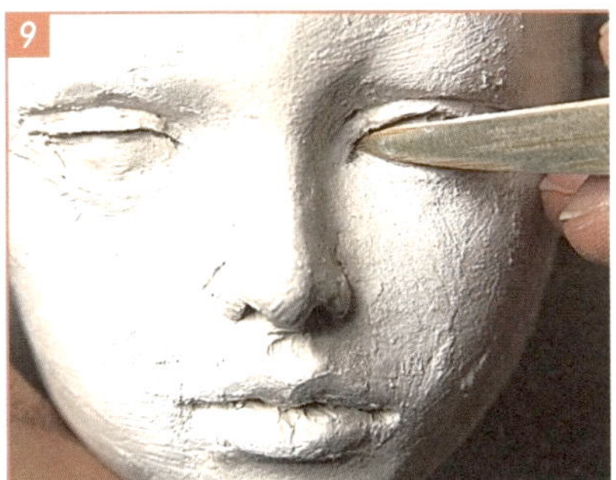

항상 안구의 볼록함을 의식해서 만듭시다.

10

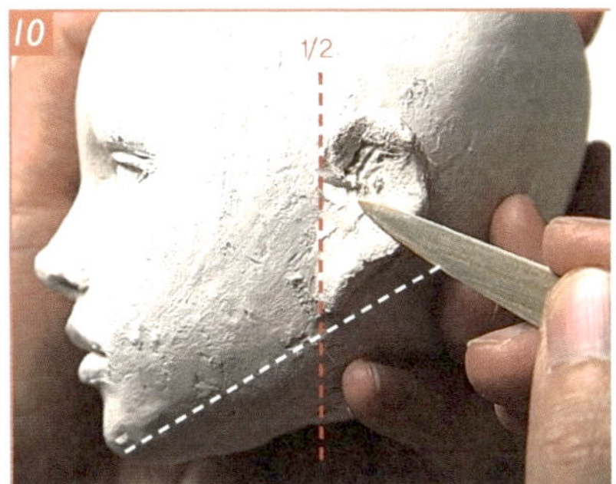

다음은 귀의 조형입니다. 귀의 위치는 머리측면의 1/2지점과 턱의 연장선에 귓불이 있습니다. 광대뼈의 연장선에 귀의 윗부분 밑동이 있습니다.

11

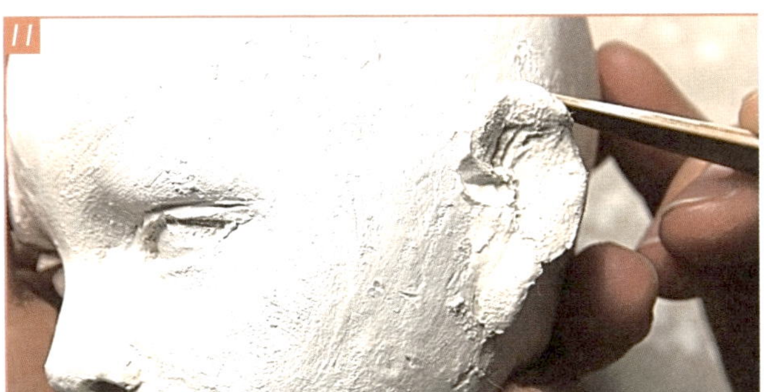

점토를 튼튼하게 붙여 귀의 윤곽을 만듭니다.

12

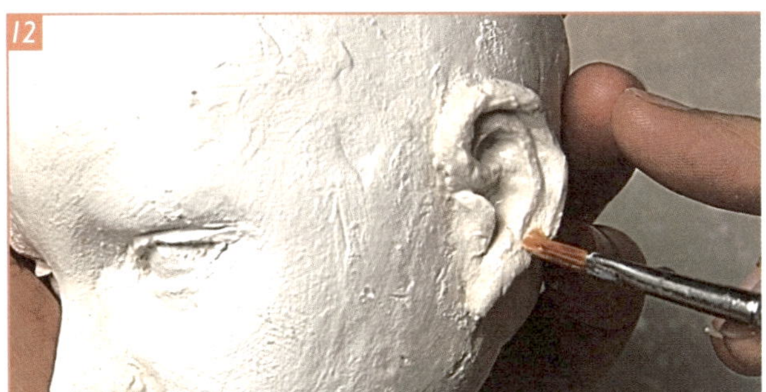

헤라, 붓을 사용해서 세부를 만듭니다.

3 »

세부 · 전체의 조형

regulation the detail

1

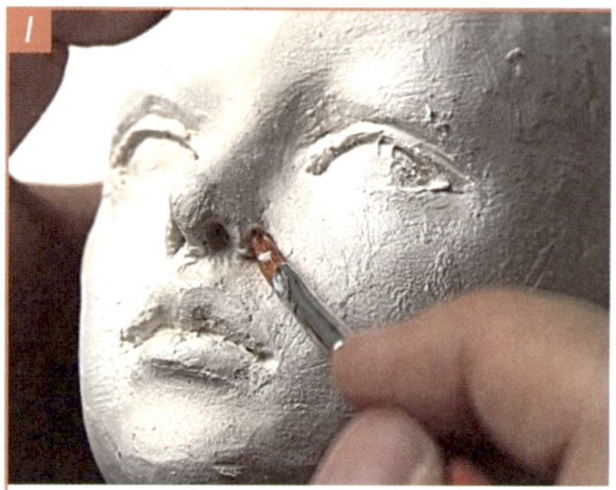

머리전체와 각 부분의 균형을 재차 확인하면서 전체를 조형해갑니다.

2

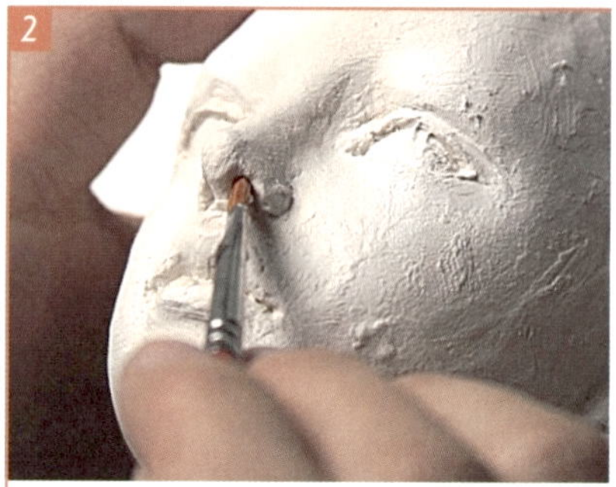

눈, 콧대, 코끝, 콧방울, 입술의 도톰함, 입가, 뺨 등을 조정해갑니다.

3

대나무헤라, 붓, 손가락을 나눠 사용해서 만들어 갑니다.

Advice

초심자는 입체를 만드는데도 그만 평면적으로 되기 쉽습니다. 정면만 봐서는 안됩니다. 상하, 좌우, 비스듬히, 여러 방향으로 관찰하고, 대칭되어 있는지를 확인해주세요. 조금 과장된 듯이 입체감을 의식해서 만들어봅시다. 둥근 골격 위에, 둥근 눈과 코, 입이 있기 때문입니다.

4

이후, 줄로 갈면서(p40참조) 최종적으로 조정을 합니다.

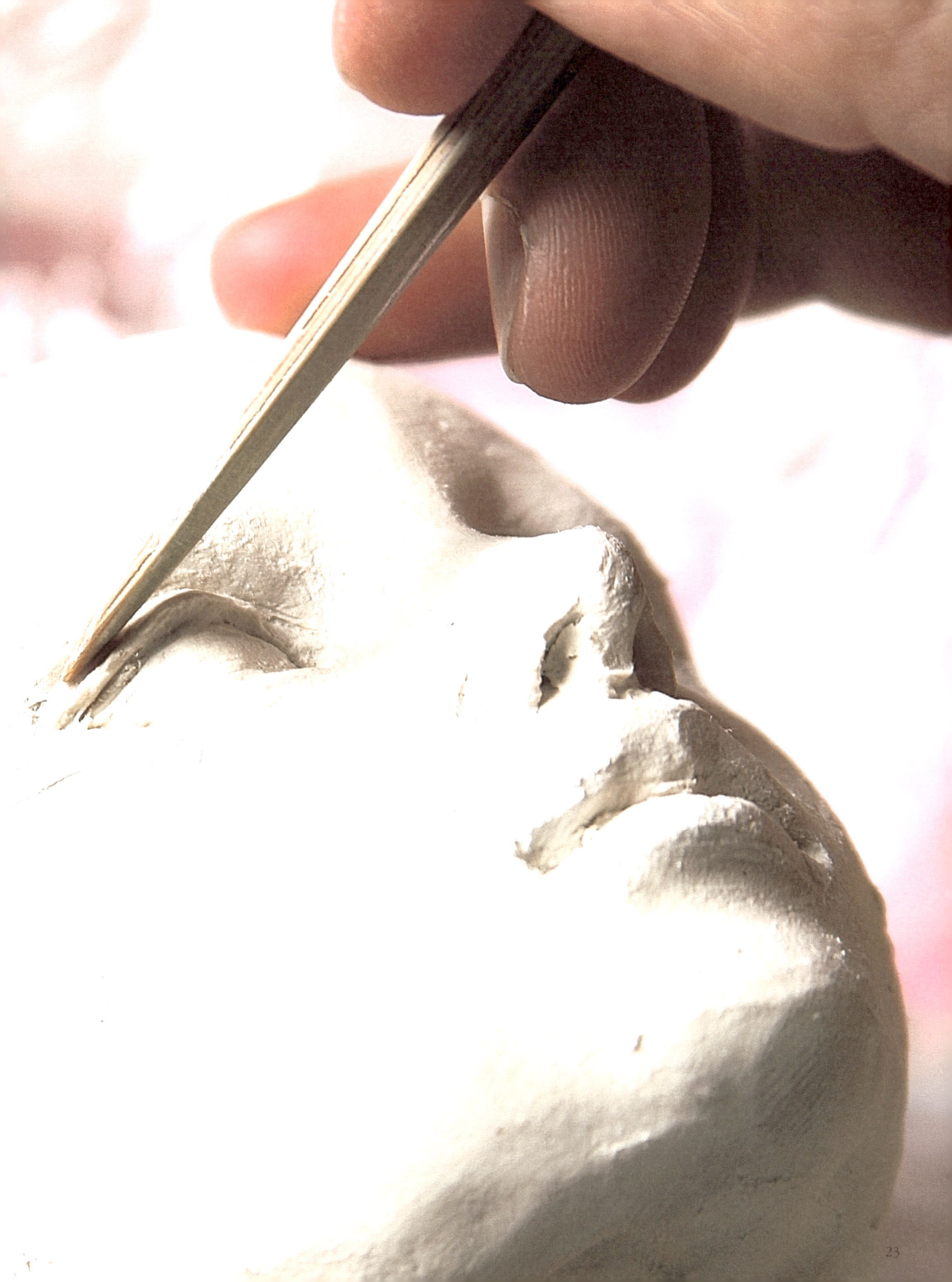

§2 몸 만들기

Make a body

1. 비율 (proportion) 의 조정

2. 세부 만들기

얼굴처럼 몸도, 물론 표정이 있습니다. 최근은 무도(춤)나 연극 등, 몸을 사용한 표현에 신체언어라고 하는 어휘가 사용됩니다만, 인형은 정말로 인체 그 자체의 표현입니다. 가슴을 편 자세의 좋은 상태와 새우등처럼 굽은 상태는 전혀 다른 인상을 주고, 근육의 힘줄을 강조하면 긴장감 있는 표정이 됩니다. 가슴 또는 허리의 볼륨도 중요합니다. 얼굴이나 전체의 이미지를 생각하면서 제작해 주세요.

† 준비물

- 거친 줄
- 커터(칼)
- 점토헤라, 대나무헤라
- 붓
- 필기도구
- 점토, 물

1»

비율 (proportion) 조정

regulation

1

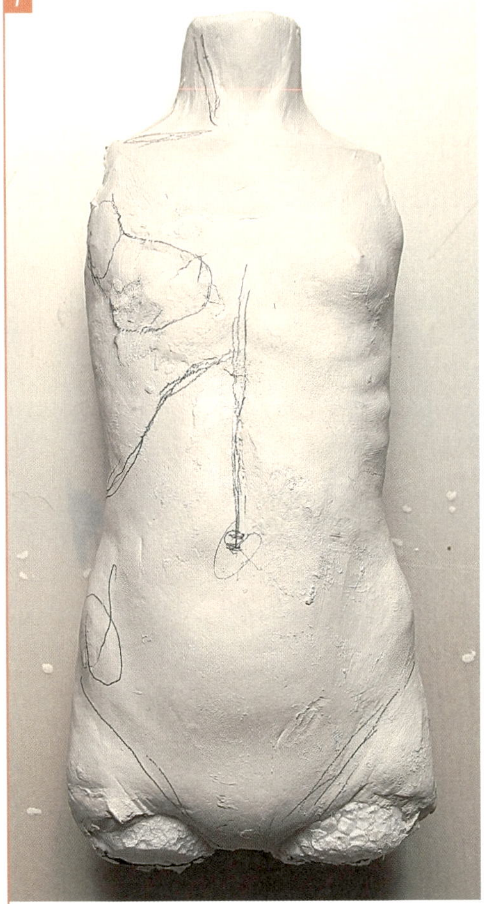

건조시킨 몸을 전후, 상하, 좌우, 각 방면에서 관찰합시다. 좌우의 밸런스나 대칭의 밸런스는, 거꾸로 해서 보거나 거울에 비춰보면 알기 쉽습니다.

2

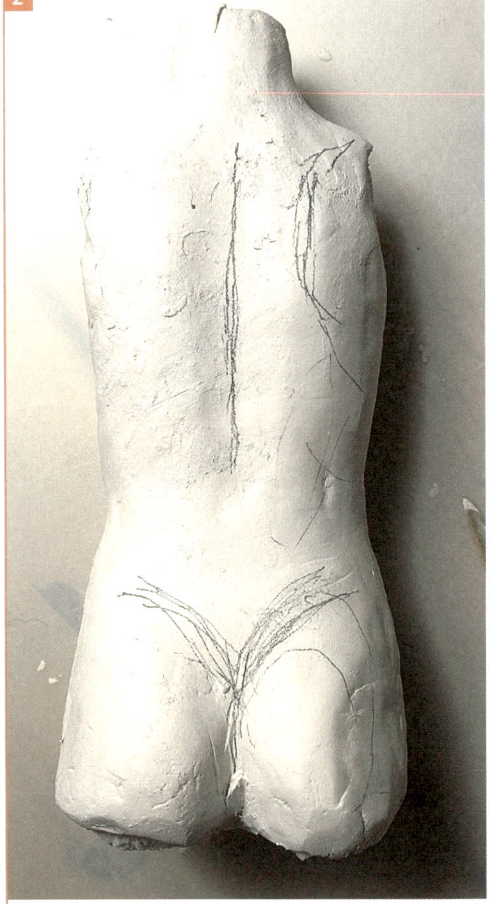

뒷면도 체크해서 조정하여 기준을 연필로 그려 놓습니다.

POINT

상반신과 하반신의 뒤틀림, 비뚤어짐은 상하방향에서 보면 알기 쉽습니다.

3

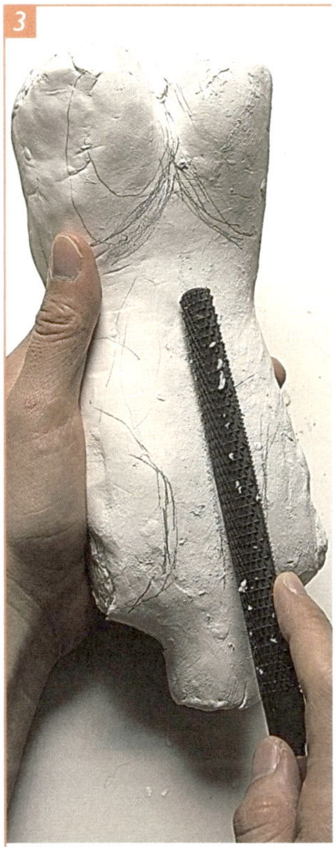

금속으로 된 목공용 거친 줄(p41참조)로 갈아서 뒤틀림을 조정합시다.

4

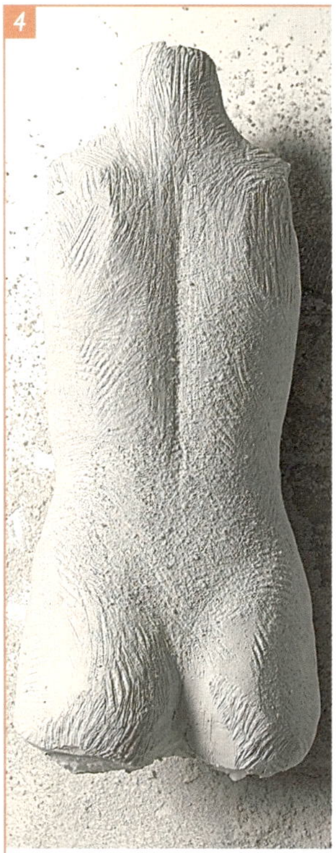

점토를 많이 붙인 부분, 움푹 패인부분, 비뚤어진 부분을 갈아서 만듭니다.

5

배도 깎으면서 만들어갑니다.

6

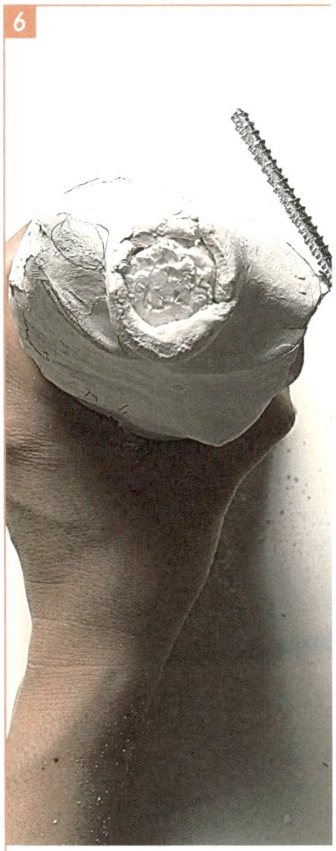

위에서 보면서 뒤틀린 부분을 조정해 갑니다.

7

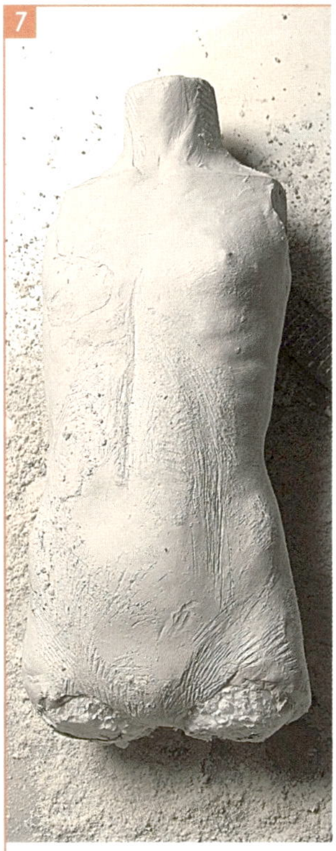

전체의 뒤틀림을 조정하고, 이미지에 가깝게 합니다.

금이 간 부분의 수선

건조시키면 약간의 수축과 균열이 생깁니다. 좁고 가는 균열은 간단하게 점토를 붙이는 것만으로는 깊은 곳까지 점토가 다다르지 않기 때문에 우선 커터 등으로 균열이 된 부분을 넓게 만듭니다. 그곳을 물로 적시면서 잘 반죽한 무른 점토를 문질러 붙이면서 메웁니다. 사전에 점토를 물로 반죽해서 평소보다 무른 점토를 만들어 두면 편리합니다. 균열된 곳의 수선에 쉽게 목공용 본드 등을 사용하는 것은 피합시다. 사포질 단계에서, 점토보다 딱딱한 접착제 부분이 라인 상태로 드러나옵니다.

1

우선 커터로 금이 간 곳을 넓게 합니다.

2

금간 곳을 물로 적셔둔 후에, 잘 반죽된 무른 점토를 문질러 붙여 메웁니다.

2»

세부 만들기

make the detail

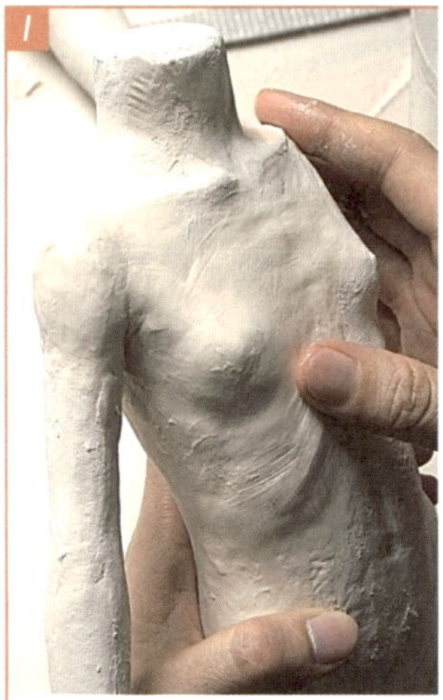

1 깎아서 형태가 조금 보이게 되면, 점토를 붙여서 보다 더 세밀하게 만들어 갑니다.

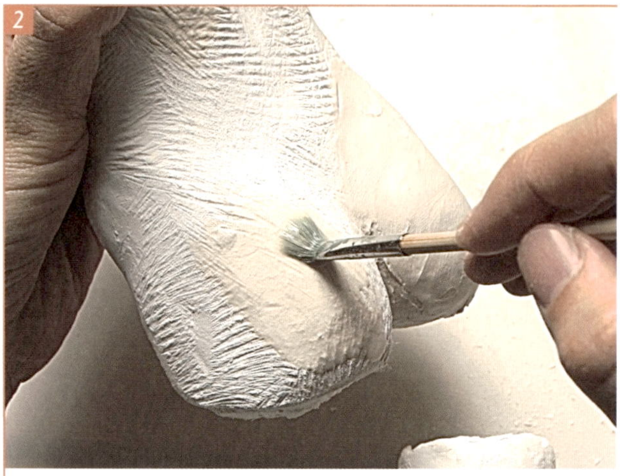

2 건조된 면은 반드시 물로 적셔서. 점토를 잘 문질러 붙입니다. 점토끼리 밀착시켜, 공기층을 만들지 않도록 합니다.

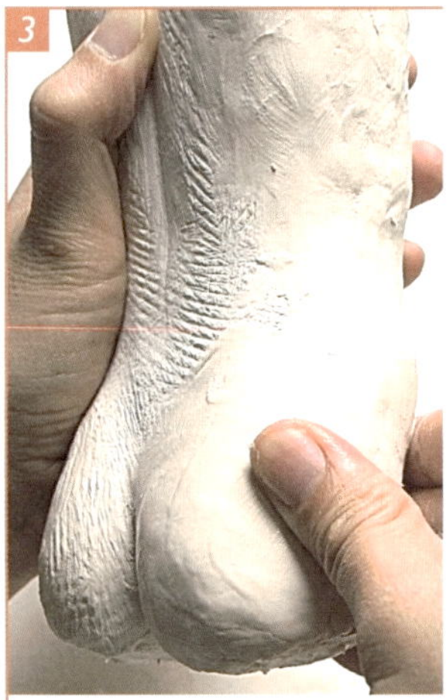

3 둥그스름하면서도 부드러운 느낌을 내고 싶은 부분은, 손가락으로 정리하는 편이 빠르고 깨끗하게 마무리됩니다. 손은 무엇보다도 훌륭한 도구입니다.

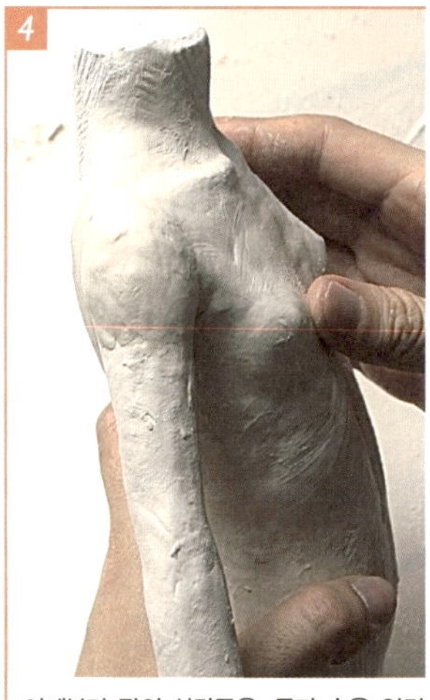

4 어깨부터 팔의 삼각근은, 몸과 손을 연결해서 작업하는 편이 만들기 쉽습니다.

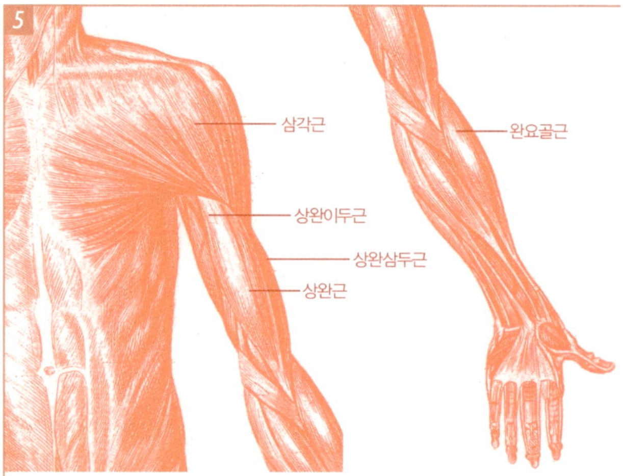

5 근육의 해부도를 참고 해 봅시다. 어깨의 조형은, 팔의 굵기나 밸런스 결정에도 관계가 있습니다. 이 어깨부분의 굵기를 기준으로 팔을 만들 수도 있습니다.

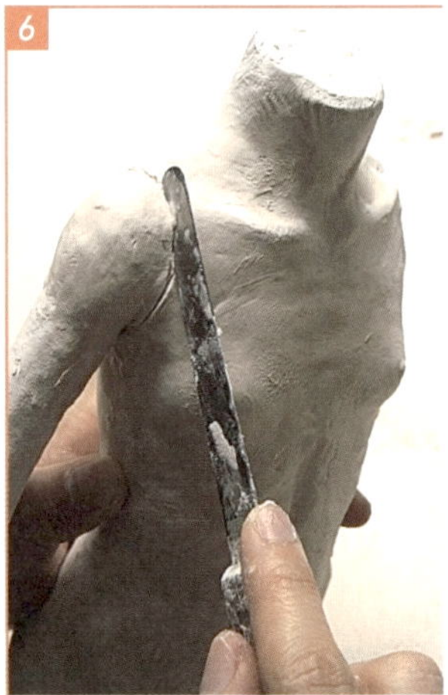

6 조형 후에 다시 분리시켜 놓습니다.

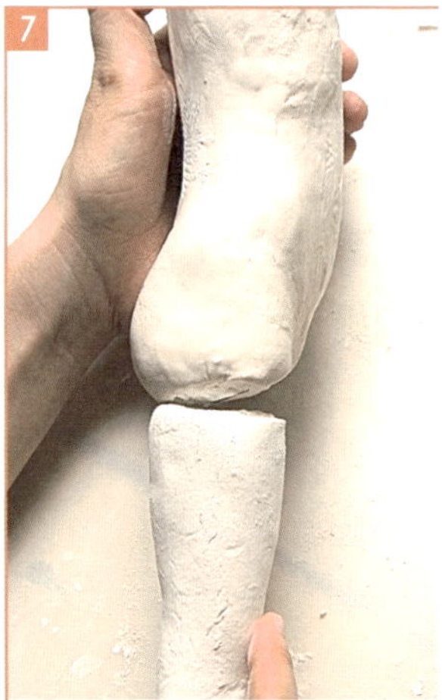

7 엉덩이 · 허벅지의 조형은 다리의 굵기나 밸런스 결정에 관계가 있습니다. 다리도 연결해서 만든 후, 분리시켜도 좋습니다.

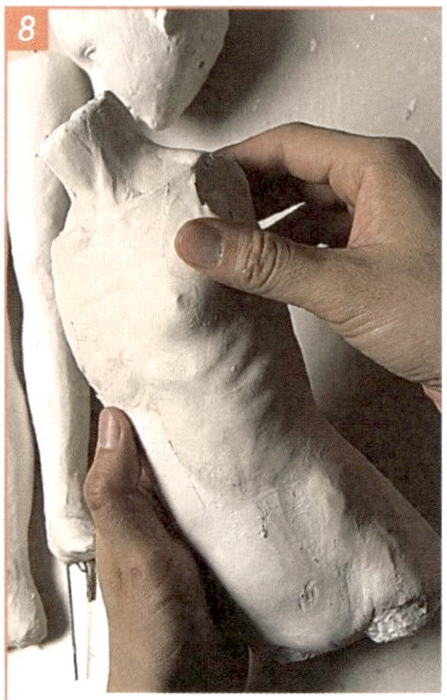

8 이후, 사포질(p40참조) 하면서 한층 더 세부의 조정, 조형을 반복합니다.

Advice

관절인형은 부분별로 제작합니다. 때문에 각 부분의 조형에 열중해 버리면, 세부는 잘할 수 있지만 전체의 밸런스가 무너질 수가 있습니다. 때때로 전신을 늘어놓고 밸런스를 체크합시다. 각 부분의 뼈가 튀어나온 부분을 의식해서 만들면 강약을 알 수 있습니다. 근육 또는 뼈 등의 데생은, 미술해부의 해설서 등(p134참조)을 참고해주세요.

§3 팔·다리 만들기

Make arms & legs

1. 팔의 조형 / 2. 다리의 조형

팔과 다리는, 얼굴이나 몸과 비교하면, 굴곡이 약하기 때문에 만들기 어려운 부분입니다. 더욱이, 좌우가 있어, 대칭상태도 주의해서 만들지 않으면 안되는 난이도 높은 부분입니다. 신체를 잘 관찰하면서, 공들여서 끈기 있게 제작합시다.

† 준비물
- 거친 줄 · 커터
- 점토헤라, 대나무헤라
- 점토, 물 · 필기도구

1» 팔의 조형

model arms

1

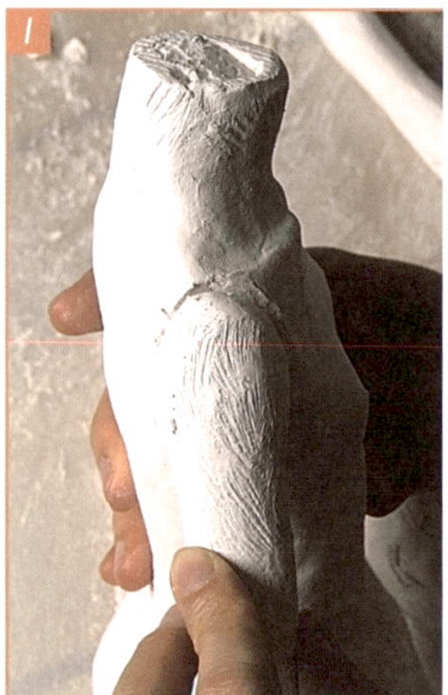

우선 전체의 밸런스를 체크하고, 삼각근, 어깨부분의 굵기를 기준으로 만듭니다.

2

어깨와의 연결부분의 크기를 조정합시다.

3

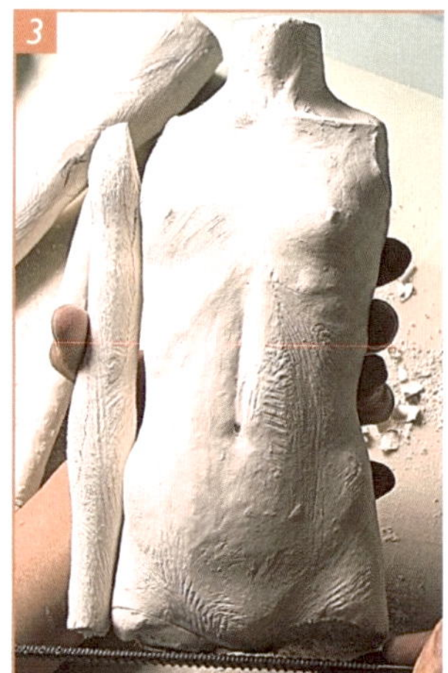

팔의 길이는 몸과 비교해서 가랑이까지의 길이보다 약간 짧게 합니다.

4

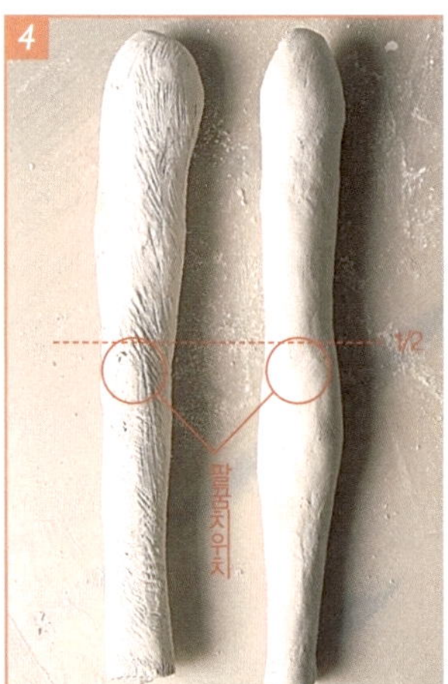

팔꿈치의 위치는 팔의 길이의 1/2보다 아래로, 위팔이 길게 합니다.

팔의 길이와 방향

팔의 길이에는 개인차가 있습니다. 다리를 길게 설정하는 경우는 팔도 길게 합니다. 손목에 들어갈 구의 관절부분까지 완성되면 더욱 길어지기 때문에 주의합시다. 인간의 팔, 다리의 회전운동은 관절과 관절의 사이의 근육에서 일어납니다. 여기서는 근육이 이완된 차려 자세를 기본으로 하기 때문에, 팔꿈치는 뒤쪽, 엄지가 앞을 향하는 상태로 합니다. 즉 팔꿈치부터 손목에 이르기까지 비뚤어진 상태가 됩니다.

5

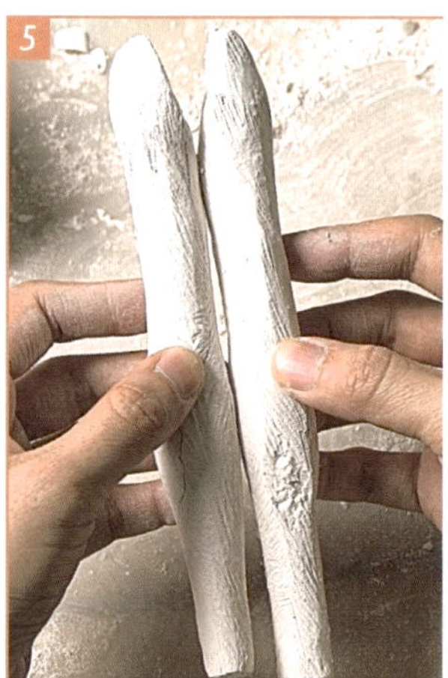

양팔을 비교해서 길이나 굵기, 근육의 밸런스를 조정합니다. 우선 길이를 비교합니다.

6

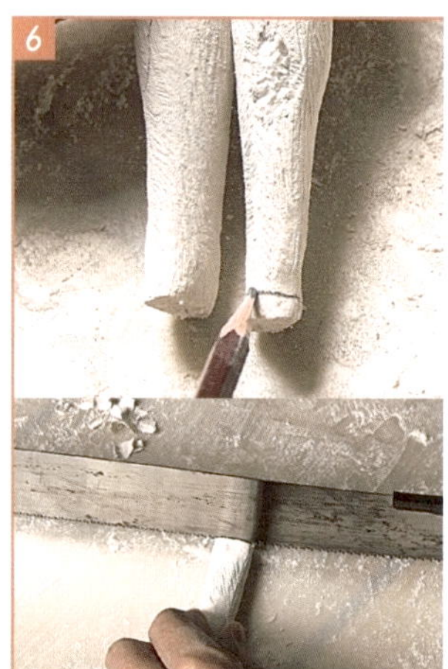

왼팔이 길어졌습니다. 연필로 표시해서, 남는 길이를 톱으로 절단합니다.

7

굵기의 밸런스도 체크해서, 연필로 그립니다.

8

커터로 깎으면서 굵기를 조정합니다.

스티로폼 심재가 드러났을 때

커터나 줄로 깎아서 성형하는 단계에서, 스티로폼이 드러날 경우가 있습니다. 또, 점토의 표면을 손가락 끝으로 눌러서 움푹 들어간 곳은 점토의 두께가 너무 얇은 곳입니다. 이런 곳은 스티로폼을 좀더 깎아서 점토를 붙여주세요

1

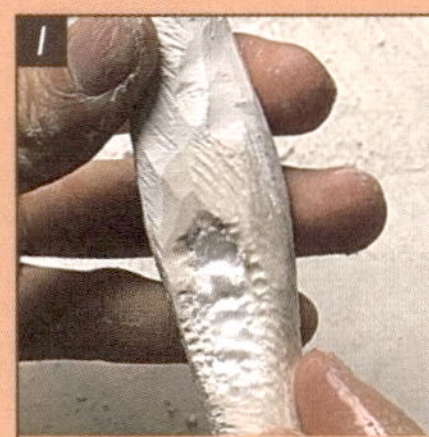

스티로폼을 깎는다.

2

점토를 붙여 고친다.

3

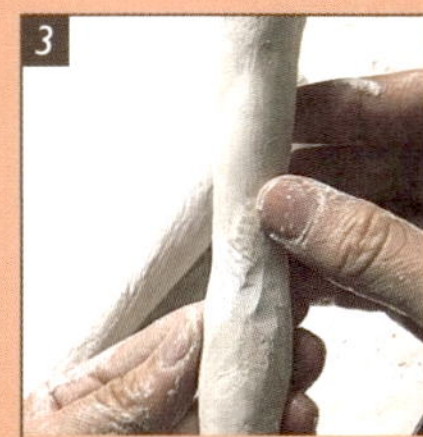

형태를 정돈한다

2» 다리의 조형

model legs

1

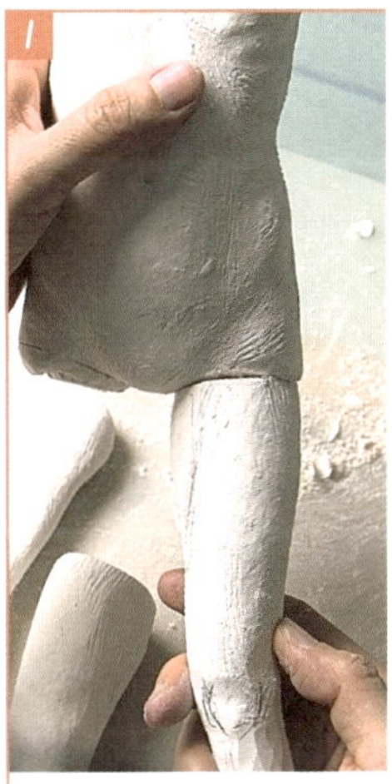

다리도 팔과 같이 몸에 맞춰서, 밸런스를 보고 조정해갑니다.

2

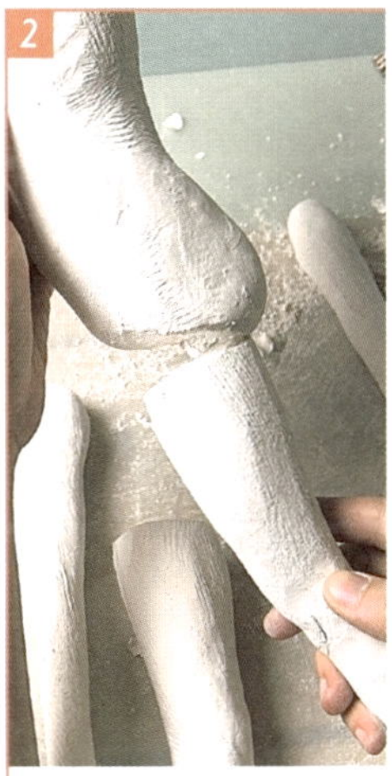

허리부터 대퇴부(넓적다리)에 걸친 굵기를 체크해 주세요.

3

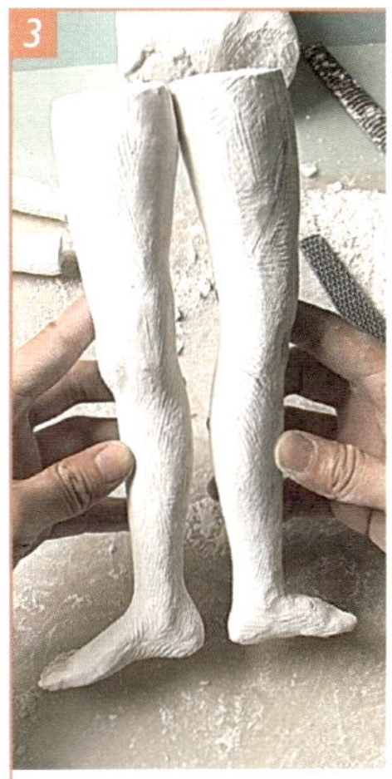

다음은 양 다리의 길이와 굵기를 비교해서 조정합니다.

4

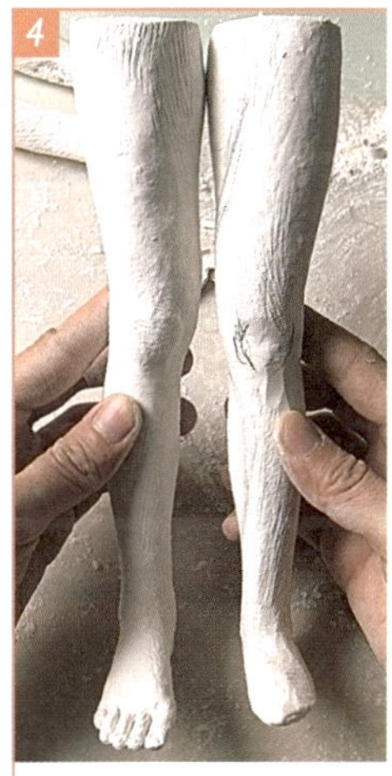

정면에서도 양 다리를 비교하고, 무릎의 위치를 확인합니다.

5

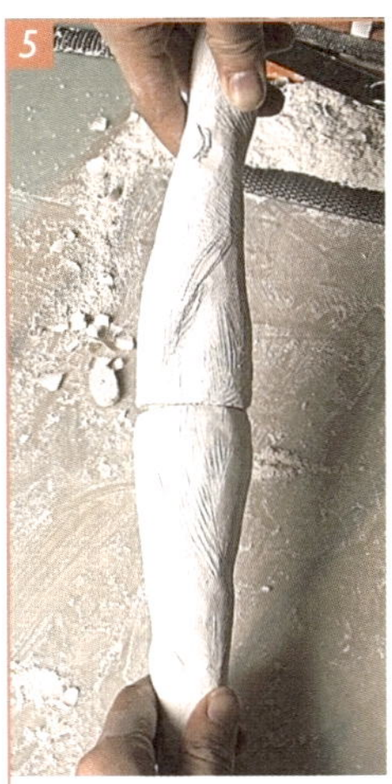

다리의 밑동 부분의 굵기도 같게 되어 있는지 빠트리는 일이 없도록 체크합니다.

6

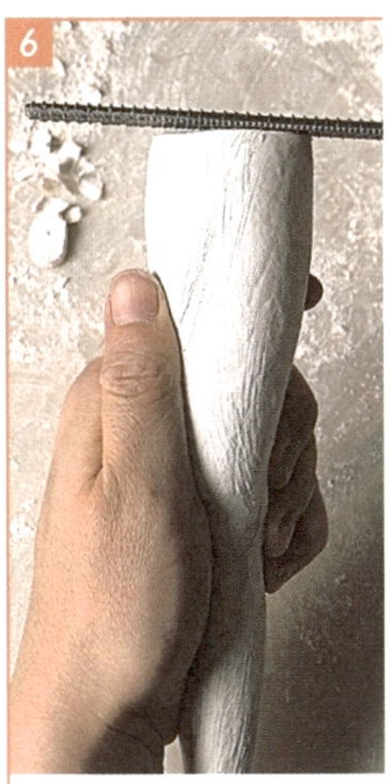

밑동 부분의 굵기를 깎아서 조정합니다.

POINT

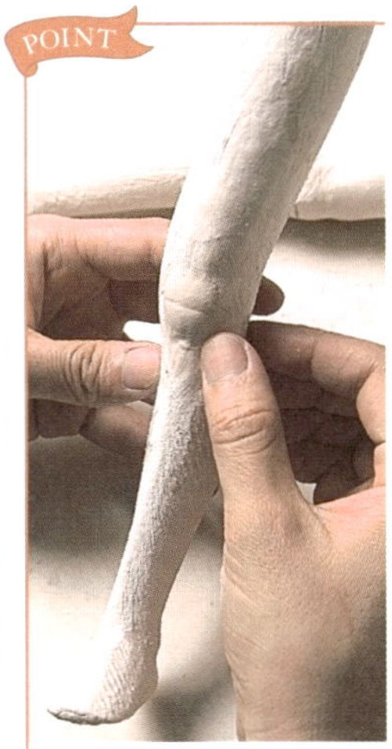

무릎아래의 정강이 부분을 길게 설정하면 날씬하고 누긋한 인상이 됩니다.

7

대퇴부(넓적다리) 안쪽을 봉공근의 선에 따라 깎습니다.

POINT

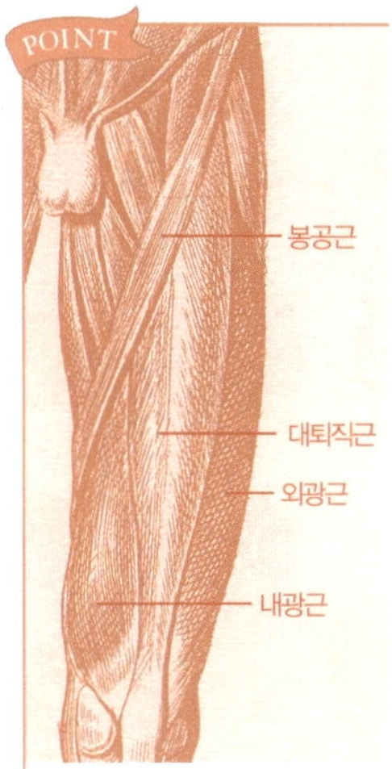

정면에서 보아 대퇴부 안쪽과 무릎 주변의 라인은, 좌우 양다리의 차이를 나타내기 때문에 중요합니다.

8

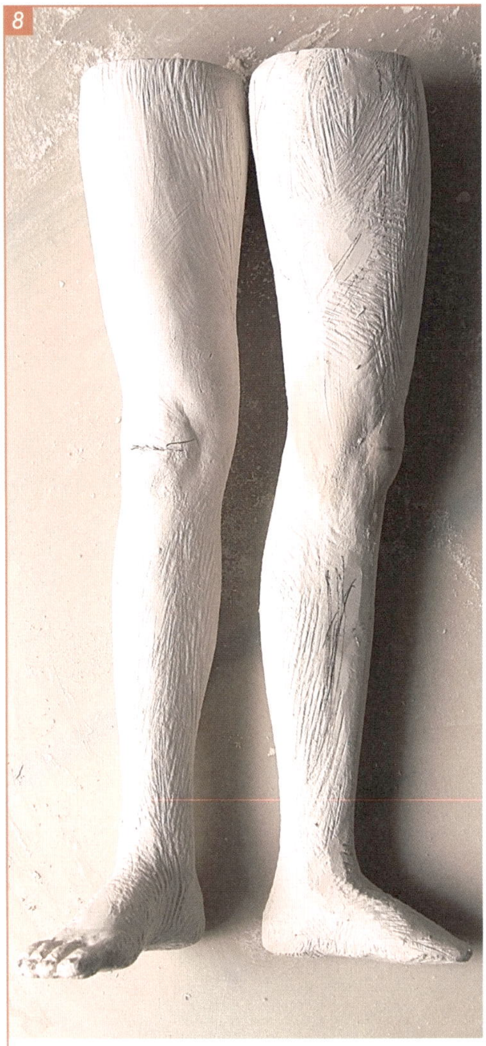

(정면에서 보아)무릎의 안쪽은 튀어나오고, 바깥쪽은 푹 들어가 보이는지 체크합니다. 장딴지의 바깥쪽, 안쪽의 차이에도 주의해 주세요.

9

장딴지 안쪽의 윗부분을 거친 줄, 커터 등으로 깎아주세요

10

같은 방법으로, 무릎 아랫부분도 깎습니다.

11

옆에서 보아 무릎이 너무 나오지 않도록 주의해 주세요. 무릎에서 대퇴부까지 자연스럽게 불거져 나오도록 만들어 주세요

Advice

관절은 근육과 근육이 교차하는「근육의 교차점」입니다. 구관절(구)은 나중에 붙이므로, 우선은 관절을 확실히 만들어 주세요. 복잡하지만, 근육과 그 구조를 이해하면 만드는 것이 쉬워집니다.

근육의 구조

팔·다리의 근육은 복잡합니다. 가능한 한 근육의 흐름을 의식해서 만들어 봅시다. 삼각근의 아래앞쪽의 상완이두근, 뒤쪽의 상완삼두근, 그리고, 팔꿈치부터 아래에 걸친 완요골근, 장요측수근신근, 요측수근굴근, 척측수근굴근 등 복잡한 근육을 의식해서 만들지만, 처음부터 파악할 수는 없습니다. 또, 팔 뿐만 아니라 근육을 너무 강조하면 다부진 격투선수와 같은 몸이 되어버립니다. 우선 나체의 사진이나 인체데생의 교본을 참고로 해주세요.

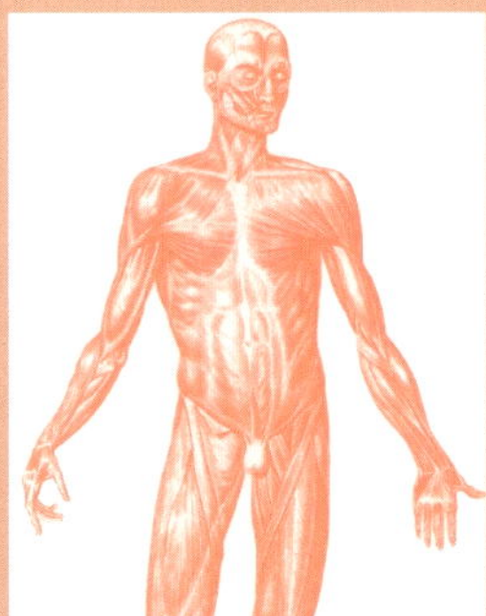

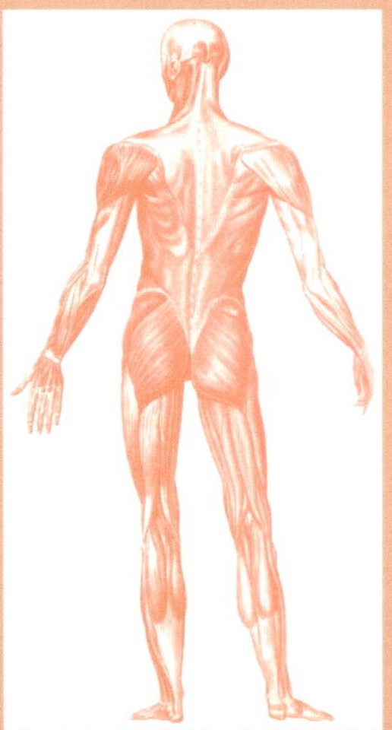

§4 손발 만들기

Make hands & feet

1. 손의 심지 만들기 → 2. 손의 심지에 점토 붙이기 → 3. 발 만들기

손발은 얼굴 다음으로 표정이 드러나는 부분입니다. 앤티크 인형으로 역사에 남는 명품은, 얼굴과 같이 손발도 뚜렷한 조형이 되어 있습니다. 손가락은 파손되기 쉬운 부분이기 때문에, 와이어를 심지로 해서 만듭니다. 발가락은, 발가락 사이를 벌리지 않고도 만들 수 있습니다. 때문에 파손되기 어려워서, 와이어를 넣지 않고 점토와 스티로폼 심재만으로 만듭니다. 손발, 특히 손가락 발가락의 조형은 섬세한 작업이므로 끈기가 필요합니다만, 의상을 입히면 얼굴다음으로 눈에 보이는 부분이기 때문에 시간을 들여 꼼꼼하게 만들어봅시다.

† 준비물

- 알루미늄 와이어 (지름 1.5mm, 큰 인형은 보다 더 굵은 것)
- 펜치
- 탈지면
- 목공용 본드
- 순간접착제
- 실 (자수실, 면실8번 등)
- 줄
- 점토헤라, 대나무헤라,
- 붓
- 점토, 물

1 » 손의 심지 만들기

make cores of hands

1

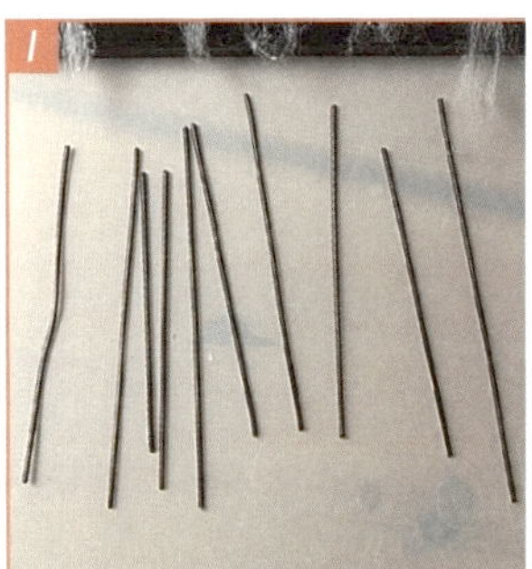

알루미늄 와이어를 얼굴 세로길이의 1.5배 정도 길이로 10개를 잘라둡니다.

2

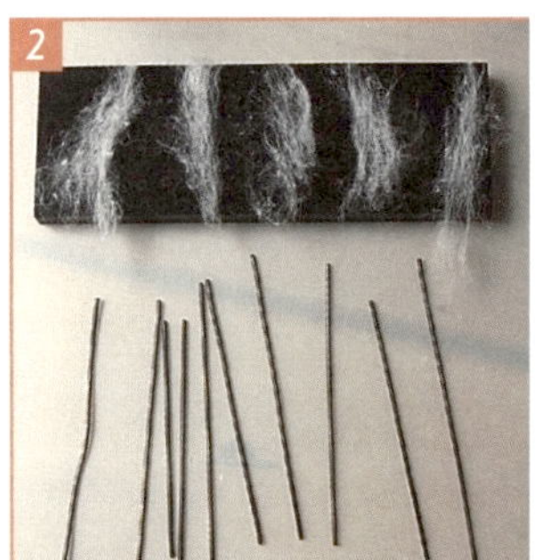

사전에 탈지면을 손가락 수만큼, 얇게 늘려서 준비해 둡니다.

3

와이어가 구부러져 있을 때에는 판이나 평평한 것으로 굴려 반듯하게 만듭니다.

4

와이어에 탈지면을 휘감기 위해, 얇게 목공용 본드를 묻힙니다.

5

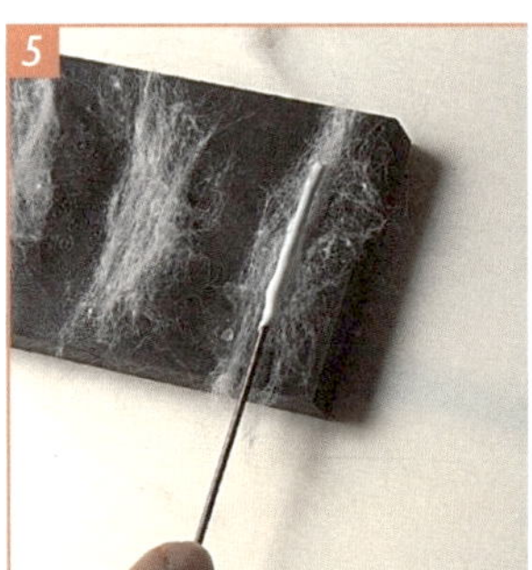

본드를 바른 와이어에 탈지면을 소량, 얇게 감싼다.

6

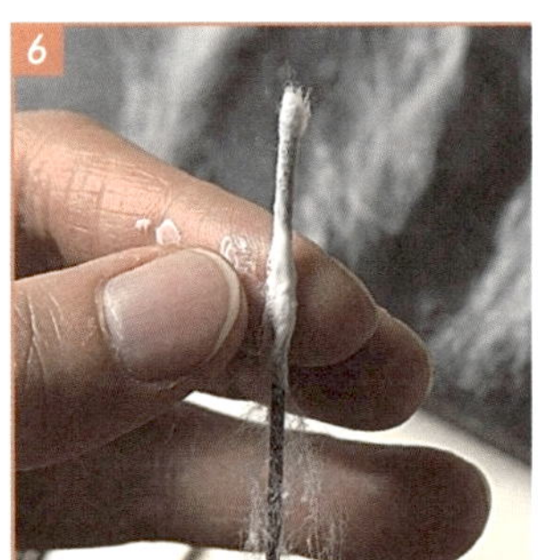

와이어를 돌돌 회전시키면서 탈지면을 말아 붙입니다.

POINT

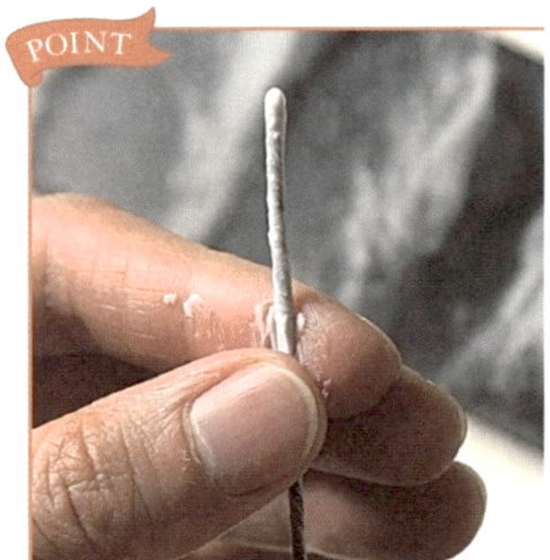

이것은 점토를 붙이기 쉽게 하기 위한 바탕이 됩니다. 너무 두꺼워지지 않도록 주의해 주세요

손의 심지

와이어의 굵기는 인형의 크기에 따라 달라집니다. 스테인리스 와이어도 좋습니다. 철사의 금속은 수 년 경과하면 점토표면에 갈색의 녹이 드러나기 때문에 피해주세요. 작은 인형의 경우에는, 점토를 사용하지 않고 탈지면을 손가락 굵기만큼 두껍게 감아서 만들 수도 있습니다.

7

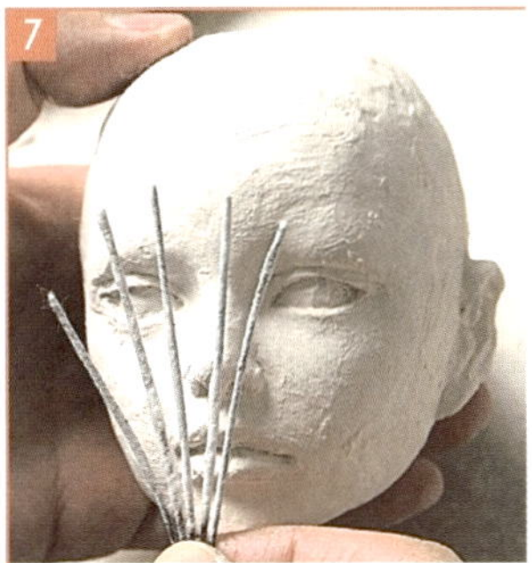

손의 크기를 정합니다.

손의 크기

손의 크기는 얼굴과 비교해서, 손목부터 가운데손가락(중지) 끝까지의 길이가, 턱부터 이마까지의 길이 정도가 됩니다. 연령 또는 개인차, 이미지에도 달라지지만, 유아의 경우나 귀여운 인형은 작게, 어른의 인형, 또는 강하고 박력을 강조하고 싶은 경우는 크게 만들어 주세요.

8

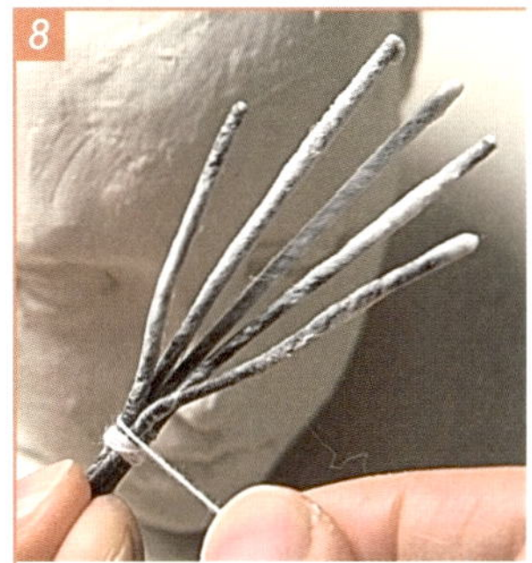

손가락 길이의 밸런스를 조정해서, 손목의 위치에 실로 단단히 묶어주세요.

9

실은 강한 것이 좋습니다만, 너무 두꺼워지지 않도록 해주세요. 묶은 곳에 순간접착제로 보강해 둡니다.

10

다시 한번 보고, 손가락 길이의 밸런스가 나쁜 경우는 끝을 니퍼로 잘라내서 조정합니다. 심지의 완성.

2»

손의 심지에 점토 붙이기

wrap hand's cores in clay

1

우선 손바닥을 만듭니다. 심지에 목공용 본드를 엷게 발라서, 점토를 붙이기 쉽게 합니다.

2

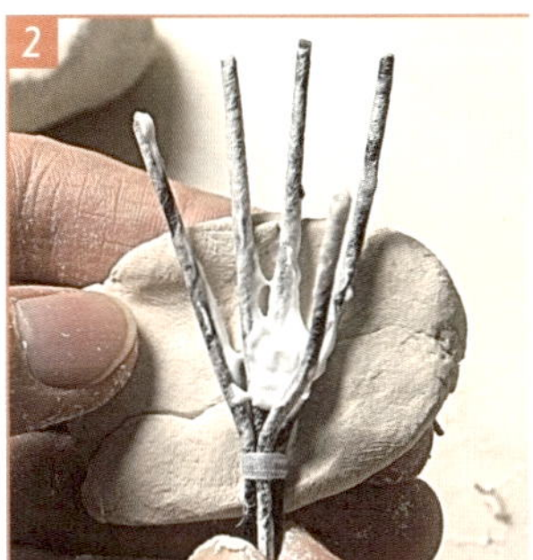

손바닥에, 점토를 둘러 감습니다.

3

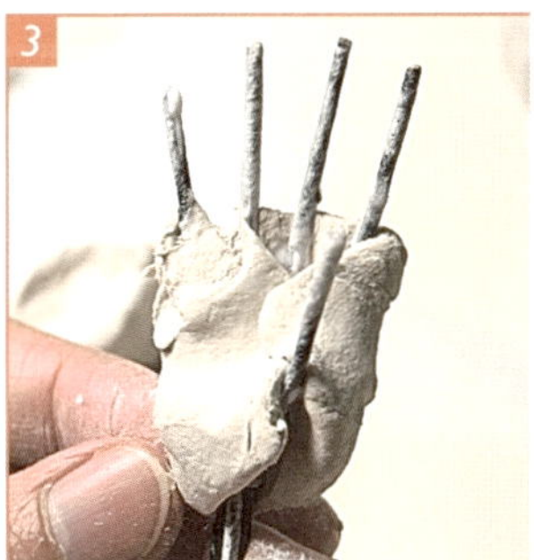

손바닥의 형태를 정리합니다. 사각의 손바닥이 되지 않도록 주의해 주세요.

4

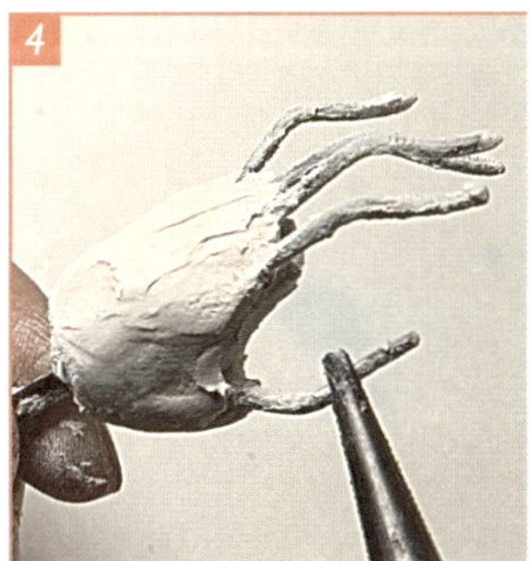

손가락 심지의 표정을 만듭니다. 손가락의 움직이는 방향과 관절의 위치를 확인하고 라디오펜치로 손가락의 포즈를 취해주세요.

손가락의 표정

쭉 곧은 직선의 손가락이면 튼튼하고 강한 표정이 되기 때문에 움직임이 있는 편이 좋다고 생각합니다. 자신의 손을 인형의 손과 같은 표정으로 해 보면, 힘이 들어간 표정인지 릴랙스한 표정인지를 알 수 있습니다. 골절된 것처럼 있을 수 없는 자세가 되어 있는 경우도 있기 때문에 주의해서 보도록 합시다.

5

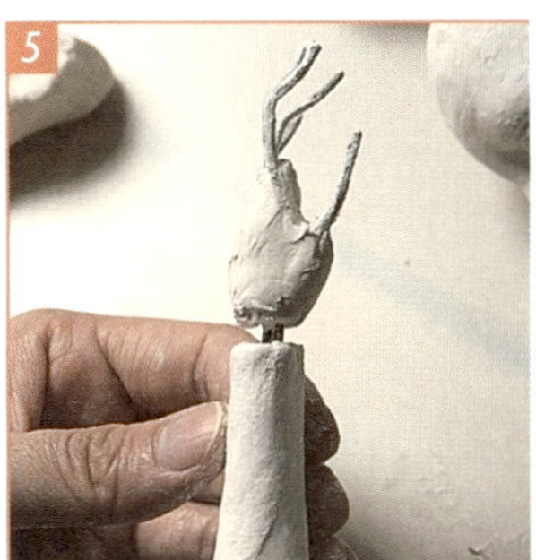

팔에 연결해서, 손바닥의 두께를 확인합시다. 너무 크거나 너무 얇아지지 않도록, 밸런스를 확인합시다.

POINT

엄지는 다른 손가락과 밑동 부분의 위치가 다릅니다. 손목에서 손가락 끝까지의 길이는 새끼손가락이 집게손가락보다 짧습니다.

6

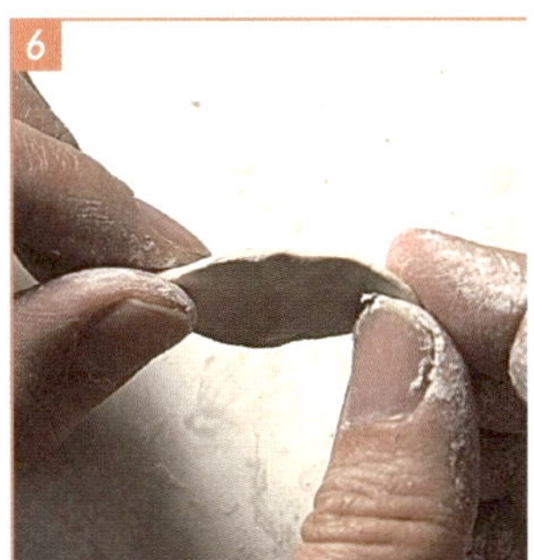

손가락을 감싸기 위해, 점토를 평평하게 합니다. 이때, 손가락 끝이 얇게 되도록 밀어놓으면 깨끗하게 마무리 됩니다.

7

손가락 심지에 본드를 바릅니다.

손가락의 안쪽 부분부터 점토를 말아 붙입니다.

점토를 말아 붙였으면, 관절을 의식하면서 헤라나 붓을 사용하여 섬세한 조형을 합니다.

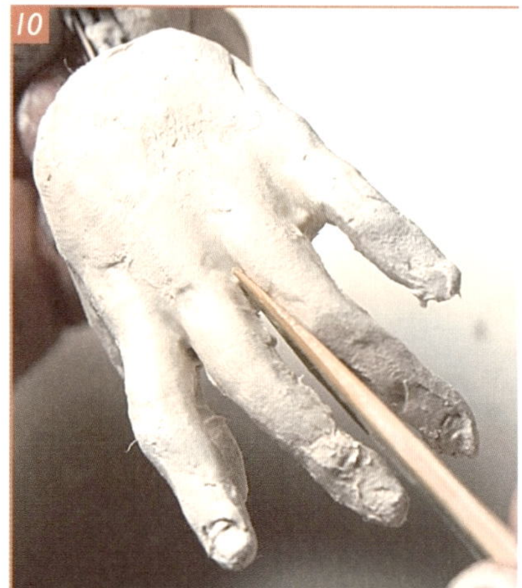

다섯 손가락에 점토를 붙여서, 관절이 만들어지면, 전체의 밸런스, 표정을 다시 한번 체크해주세요.

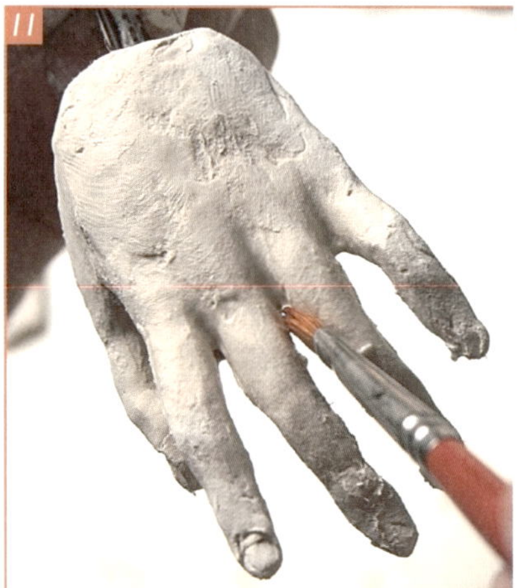

붓이나 헤라를 사용하여 밸런스를 조정해갑니다. 가능한 한 범위에서 만들어 봅시다.

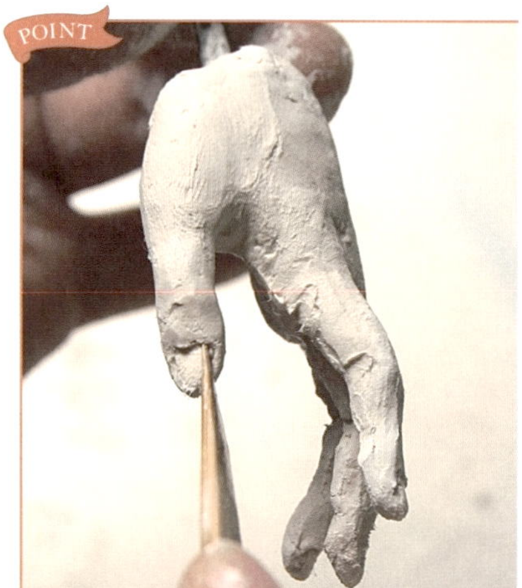

작은 손가락 끝이나 손톱에 무른 점토 상태로 만들기 어려운 경우에는, 건조 후에 커터로 조각을 하거나 점토를 덧붙여서 만들어 주세요.

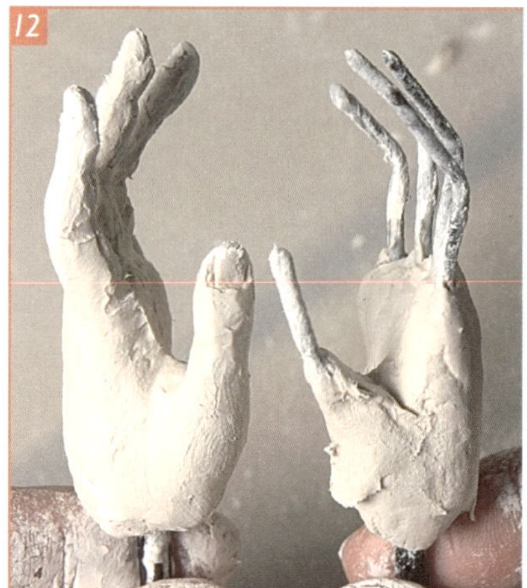

다른 한쪽의 손도, 나란히 두고 비교하면서 같은 요령으로 만들어 봅시다.

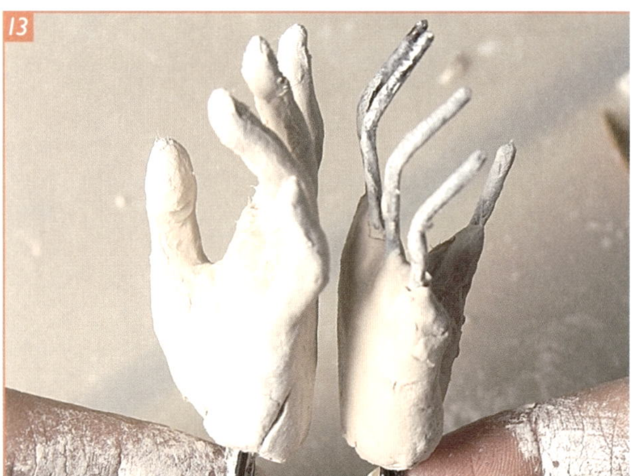

측면도 비교합니다.

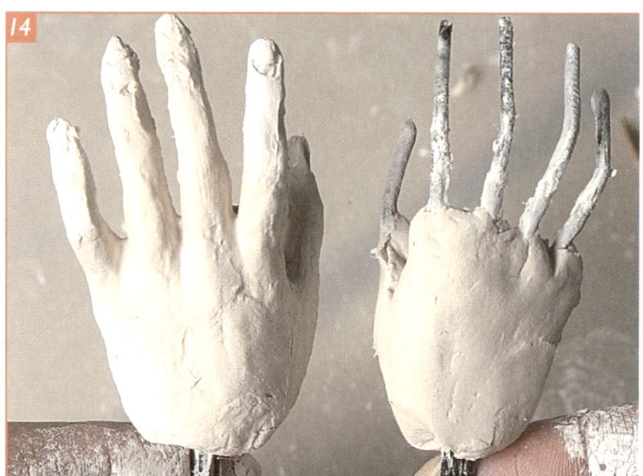

손등을 비교합니다. 여러 각도에서 비교하면서 또 다른 한쪽의 손을 완성시킵니다.

3 »

발 만들기

model feet

1

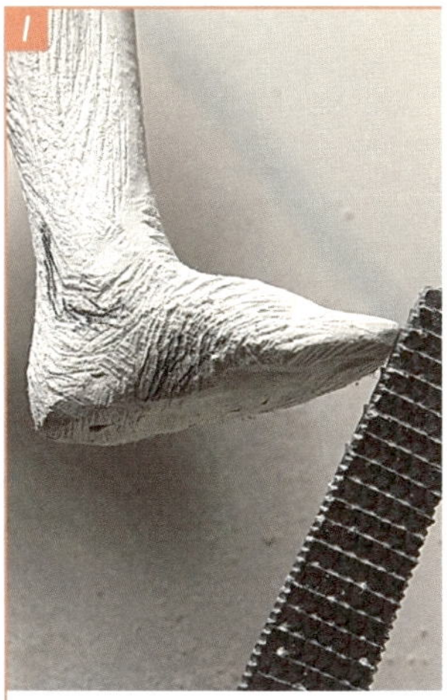

점토로 발의 대략적인 바탕을 만들고, 그 것이 건조되면, 거친 줄로 성형합니다.

2

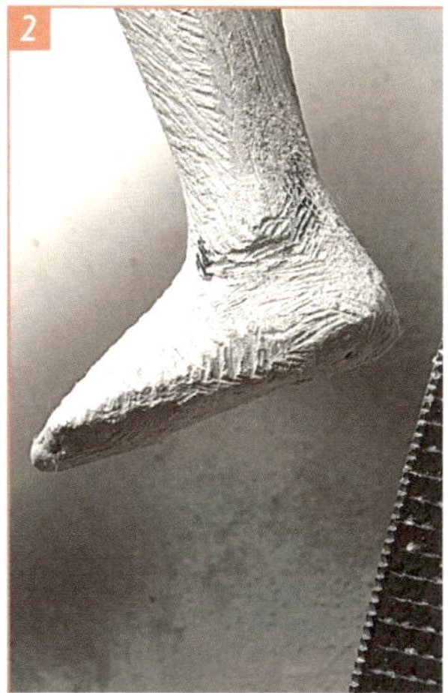

복사뼈, 아킬레스건, 발바닥, 발꿈치 등을 연필로 그리고, 그 부분을 거친 금속 줄로 정리해갑니다.

3

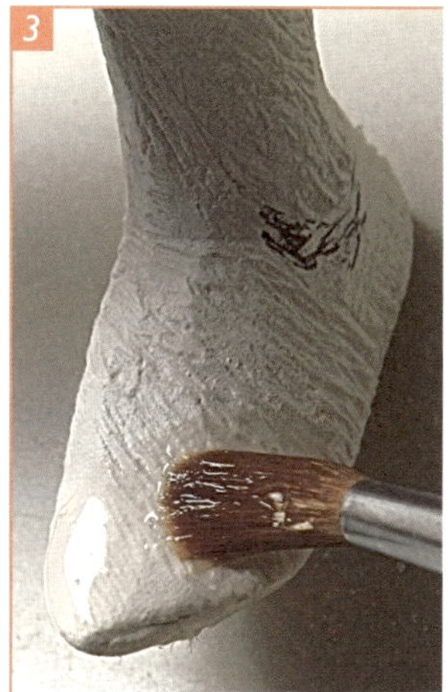

점토 붙이는 부분을 붓을 사용해서 물로 적셔둡시다.

4

무르게 반죽한 점토를 붙입니다.

손발의 크기

손과 비교하면, 발가락의 길이만큼, 발이 길게 됩니다. 설정 연령이나 이미지로 결정해 주세요. 손과 마찬가지로 개인차가 있습니다. 손이 큰 경우는 발도 큰 편이 밸런스가 좋습니다.

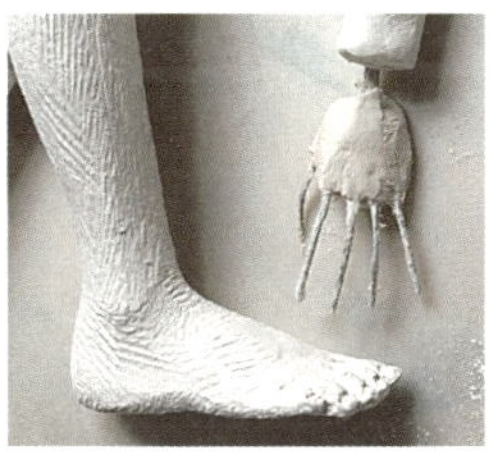

5

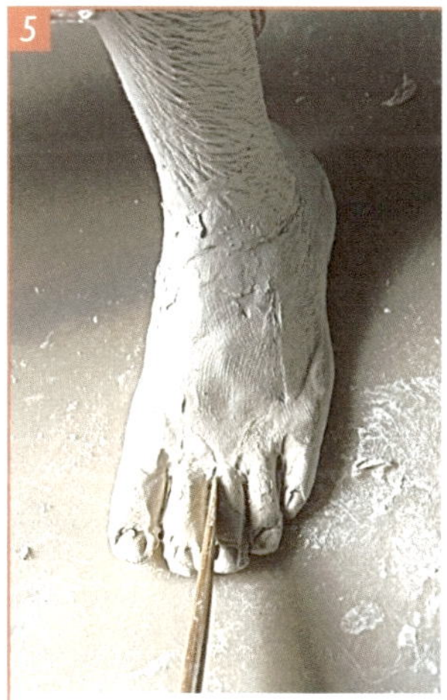

발가락의 균형을 생각하면서, 헤라로 각각의 발가락을 만듭니다. 하나씩 발가락이 나뉘어져 보이도록 만들어 봅시다.

6

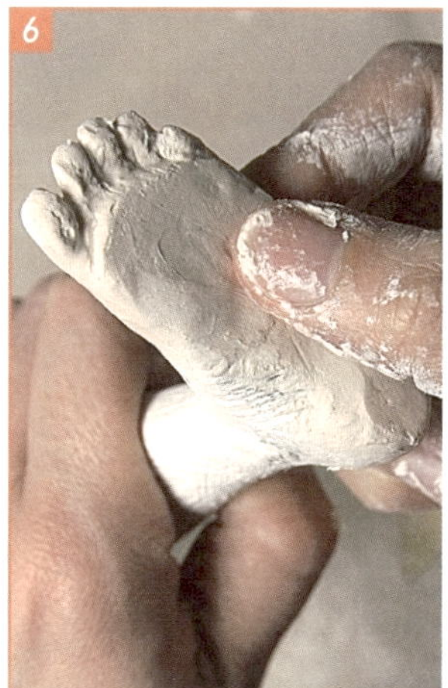

발바닥도 하나씩 발가락이 나뉘어져 보이도록 만들어 갑니다.

7

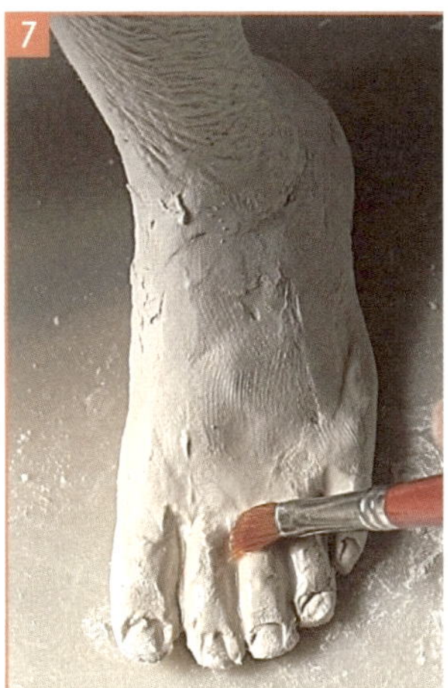

발가락의 관절이나 부드러운 둥그스름은, 적셔둔 붓을 사용해서 표현합시다.

8

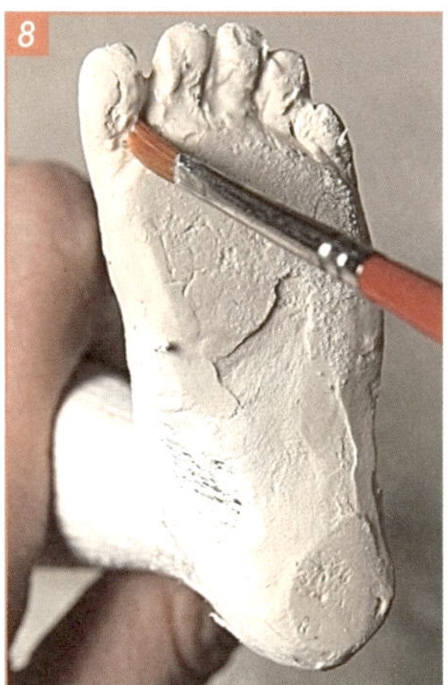

발바닥도, 관절이나 도톰함을 적셔둔 붓으로 만듭니다.

9

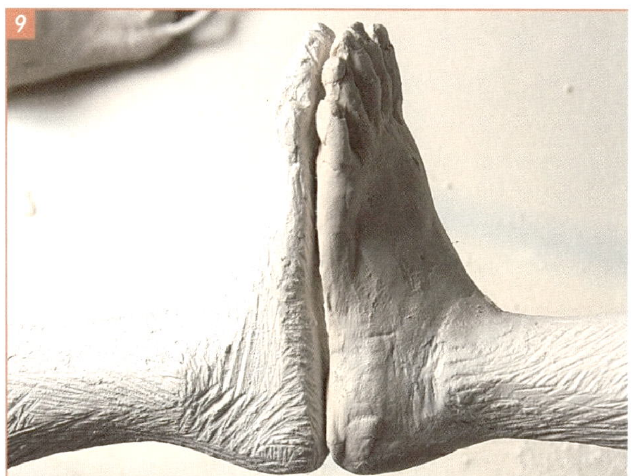

손과 마찬가지로, 발도 양 다리를 비교해서 다른 한쪽의 다리를 만들어 봅시다.

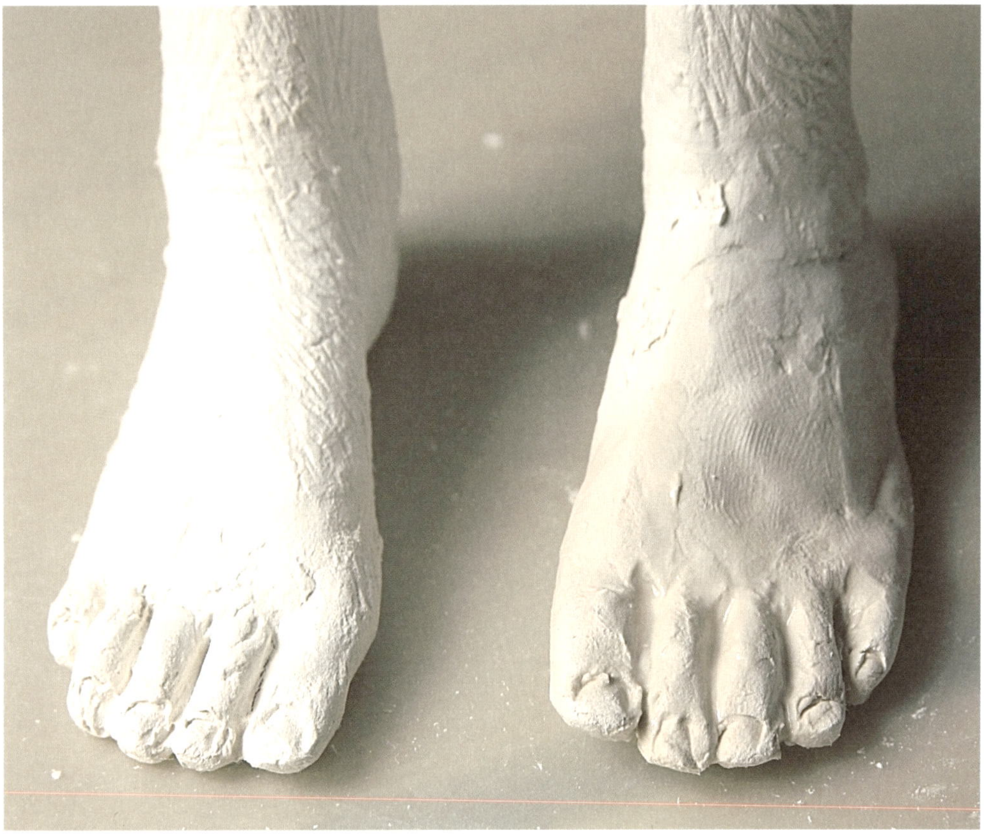

Advice

발등은 엄지 뼈의 연장선에서, 몸 안쪽은 높게 바깥쪽은 낮게 합니다. 위에서 보면 발꿈치보다 발부리쪽은 넓고, 발가락 밑동은 새끼발가락 쪽이 내려가도록 하는 등, 자신의 손발의 특징을 잘 관찰하고, 세웠을 때의 접지면도 의식해서 모양이나 크기가 부자연스럽지 않도록 유의합시다. 부지런히 좌우를 비교하는 것도 중요합니다.

상급 편: 발에 심지 넣기

인형에 따라서는, 발가락을 하나씩 나눠서 만드는 경우도 있습니다. 그 경우는 모든 발가락에, 손과 마찬가지로 와이어의 심지를 넣고 파손되지 않도록 합니다. 손가락 만드는 법의 과정을 참고해 주세요. 우선 발가락 끝부터 발뒤꿈치까지의 2배의 길이의 와이어를 준비합니다.

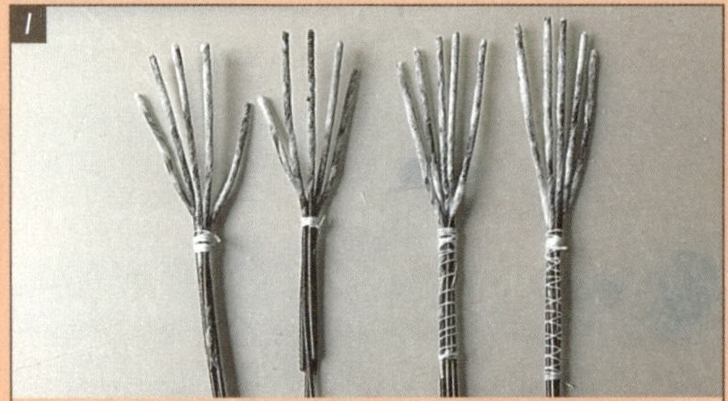

1 탈지면을 감아, 실로 발바닥 부근부터 감아 놓습니다. 오른쪽의 두개가 발, 왼쪽 두개가 손의 심지입니다. 발가락의 밸런스는 손과 비교해서 평탄하기 때문에 엄지발가락부터 새끼발가락 쪽으로 순차적으로 짧아지게 늘어 놓습니다.

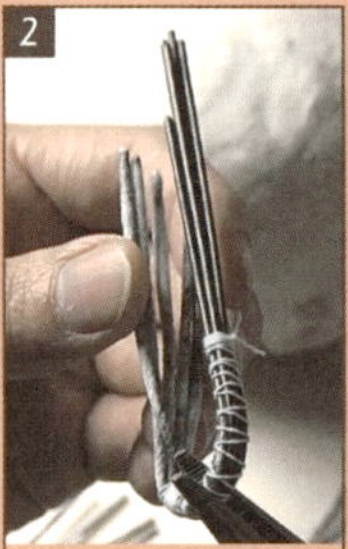

2 합쳐놓은 와이어를, 발꿈치의 안쪽이 되는 위치로 구부립니다.

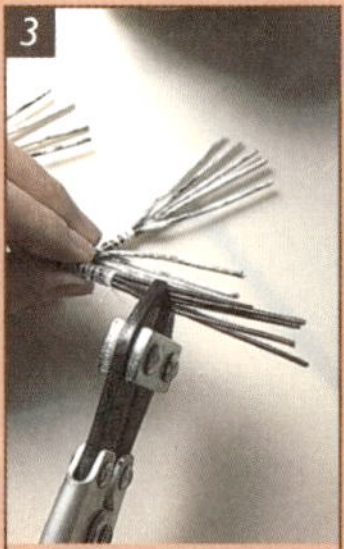

3 구부린 와이어를 발가락 밑동보다 짧은 위치에서 잘라냅니다.

4 와이어는 점토를 붙일 때, 발등의 안쪽에 보기 좋게 들어가도록, 발의 두께를 주의해서 구부려주세요.

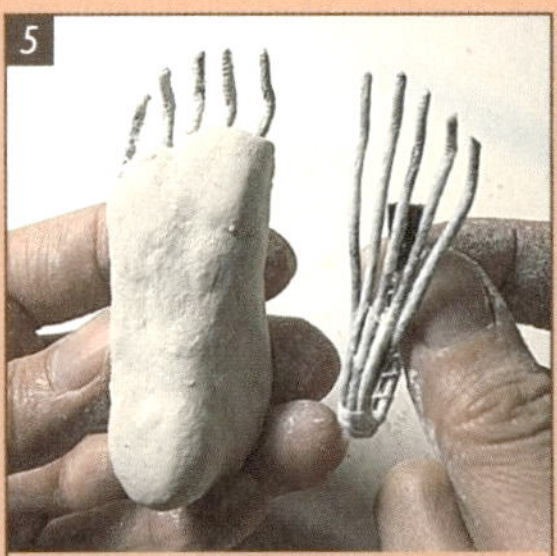

5 손과 마찬가지로, 와이어에 본드를 바르고 점토를 감싸, 발바닥, 발등을 만듭니다.

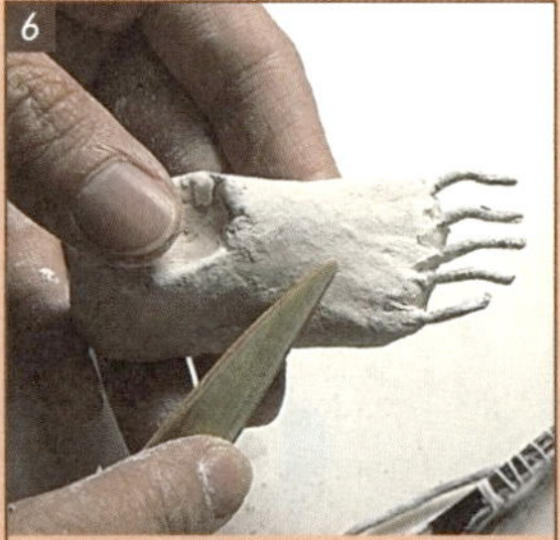

6 발등도 기본적인 방법과 마찬가지로 만들어 갑니다.

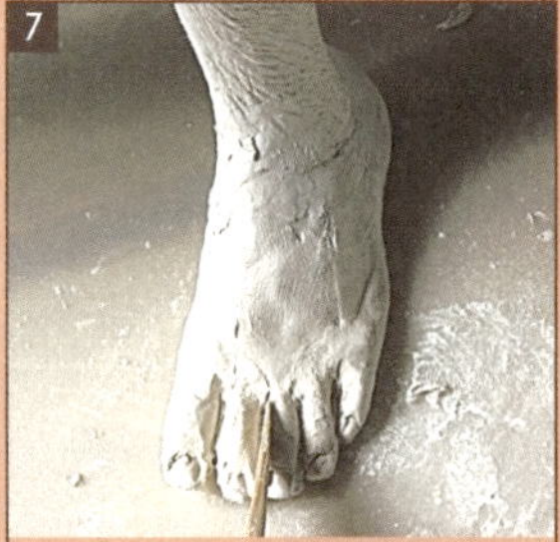

7 발가락도 손과 마찬가지로, 와이어에 본드를 바르고, 평평하게 늘린 점토를 발바닥부터 감아서 만듭니다.

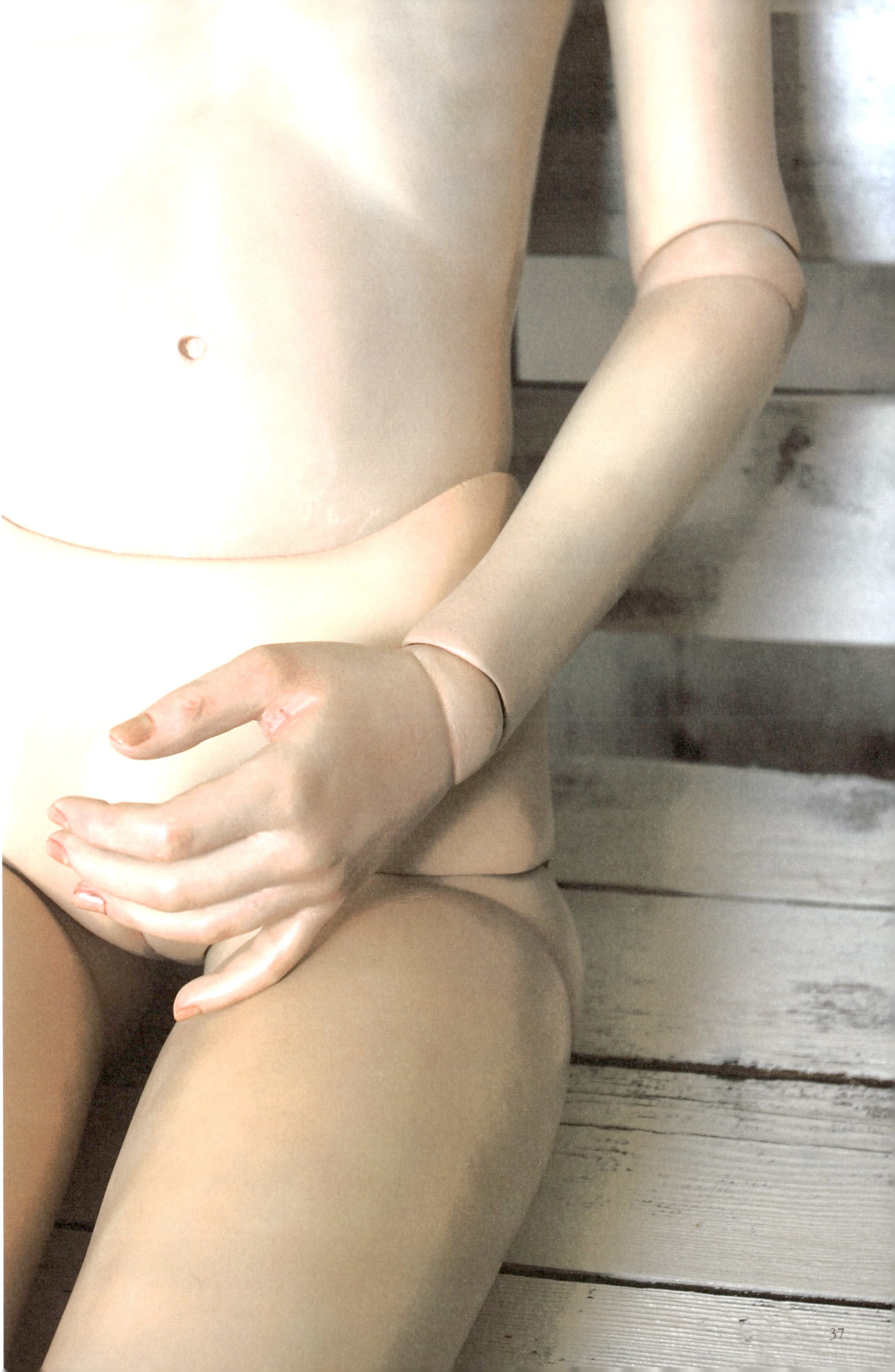

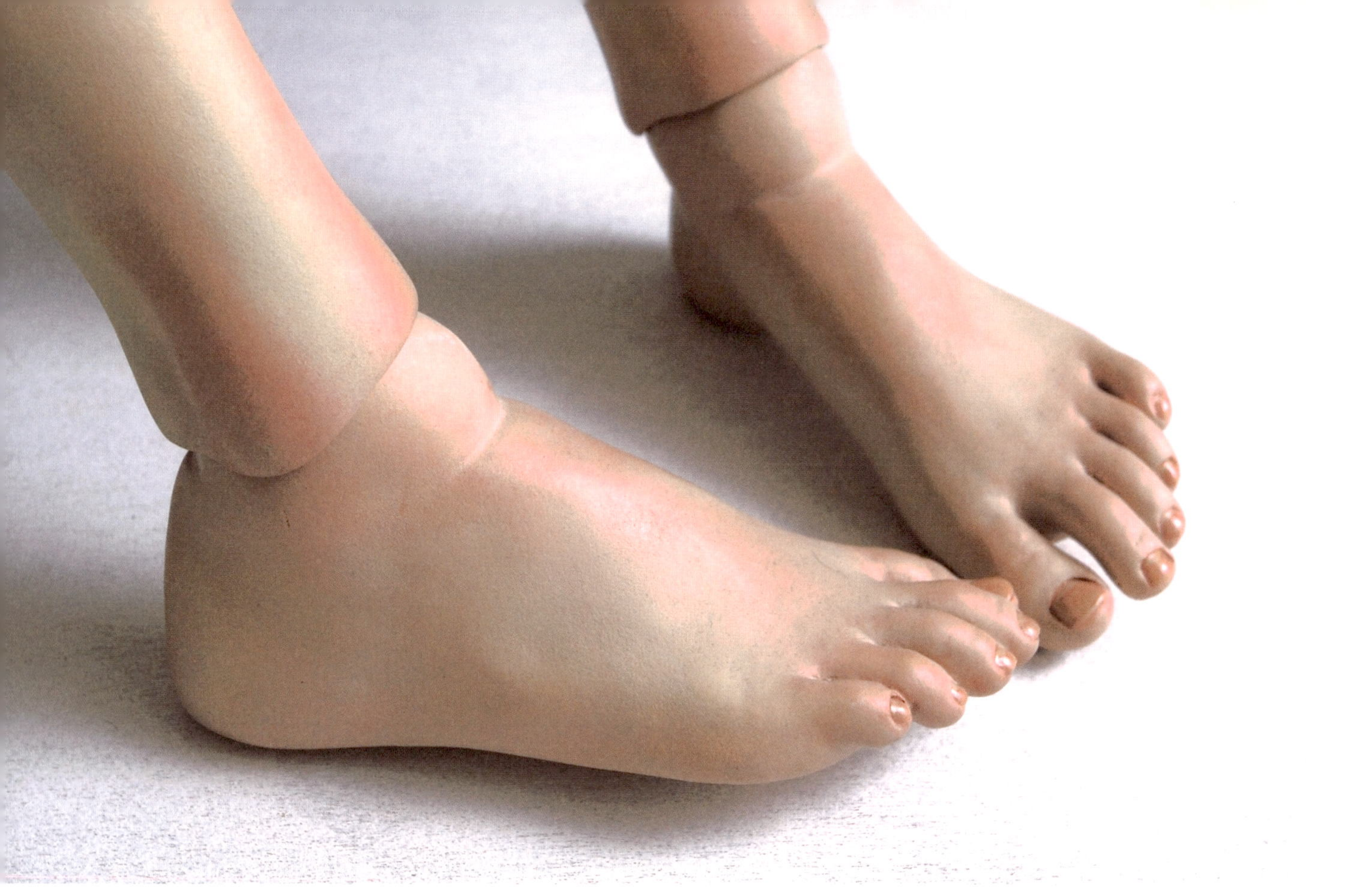

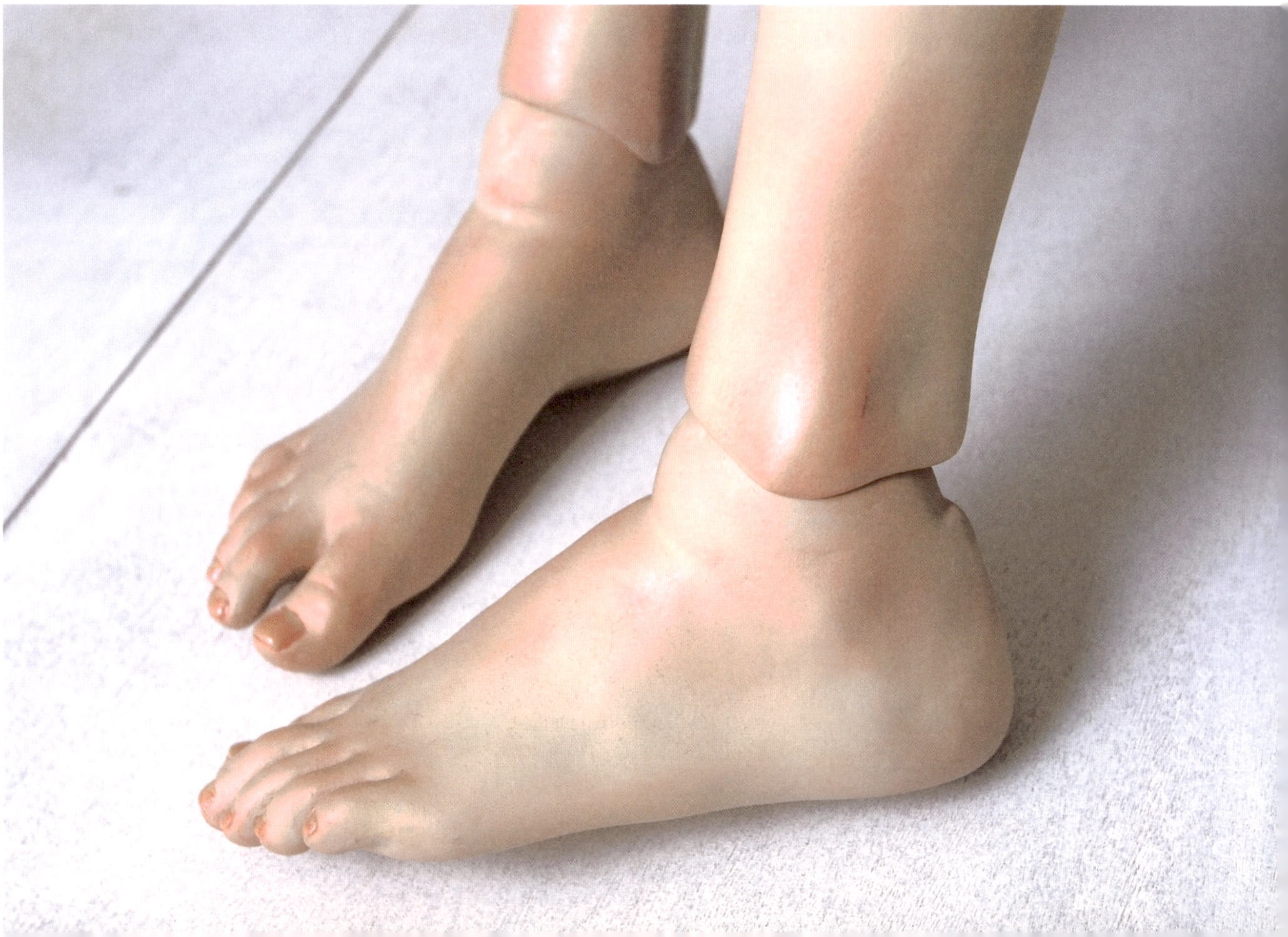

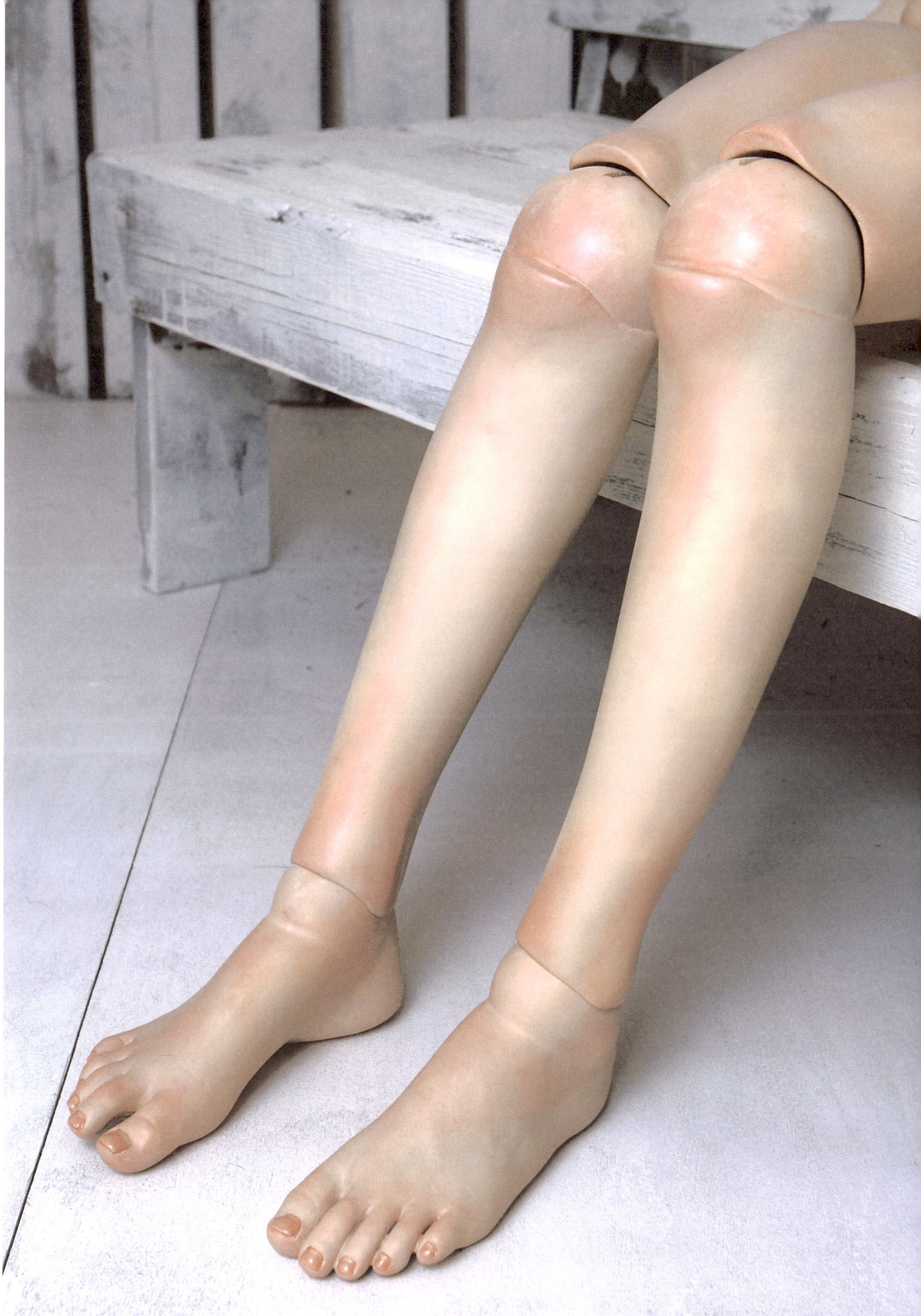

§5 사포질

Sanding

금속 줄 → 스폰지사포 → 종이사포

인형의 신체 각 부분의 점토조형은, 사포질 작업과 병행하여 나아갑니다. 점토조형에서 표면을 깨끗하게 정돈했어도, 건조 후의 사포질에 의한 조형 조정은 꼭 필요합니다. 사포질은 단순히 표면을 연마하는 것만이 아니라, 갈아 가면서의 조형 작업입니다. 줄로 깎아서 연마하는 것에 의해, 보다 굴곡이 있는 형태가 되어 갑니다. 미리 종이사포로 갈았습니다, 라고 하는 분도 계실지 모르겠습니다만, 한번 더 점검해서 봅시다.

† 준비물

금속 줄
- 목공용의 거친 줄 (곡면 줄)
- 금속연마용의 정밀 줄 (곡면형 등)

스폰지사포
- 미디엄 (#120~#180)
- 파인 (#240~#320)

종이사포
- #80 • #120 • #240

사포질

sanding

1

비교적 단순한 면을 갈 때는, 우선 거친 줄 등 금속 줄을 사용합니다.

2

표면의 울퉁불퉁한 면을 갈아냅니다.

3

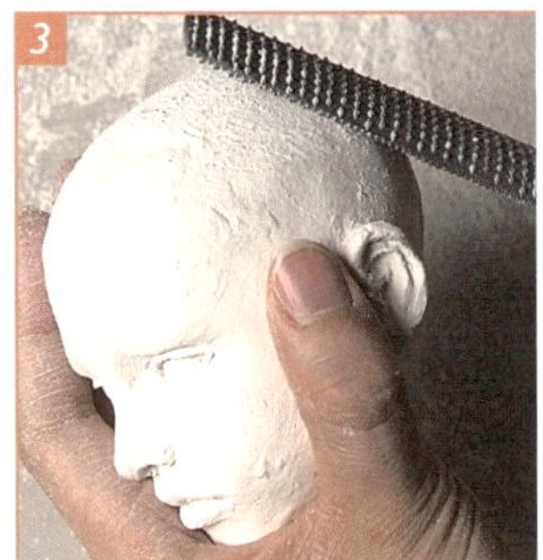

거친 줄을 사용하면 재빠르게 표면을 매끄럽게 할 수 있습니다.

연마순서

반드시 거친 줄로 고르게 한 후에 연마합니다. 이런 최초의 연마를 생략하고, 느닷없이 고운 종이사포로 갈기 시작하면, 울퉁불퉁함이 없어지지 않은 채 물결치는 상태에서 표면이 반들반들해집니다. 결국 다시 거친 줄로 고쳐 갈게 되어 고생하게 됩니다.

4

거친 줄로는 긁힌 상처가 남습니다.

5

거친 줄의 상처를 보다 고운 종이사포(#120)나 스폰지사포를 사용하여 가다듬습니다.

Advice

거친 줄은, 조형하는 용도로 사용합시다. 갈아낸 후 점토가루를 청소기로 빨아들이거나 젖은 천으로 닦아내면, 표면의 상처나 갈다 만 곳을 발견하기 쉽습니다.

금속 줄

정밀 줄은 연마부분의 모양에 맞춰 사용하기 때문에 몇 종류의 세트로 된 것을 구입하면 좋겠지요. 정밀타입은 세밀한 부분에 편리합니다. 다만, 결이 곱기 때문에 철 브러시 등으로 자주 손질해 사용하지 않으면 결이 무디어지기 쉽습니다. 대략적인 모양내기 등의 절삭에는, 날이 여기저기 뾰족한 거친 줄이 최적입니다.

정밀 줄로(원통형)의 사용 예

스폰지사포

몸의 부드러운 육감을 표현하기에는 스폰지 사포를 추천합니다. 단순히 면으로 갈고 닦는 것만이 아닌, 사포의 각을 사용하거나, 둘로 접어 둥그렇게 하거나 해서 사용할 수 있습니다. 손에도 부드럽고 내구성도 높아, 매우 사용하기 편한 사포입니다.

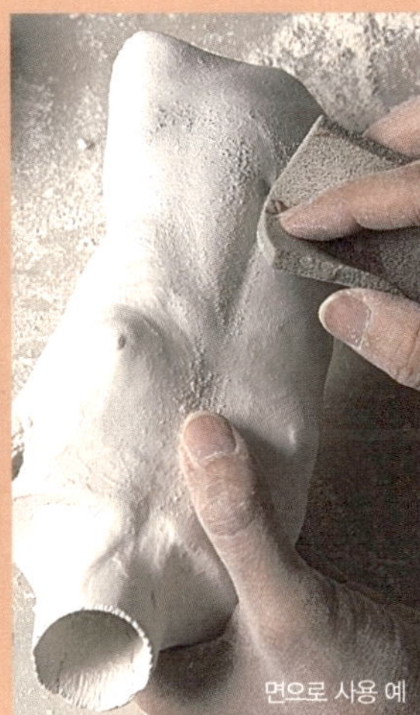
면으로 사용 예

둘로 접어 사용 예

종이사포

얼굴, 손, 발등의 섬세한 부분을 갈 때에는 종이사포가 편리합니다. 갈고 싶은 부분의 형태에 맞춰 자르거나, 접어서 각을 사용하거나, 이쑤시개에 감아 사용하거나, 판에 붙여 면으로 사용하는 등, 여러 가지를 고안해서 사용해봅시다. 단, 지나치게 갈아내어 미묘한 표정을 없애지 않도록 주의해 주세요.

1 종이사포를 작게 잘라서 접었습니다.

2 끝을 뾰쭉하게 합니다.

3 세밀한 부분에 사용합시다.

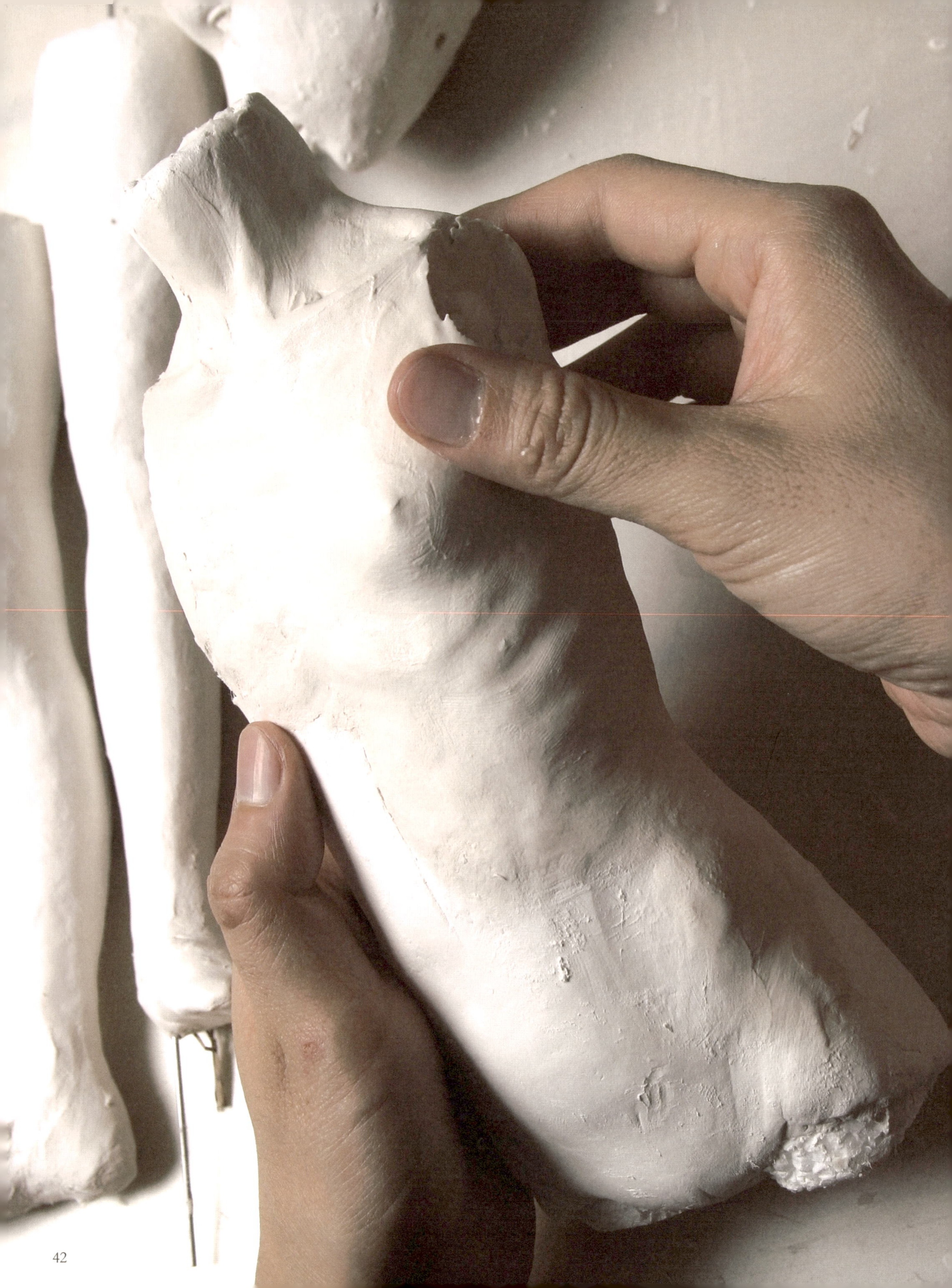

Chapter III

관절

Joints

§1 관절구 만들기

Make ball joints

1. 관절부의 설정·절단 → 2. 구 받침의 준비 → 3. 구 만들기 → 4. 손목·발목의 구

인형 관절에 대한 생각이나 방법은 여러 가지, 역사적으로도 다양한 관절을 가진 인형이 있습니다. 일본에는「미쯔오래닝교」-(허리, 무릎, 발목의 세 곳이 구부러져 앉힐 수 있는 인형)라는 에도시대부터 만들어진 독특한 관절을 가진 인형이 있습니다. 구체관절인형은 18세기의 유럽에서 비스크헤드의 몸으로 응용된 후, 현재에 이르기까지 다양한 소재로 만들어 져 왔습니다. 이번에 제작하는 것은, 목 · 어깨 · 팔꿈치 · 손목 · 허벅지 · 무릎 · 발목으로 이어지는, 13개의 구체관절인형입니다. 목, 어깨, 팔꿈치, 무릎, 고관절의 구는 스티로폼 구의 심재를 넣습니다만, 손목, 발목의 관절에는 심재를 사용하지 않고 점토만으로 구를 만듭니다. 손목, 발목의 구에는, 와이어를 심어 넣기 위한 점토의 두께가 필요하기 때문입니다.

† 준비물

- 스티로폼 구
- 필기도구
- 톱
- 커터, 조각도
- 니퍼
- 거친 줄, 사포
- 점토헤라, 대나무헤라,
- 점토, 물

1 » 관절부의 설정 · 절단

set up & cut the joints

1

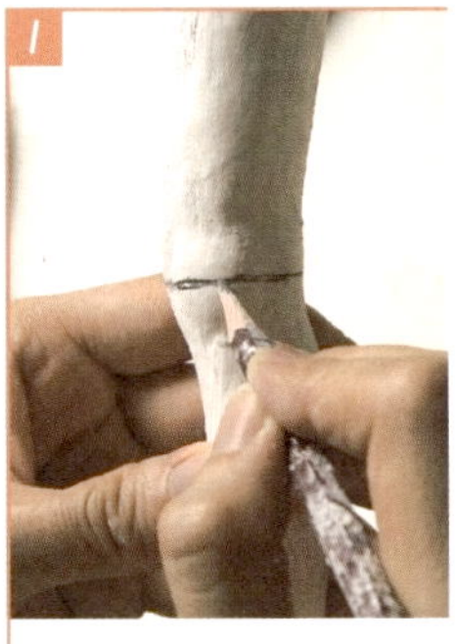

무릎, 발목, 팔꿈치 관절의 중심을 절단합니다.

2

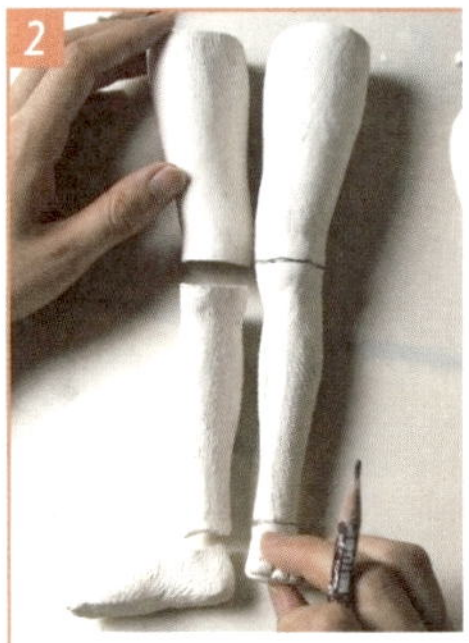

각 부분의 좌우 길이가 갖추어지도록 자르는 선을 연필로 표시해 둡니다.

3

무릎은 무릎의 중심

4

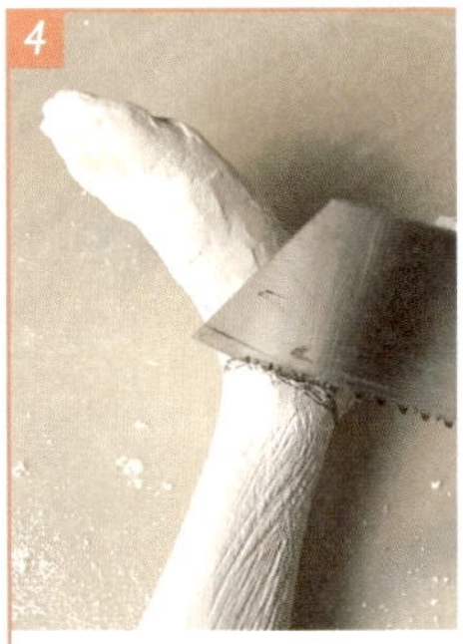

발목은 복사뼈의 중심

5

팔꿈치는 팔꿈치의 중심으로 절단합니다.

6

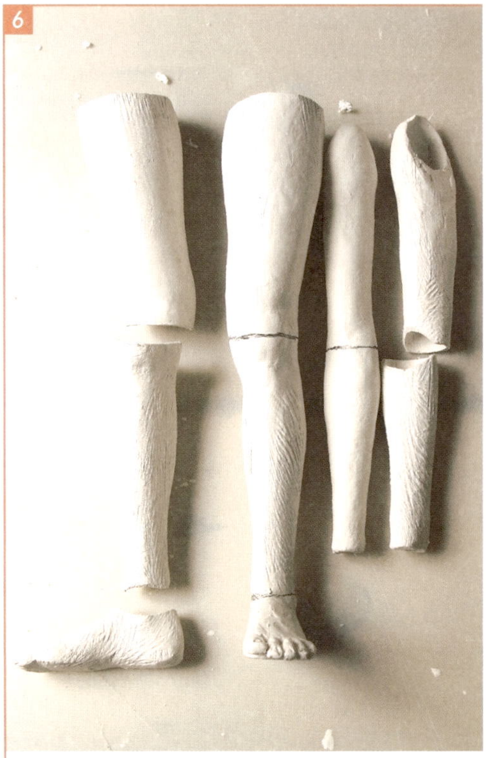

한쪽이 절단된 상태입니다. 다른 한쪽도 절단합시다.

구의 크기 정하기

구의 크기는, 관절주변의 라인을 만드는 데에 매우 중요합니다. 구가 크고 받침이 작은 편(구가 보이는 범위가 큼)이 가동범위는 넓어집니다. 「구를 신체라인에 맞추기」의 때에는, 구의 크기를 빠듯하게 사용하는 방법(여기에서는 허벅지, 발목, 어깨, 손목의 관절)을 하고, 「구를 신체라인의 안쪽으로 정리하기」의 때에는, 조금 작게끔 사용하는 방법(여기에서는 팔꿈치, 무릎의 관절)을 합니다. 여기에서는 교재라는 의미로 두 방법을 혼합해서 택했습니다만, 익숙해지면 여러 가지를 궁리해서, 만들고 싶은 이미지로 관절의 크기를 선택합시다.

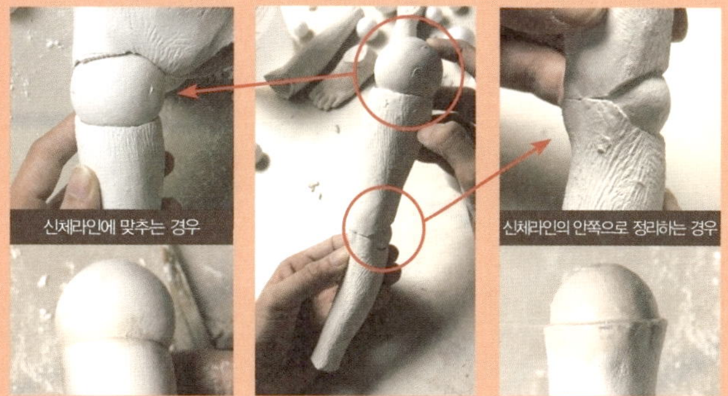

2»

구 받침의 준비

prepare saucers

1

팔꿈치 · 무릎은, 파츠의 길이가 달라지지 않게 설정하려고 합니다. 그 경우, 팔꿈치 · 무릎 단면의 지름보다 조금 작게 구를 만듭니다. (구는 다음 과정에서 만들기로 합니다.)

2

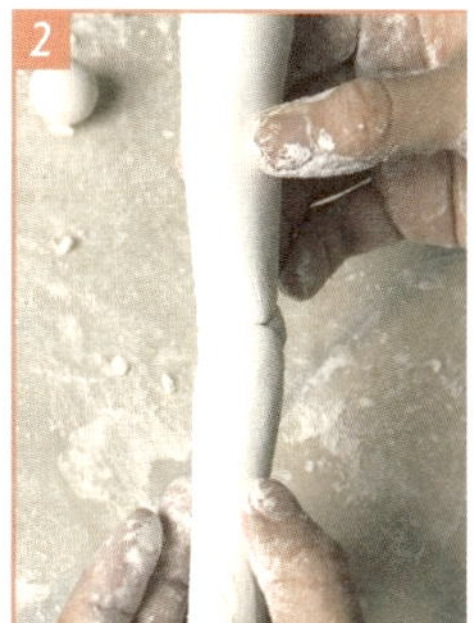

결국, 「구를 신체라인의 안쪽으로 정리하기」의 관절 구를 설정하는 것입니다.

3

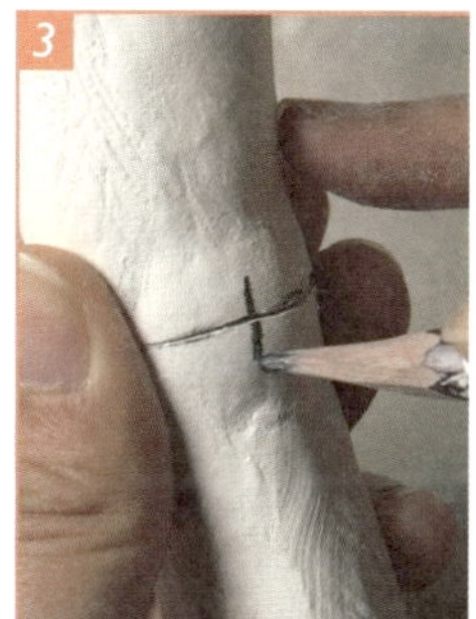

우선, 무릎중심에 연필로 표시를 합니다. 팔꿈치도 같은 방법으로 합니다.

4

절단면의 무릎중심에 맞춰 선을 그립니다.

중심선의위치

최소한으로 확보할 필요가 있는 2mm정도의 두께분량과 무릎의 두께분량을 빼 놓고, 그 1/2의 위치에 중심인 원을 그립니다. 이 원의 지름이 구의 직경이 됩니다.

5

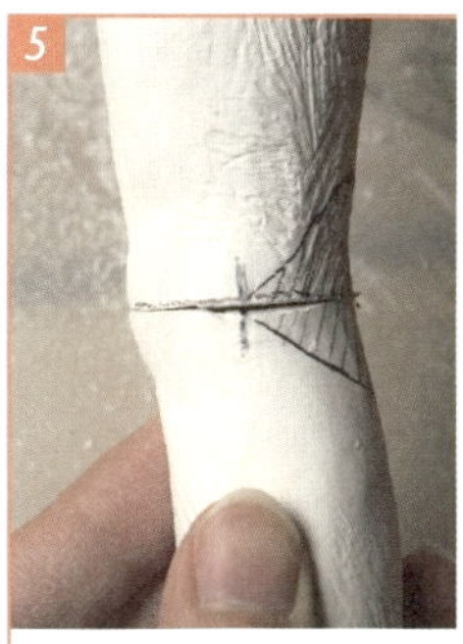

뒤쪽 절반을 경사지게 자르기 때문에 그 선을 그립니다. 허벅지 쪽에도 그립니다.

POINT

자르는 각도는 무릎 · 팔꿈치가 구관절에서 움직이는 각도가 됩니다

6

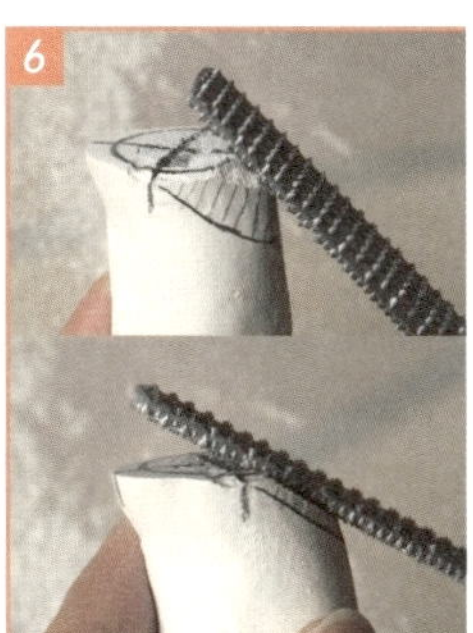

뒤쪽 절반까지를 선에 맞춰 거친 줄로 깎습니다.

7

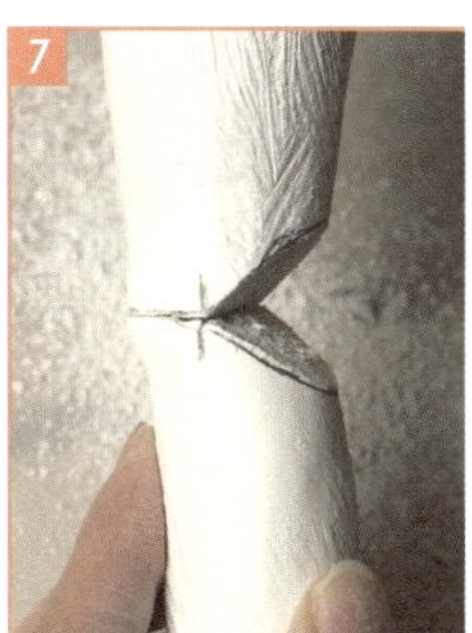

처음에는 상하 45도씩, 맞춰서 90도 정도를 움직일 수 있게 설정합니다.

8

실제로 구부려보아, 이상한 점이 없는지 확인합니다. 팔꿈치도 같은 방법으로 작업해 주세요. 움직임이 부족한 경우는, 관절구가 보다 커 보이도록 깎는 각도를 조정해 주세요.

9

다음은 심재인 스티로폼을 꺼냅니다. 내부를 비워 후에 고무줄을 통과하게 합니다.

10

커터나, 거친 원통형 줄을 사용합시다.

11

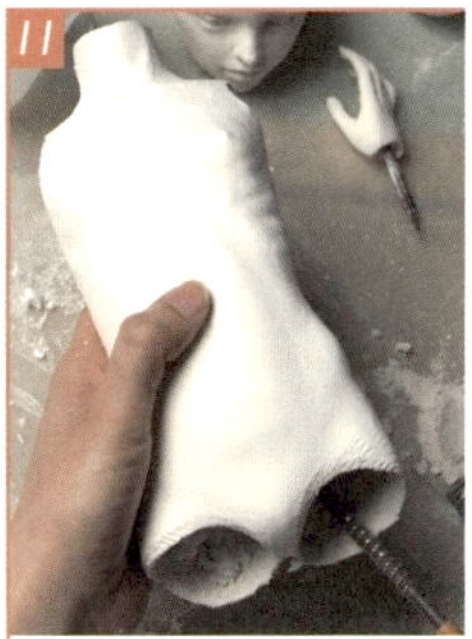

다른 파츠의 내부 스티로폼도 쪼개어 빼 냅니다.

12

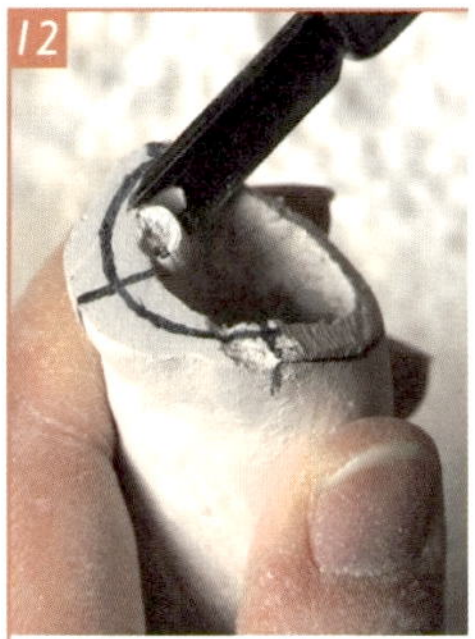

조각도의 둥근칼로, 무릎 절단면의 앞쪽을 구가 들어가도록 곡면에 맞추어 깎습니다.

13

무릎부분을 깎았습니다. 어깨, 팔꿈치, 고관절의 구를 넣는 곳도, 같은 방법으로 깎읍시다.

14

구가 넣어지는 모습에, 가장자리는 최소한의 두께를 유지하면서 깎아서 조정해 갑시다.

가장자리 깎는 법

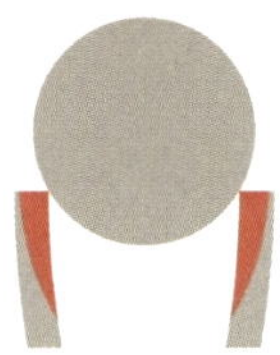

가장자리 부분은 넣을 구의 라인과 파츠의 라인이 대충 일체가 되도록 조정 합니다. 넣은 구가 덜그럭거리지 않게 들어가도록 가다듬어 주세요 그림과 같이 가장자리가 두꺼운 상태에서 붉은 부분을 깎아내면 구의 곡면이 안정되게 넣어 집니다. 단 나중에 반죽한 점토를 붙이기 때문에, 적셔지면 파손될 정도로 얇아지지 않도록 해 주세요. 빛에 비추어보아도 들여다보이지 않을 정도의 최소한의 점토두께는 필요합니다.

3»

구 만들기

make balls

1

기성품의 발포스티로폼 구를 심재로 합니다. 남은 스티로폼을 깎아서 사용해도 좋습니다

2

완성품의 직경보다 작은 스티로폼 구를 준비합시다. 완성된 구의 지름은 각 부위에 따라 달라집니다.

3

몸을 만들었을 때와 같은 요령으로 점토를 평평하게 늘립니다.

4

밀어둔 점토에 스티로폼 구를 감싸 둥글게 합니다.

5

각 부분 모두, 실제 구를 고정시킬 쪽의 관절부분에 넣어보면서 미세조정을 하여 완전한 구 상태에 접근합니다.

6

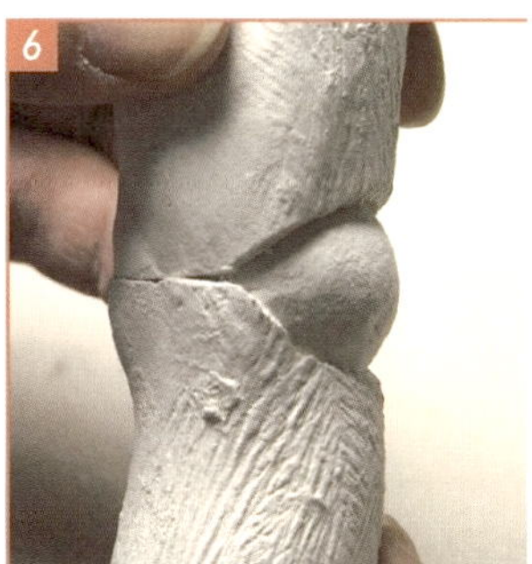

무릎관절의 구는 앞의 공정에서 깎았던 내부에 들어갈 수 있도록 합니다.

7

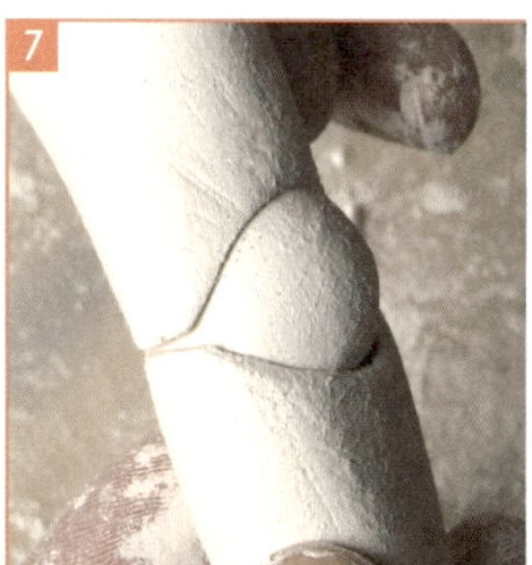

팔꿈치관절의 구도 같은 방법으로, 내부에 넣을 수 있도록 합니다.

8

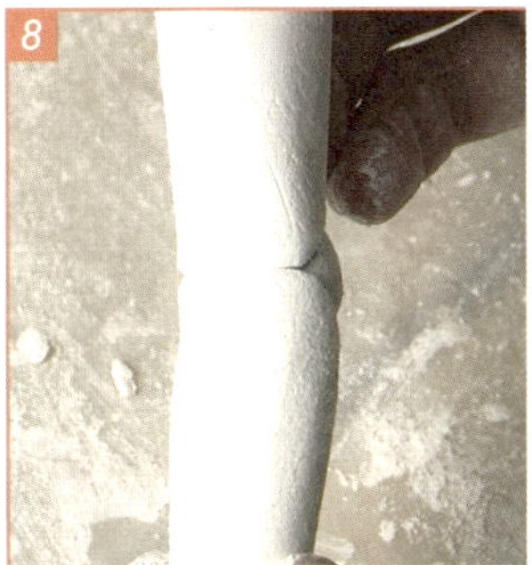

무릎부분입니다. 구가 감추어 질 수 있도록 합니다.

9

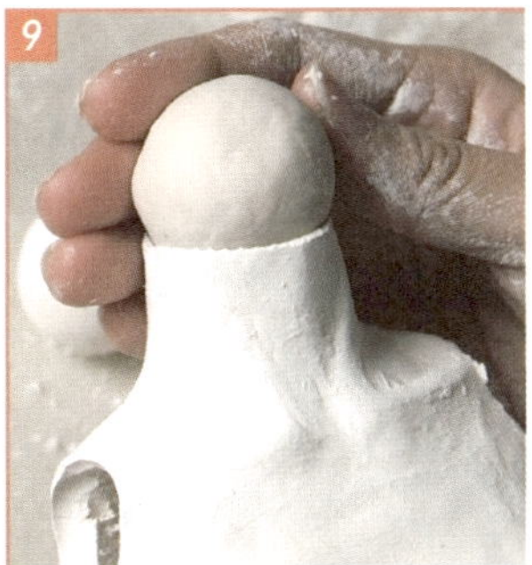

목은, 그 단면보다 조금 큰 구를 만듭니다.

10

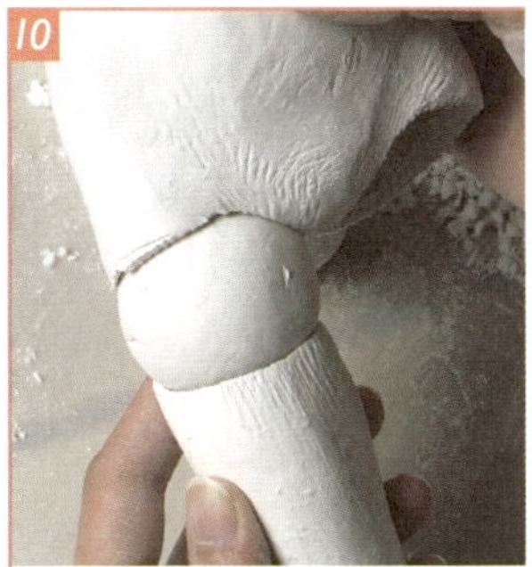

허벅지는 신체의 라인에 이어지도록, 허벅지단면의 가장 두꺼운 부분을 지름으로 한 구를 만듭니다.

11

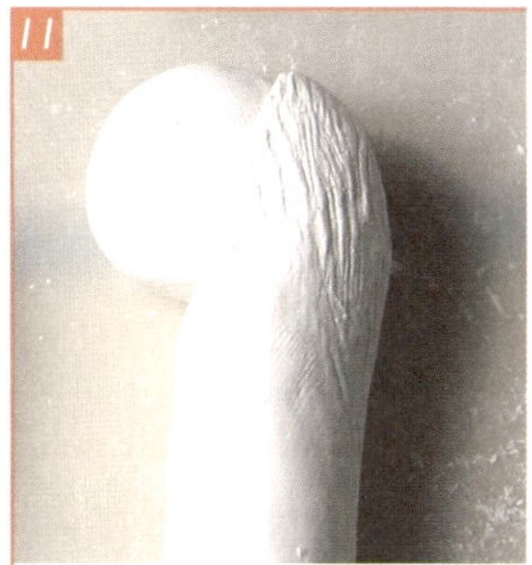

어깨도 허벅지와 같은 방법으로, 단면의 가장 두꺼운 부분을 직경으로 한 구로 신체라인에 이어지도록 합니다.

4» 손목·발목의 구

balls of wrists & ankles

1

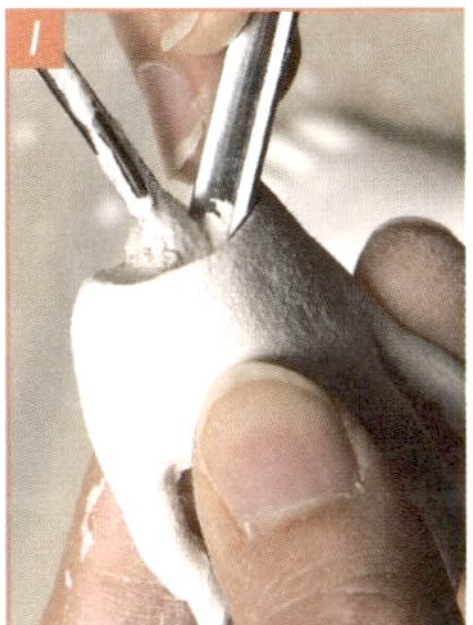

우선, 손목의 알루미늄선 밑동에 있는 점토를 깎습니다.

2

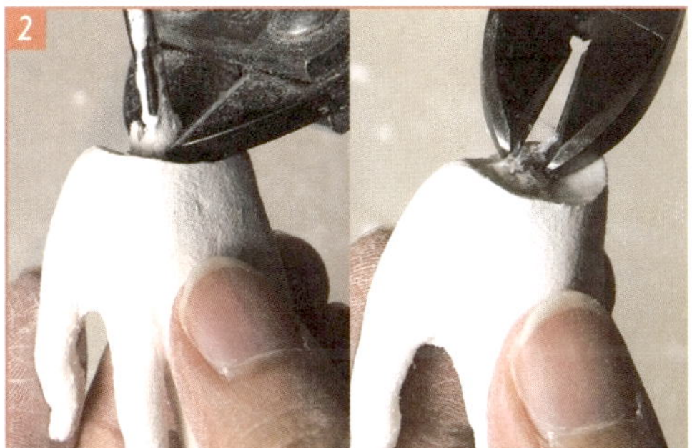

니퍼로 알루미늄선을 끝까지 잘라냅니다. 알루미늄선을 짧게 해두지 않으면, 구의 중심에 알루미늄 선이 심어져 있어, 뒤 공정작업에 방해가 됩니다.

3

손목부분에 부드러운 점토를 쌓아 올려서 점토만으로 둥근 반구를 만듭니다.

4

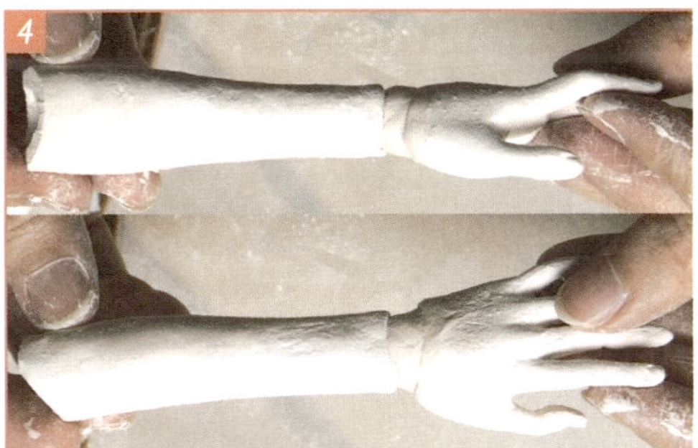

팔을 대어보아 자연스런 라인이 되도록 정면, 측면에서 체크를 하고, 크기를 조정해주세요. 반구 상태의 점토를 붙이는 것이 힘든 경우는, 발목과 같이 점토만으로 구를 만들어 붙여도 좋습니다.

5

발목은 줄로 복사뼈의 중심까지 깎습니다.

6

둥근 조각도로 내부의 가장자리 주변을 도려냅니다.

7

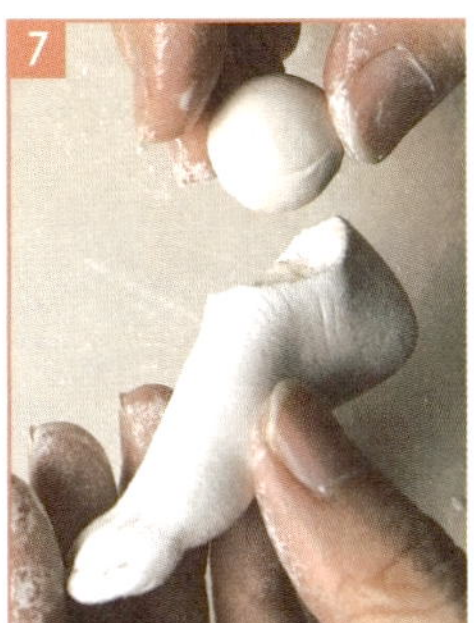

점토만으로 구를 만듭니다.

Advice

관절중심은 구의 중심!! 모든 관절은, 가능한 한 구의 중심이 관절의 중심이 되도록 설정합시다.

8

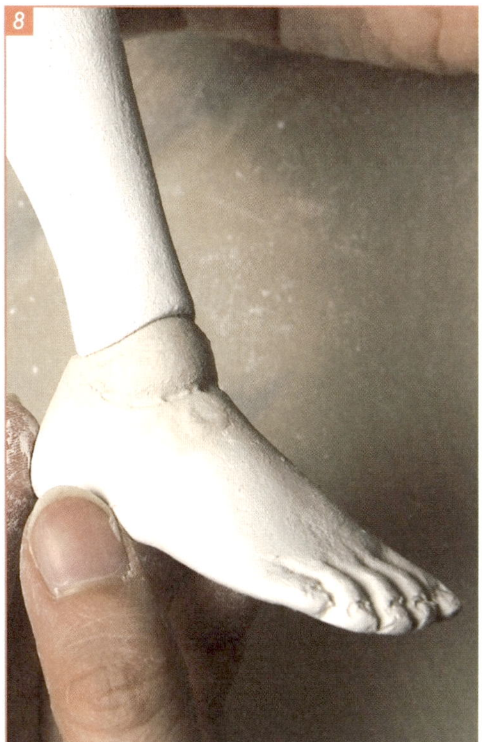

발목에서의 라인에 주의해서 구의 크기를 정하고, 발에 붙여주세요.

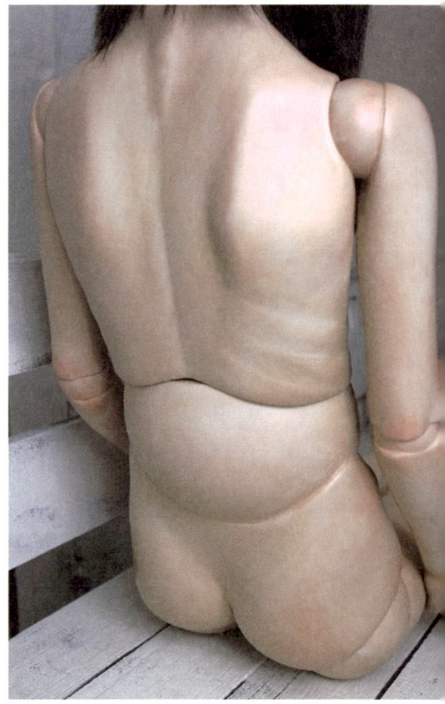

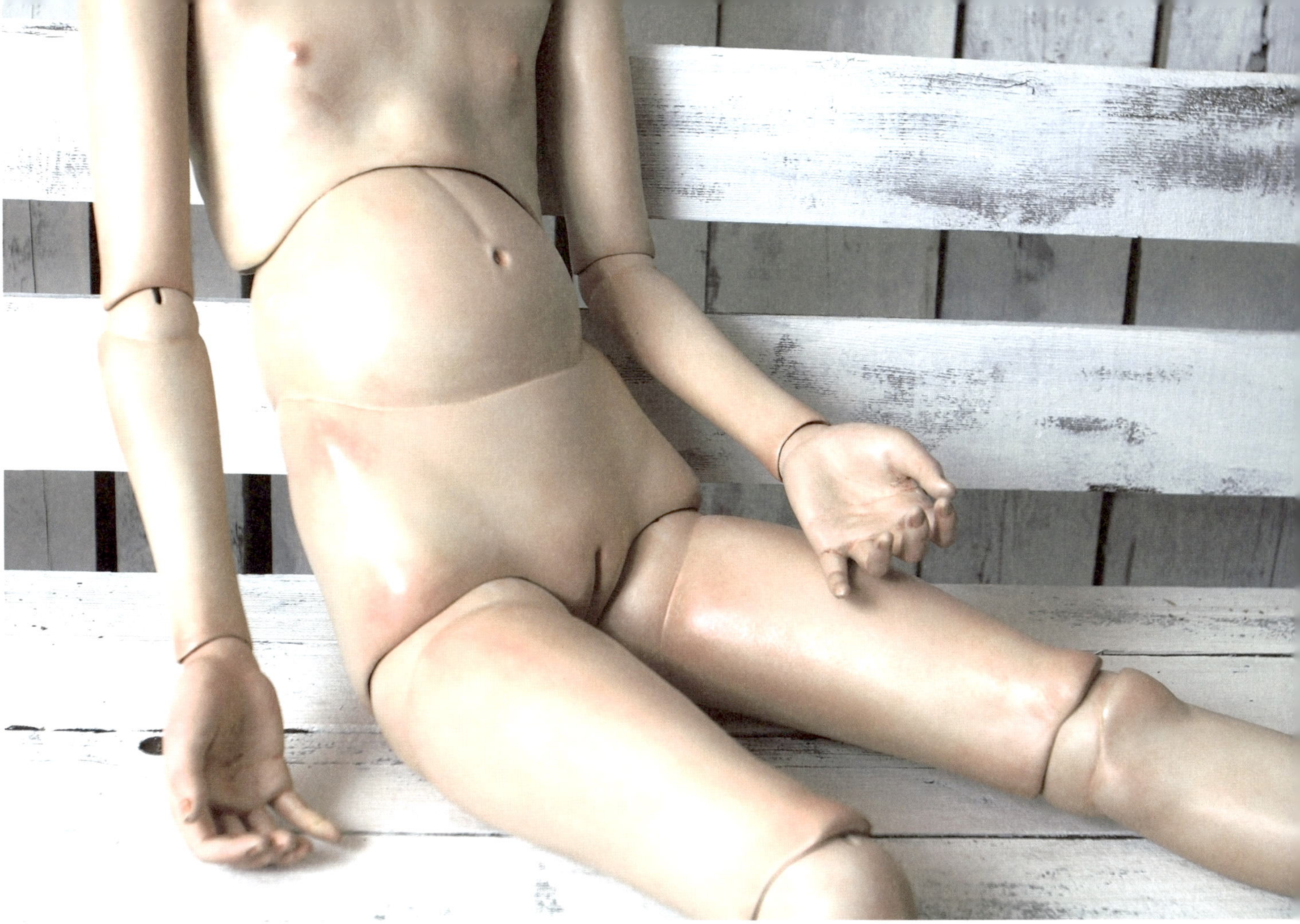

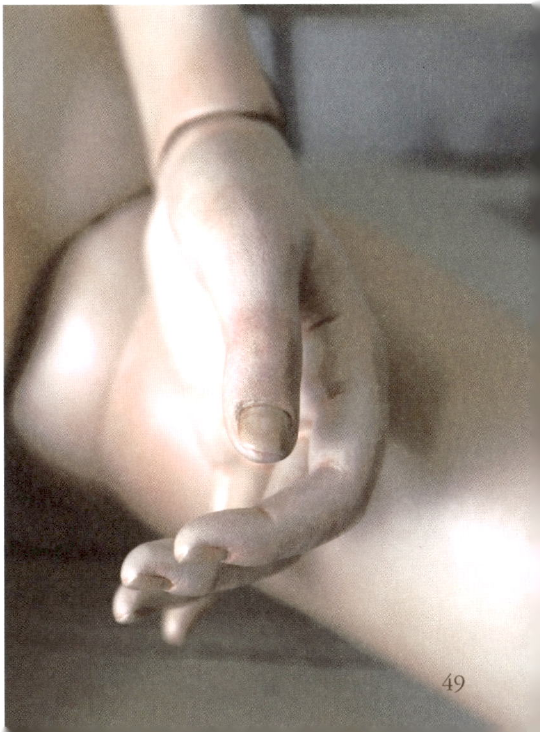

§2 구 붙이기

Fix balls

1. 고관절의 고정 / 2. 팔꿈치·무릎의 고정 / 3. 어깨의 고정

각 관절부분의 두께에 맞춰서 관절부분의 구를 만들었습니다. 여기에서는 각각의 구를 관절의 한편에 고정시킵니다. 관절의 구는, 고정되어있는 타입과 구를 전혀 고정시키지 않고 독립시키는 타입이 있습니다만, 이번에는 기본적으로 아래쪽 사지에 구를 붙이겠습니다. 움직임을 중시하는 경우에는, 구를 통과시킬 고무줄의 반발력을 피하기 위해 도랑을 뚫거나 구멍을 크게 할 필요가 있습니다. 이때 구가 고정되어있지 않으면 구에 뚫린 도랑이 여러 방향으로 움직여 버립니다. 전부 13곳에 관절이 있습니다만, 각 파츠의 기본적인 방법은 같기 때문에, 중요한 곳은 설명하면서 가겠습니다. 각 관절의 구 중심이 어디에 오는지를 의식해서 진행시켜 주세요. 고관절은 허벅지의 위치에, 팔꿈치, 무릎은 절단선에, 어깨는 겨드랑이 아래팔과 신체가 닿는 위치에, 구 중심선이 오도록 합시다.

† 준비물
- 조각도
- 대나무헤라
- 필기도구
- 점토, 물

1» 고관절의 고정

fix a hip joints

1
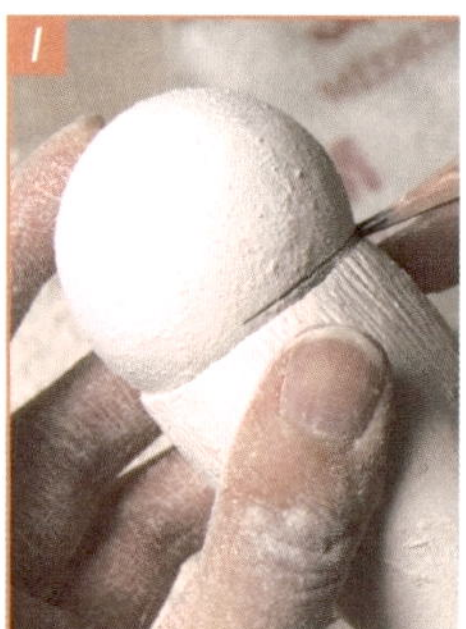
허벅지의 구를 대어보고, 붙이는 위치를 그립니다. 구의 아래쪽 1/3정도가 들어가도록 합시다.

2

구의 일부에 구멍을 뚫습니다. 구를 고정시키는 풀칠부분을 5mm정도 확보해주세요

3

둥근 조각도를 사용해서, 가능한 한 큰 구멍을 뚫어 주세요.

4
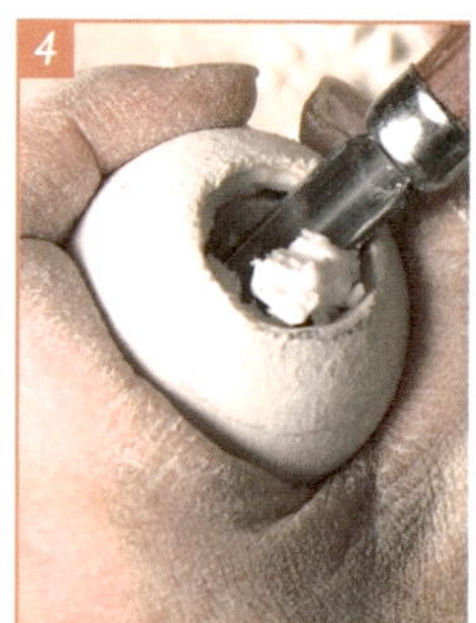
내부의 스티로폼을 빼냅니다.

5
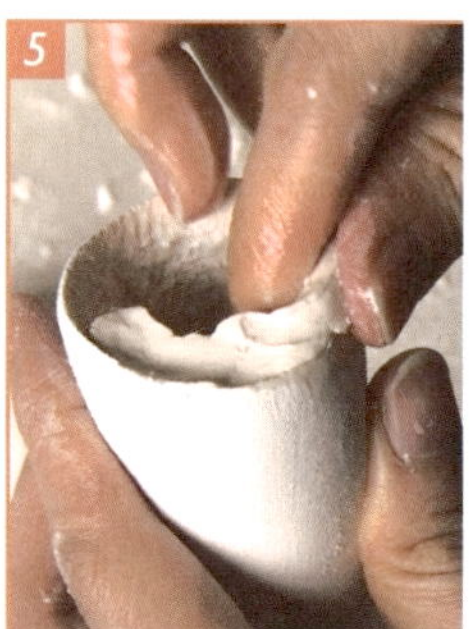
고관절의 구를 고정합니다. 붙이려는 허벅지를 물로 적시고, 무르게 반죽한 점토를 붙입니다.

6
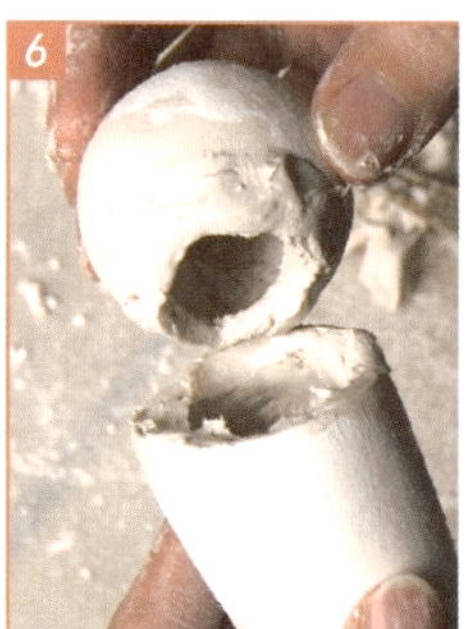
고관절의 구도 물로 적셔서, 무르게 반죽한 점토를 붙입니다.

7
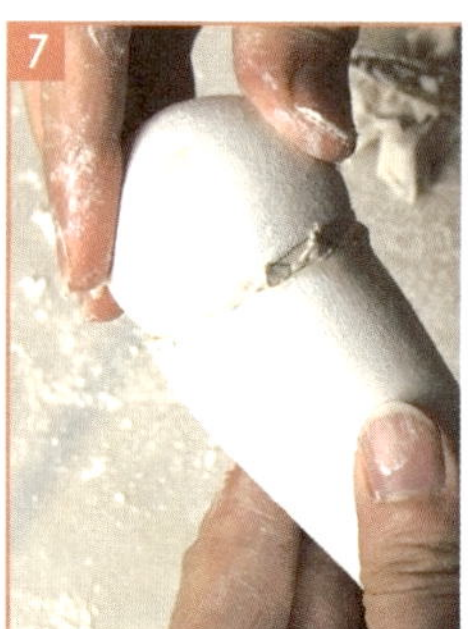
비벼 붙여서 눌러 줍니다.

8

불거져 나온 점토는 헤라로 깨끗하게 떼어내 주세요.

9

고관절의 구를 허벅지에 고정시켰습니다. 다른 한쪽의 고관절도 같은 방법으로 고정시킵니다.

2»

팔꿈치·무릎의 고정

fix elbow & knee joints

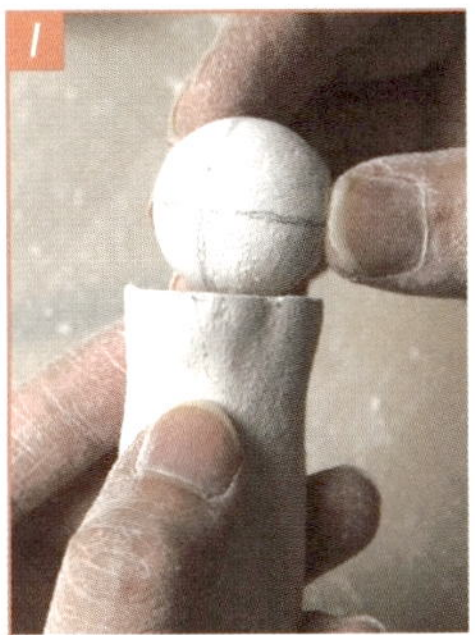

무릎 중심선의 아래쪽에 구의 1/2, 위쪽에 1/2이 꼭 들어맞도록 조정합니다.

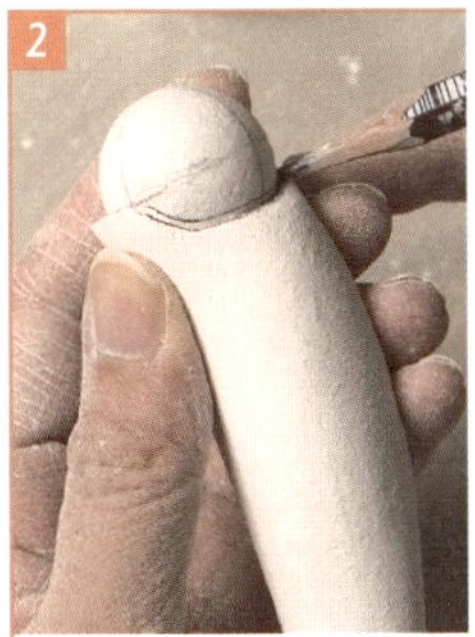

무릎 구의 중심과 무릎앞쪽의 절단부를 대어보아 붙이는 위치를 표시합니다.

풀칠하는 부분을 빼고 구멍의 위치를 정해서 뚫습니다.

내부의 스티로폼 심재를 빼냅니다.

붙이는 부분에 무르게 반죽한 점토를 문질러 붙입니다. 우선 무릎 아랫부분입니다.

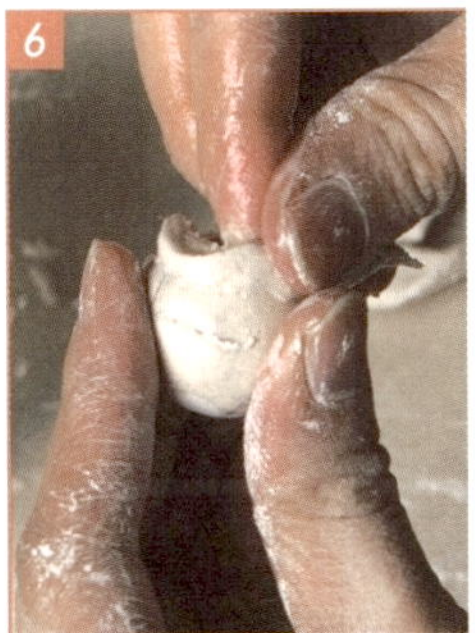

무릎의 구에도 점토를 비벼 붙여, 또다시, 구 중심선을 무릎중심에 맞추어 고정합니다.

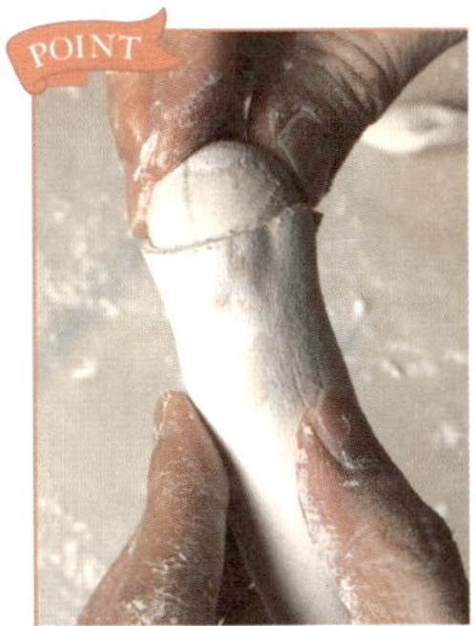

구를 가능한 한 무릎의 앞쪽에 눌러 붙입니다. 무릎(슬개골)이 너무 두꺼워지지 않도록 하기 위함입니다.

불거져 나온 점토를 헤라로 떼어내고 정리합니다.

무릎 앞쪽도 헤라로 불거져 나온 것을 떼어 냅니다.

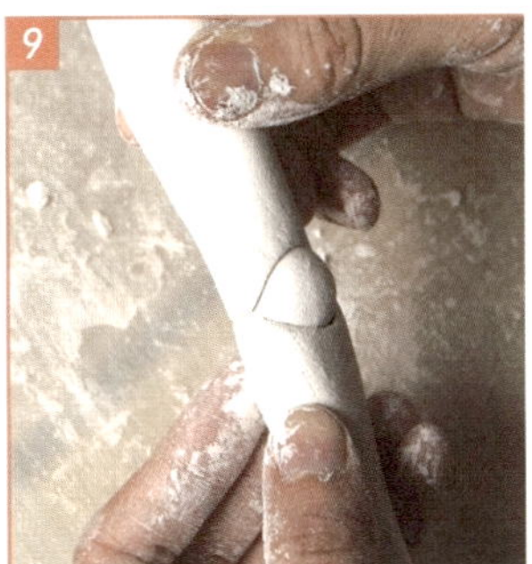

팔꿈치의 구의 접합도 같은 방법으로 아랫부분에 고정시킵시다.

3»

어깨의 고정

fix shoulder joints

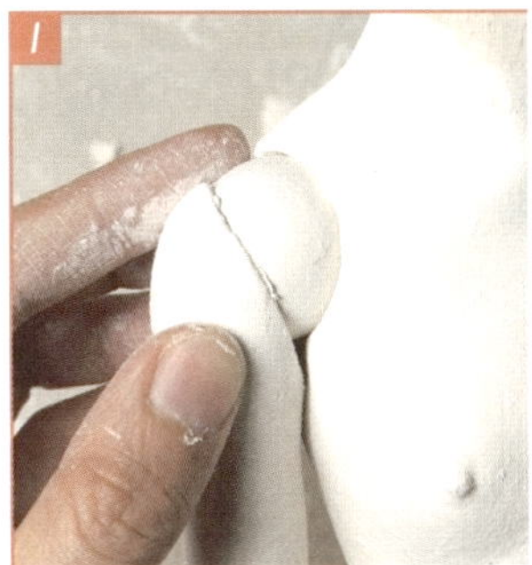

어깨의 구는, 겨드랑이 아래의 팔과 몸이 닿는 위치가 구 중심선이 됩니다. 풀칠하는 부분을 빼고 구멍의 위치를 정합니다.

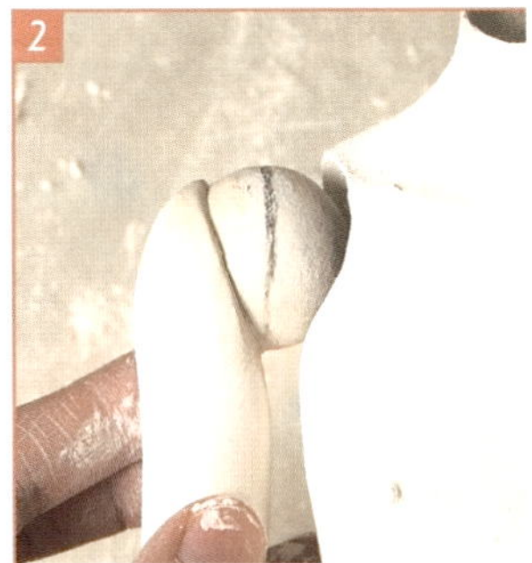

여기에서도 구멍을 뚫을 때에는, 먼저 표시를 해서 실패가 없도록 합시다. 가능한 한 큰 구멍으로 해 주세요.

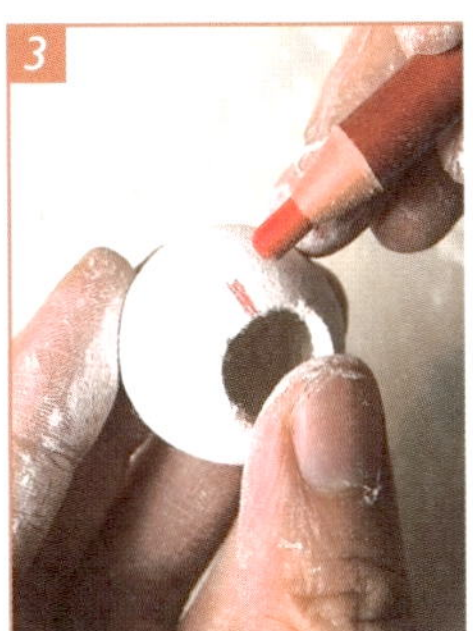

어깨의 구를 위팔에 고정 할 때에는 우선 한곳에 표시를 합니다.

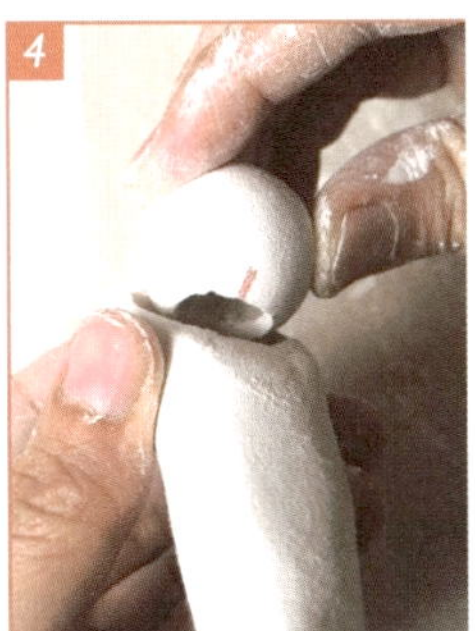

붉은 표시를 아래로 맞추어서, 빠듯하게 구멍이 아래방향이 되도록 고정시킵니다.

접하는 부분에 점토를 문질러 붙여서 고정되게 합니다. 너무 많은 점토를 넣어서 구멍이 메워지지 않도록 주의하세요.

어깨 구의 구멍

어깨의 구의 고정은, 구의 구멍의 방향이 다른 관절부분과 다르기 때문에 특히 주의해주세요. 다른 관절부분처럼, 그대로 단면의 방향에 고정시키면, 나중에 연결할 때 고무줄이 통과할 수 없습니다. 커다란 구멍을 한계점까지 손목방향의 아래쪽에 고정시킵시다.

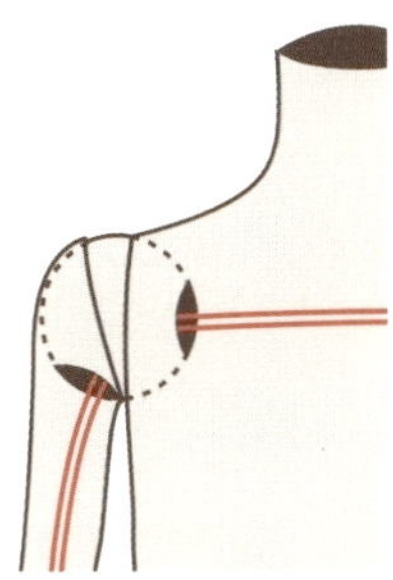

§3 구 받침 만들기

Make joint's saucers

1. 이음매의 조정

2. 받침 만들기

고관절, 팔꿈치, 무릎, 어깨의 구를 고정시켰다면, 반대측 구멍에 구를 받쳐주는 구 받침을 만듭니다. 이 작업에서 인형의 안정성이 달라집니다. 받침을 확실히 만들어 놓지 않으면 관절부분이 덜거덕거려 안정되지 않습니다. 인형을 자립시키기 위해서는 매우 중요한 공정입니다. 착실하게 확인해가면서 합시다.

† 준비물

- 거친 줄, 줄
- 점토헤라, 대나무 헤라
- 점토, 물

1» 이음매의 조정

adjustment

1

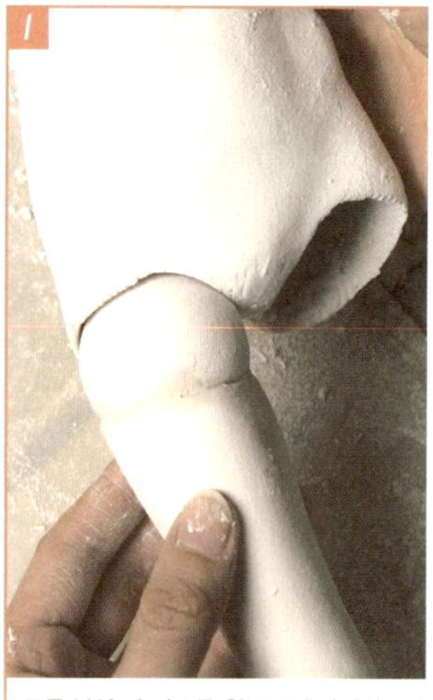

구를 붙인 각 파츠를 윗부분에 맞대어보아 틈새를 확인합니다.

2

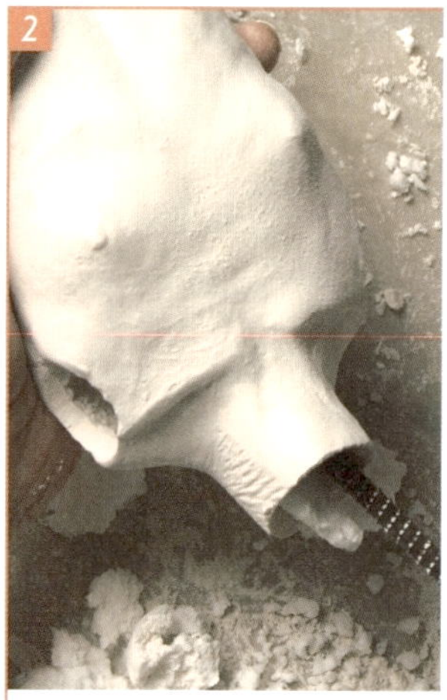

틈새가 있으면 관절이 덜거덕거려 불안정하므로, 받침부분의 구멍 가장자리의 두께를 가능한 한 얇게 깎습니다.

3

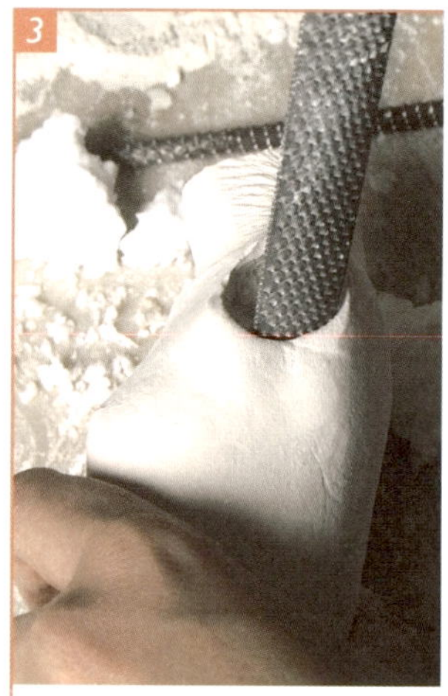

어깨부분을 깎고 있습니다. 남아 있는 스티로폼의 심재도 빼내어 주세요.

4

고관절 받침의 두께를 조정하면서 깎습니다.

5

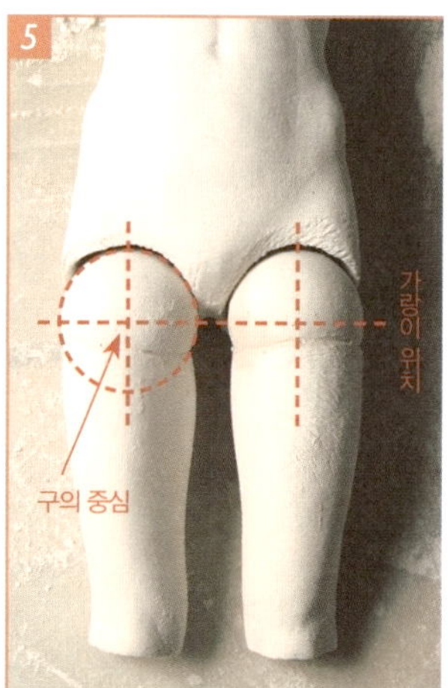

고관절은 몸에 맞춰보아, 구 중심선이 가랑이 위치가 되도록 조정합니다.

구멍과 구의 크기

고관절, 발목 · 손목은 받침이 되는 부분의 구멍과 구의 크기에 주의해 주세요. 좌우의 구멍크기가 다르면 큰 구멍에는 구가 깊이 들어가고 작은 쪽에는 얕게 들어가게 되므로 좌우의 팔과 다리의 길이에 영향을 줍니다. 특히 고관절의 경우는, 좌우받침의 크기가 달라져 버리면, 서있는 상태, 앉은 상태 모두 신체가 기울어져버리게 됩니다. 고관절은 허벅지의 중심에, 손목 · 발목은 각각 복사뼈의 중심에 구중심의 선이 오도록 합시다.

6

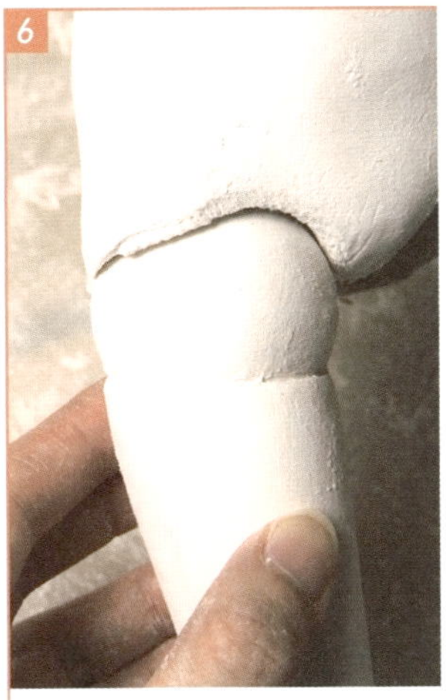

좌우 구멍의 크기를 맞추어 갑니다. 정면에서 확인합니다.

7

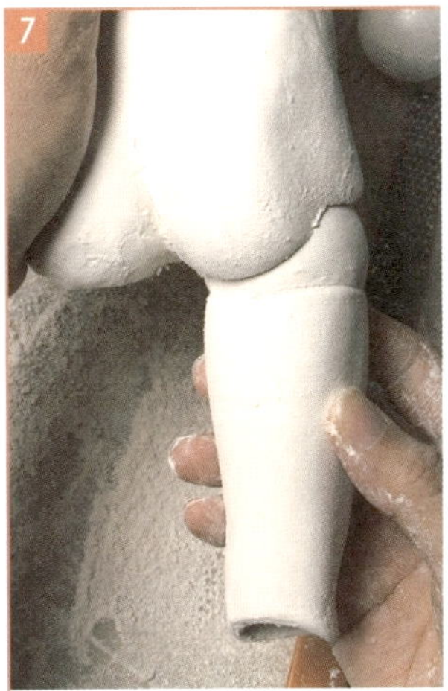

뒤에서도 확인합시다. 맞춰지지 않으면, 점토를 붙이거나, p46 에 나온 것처럼 가장자리를 깎아서 조정합니다.

8

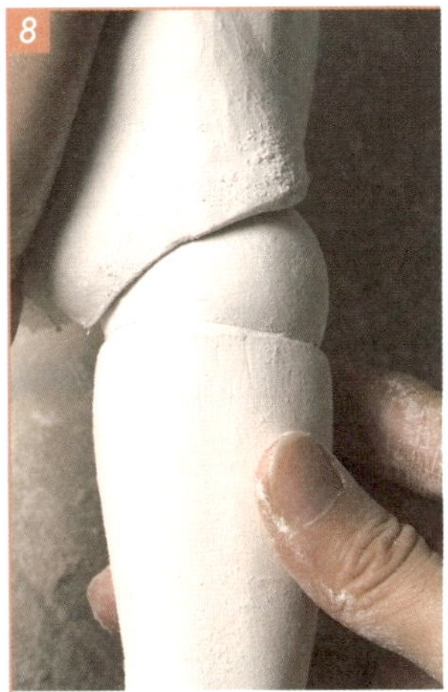

옆에서도 체크합시다 팔꿈치 무릎, 손목 · 발목의 받침도 같은 방법으로 확인합시다.

2 »

받침 만들기

make saucers

1

우선, 무릎부분의 받침을 만들어 봅시다. 대퇴부쪽의 구멍에 반죽한 점토를 두껍게 붙입니다.

2

무릎아래의 구 부분에 물을 묻힙니다. 다만, 구의 접합부분이 제대로 건조되어 고정되어있어야 합니다.

3

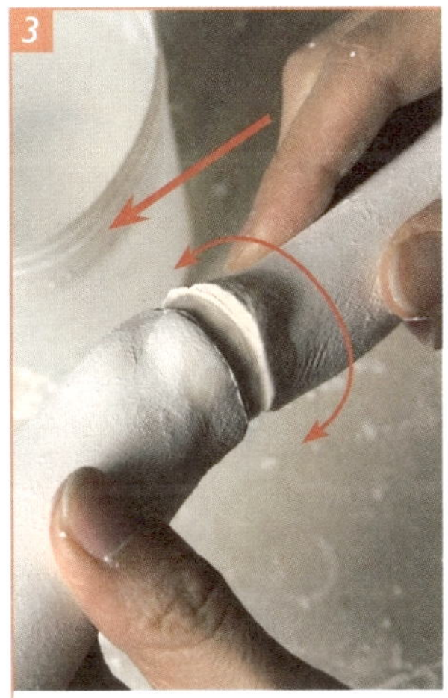

축을 중심으로, 좌우로 움직이면서 구를 눌러 넣습니다.

4

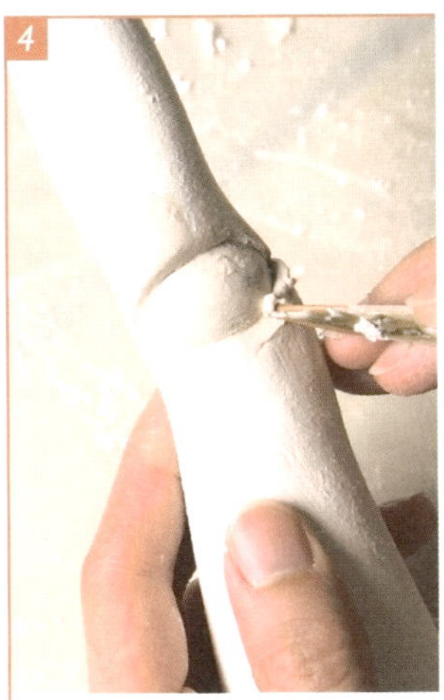

불거져나 온 점토는 헤라 등으로 떼어냅니다.

5

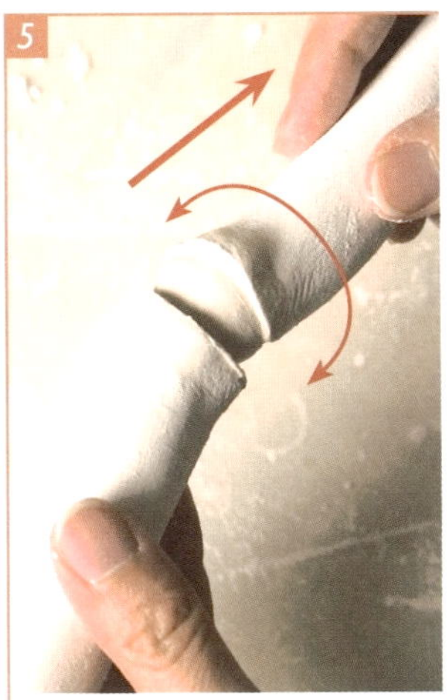

같은 방법으로 축을 중심으로 좌우 회전시키면서 빼냅니다.

6

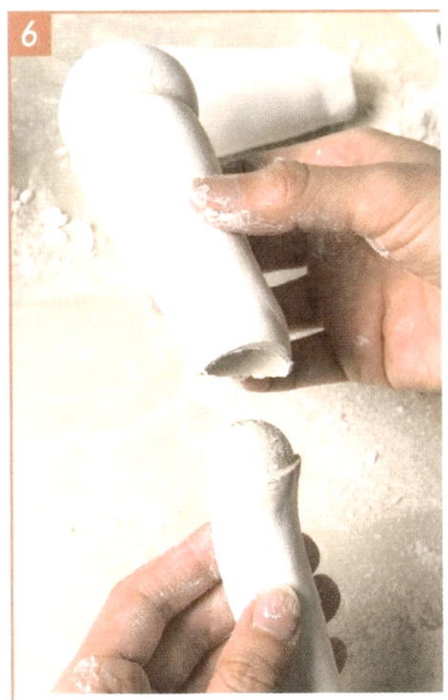

약간의 요령이 필요합니다만, 익숙해지면 능숙하게 해낼 수 있습니다. 마른 후, 다시 조정해 주세요.

Advice

관절의 구 부분에 물을 충분히 바르고, 움직이면서 눌러 넣고, 움직이면서 빼내면 잘 할 수 있습니다. 구 받침부분은, 점토의 수축을 고려해, 건조 후에 다시 한번 점토를 붙여서 수축된 분량만큼 메울 필요가 있습니다. 여기에서도 세심하게 만들어 갑시다.

7

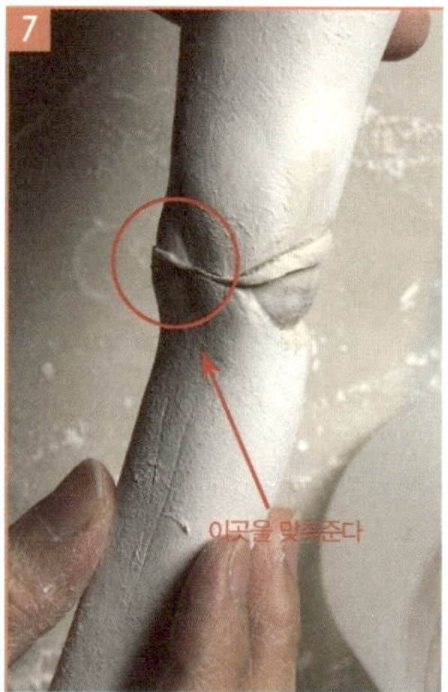

무릎의 구가 내부에 들어가서, 제대로 절단면에 맞춰지도록 해 주세요.

관절은 똑바른 상태로

팔꿈치, 무릎의 관절에서 받침을 만들 때는, 어디까지나 팔꿈치 · 무릎이 바르게 펴지는 상태로 설정해 주세요. 다리라면, 직립하고 있는 상태입니다. 팔꿈치 · 무릎을 구부린 상태로 구를 눌러 넣어 받침을 만들면, 곧게 뻗었을 때 틈새가 생길 수 있습니다. 특히 무릎부분에 틈새가 생겨, 덜거덕거리는 인형은 자립하지 못하는 첫번째 원인이 되기 때문에 주의해 주세요.

8

무릎관절의 구 받침이 만들어졌습니다. 같은 방법으로 팔꿈치 관절의 구 받침을 만들어 주세요.

9

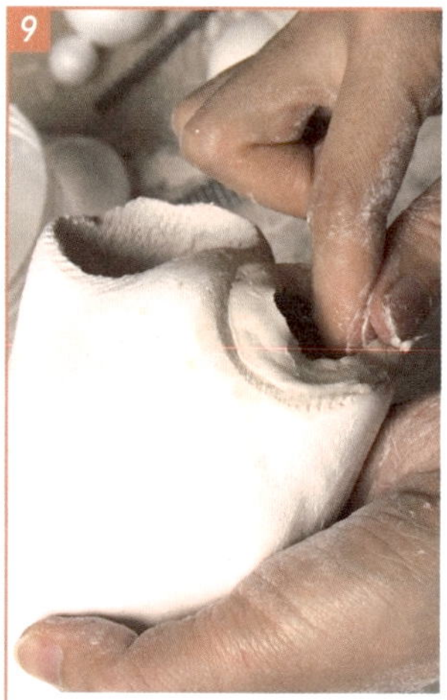

다음은 고관절입니다. 무릎과 같은 방법으로 만들어 갑니다. 몸쪽의 구멍에 반죽한 점토를 두껍게 붙입니다.

10

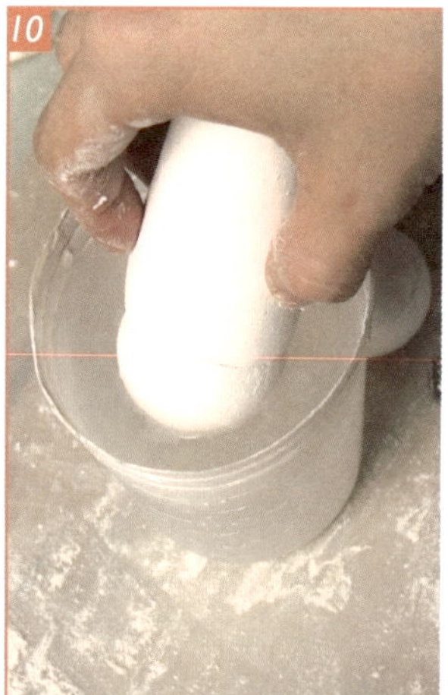

허벅지 쪽의 구 부분을 물에 묻힙니다. 단, 구 접합부가 제대로 건조되어 고정된 다음에 해 주세요.

11

인형이 자립하거나 앉기 위해서는 옆에서 본 몸과 대퇴부의 각도가 90도 이상이 되면 안됩니다. 쓰러져버립니다.

12

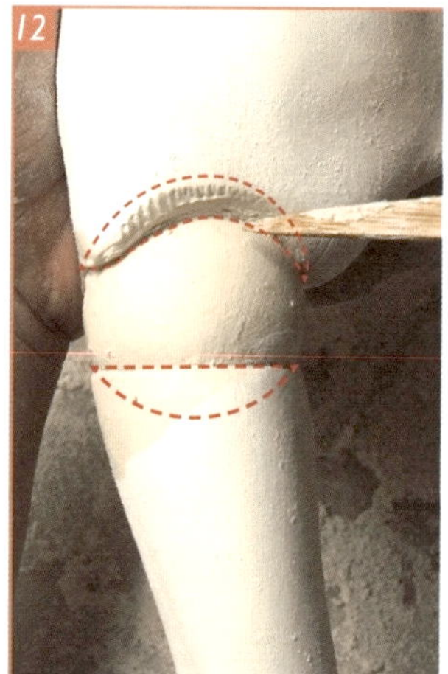

움직임이 부족한 경우에는, 몸과 허벅지의 맞닿는 부분(사진의 붉은 선 부분)을 깎아서 움직이는 각도를 늘려주세요.

13

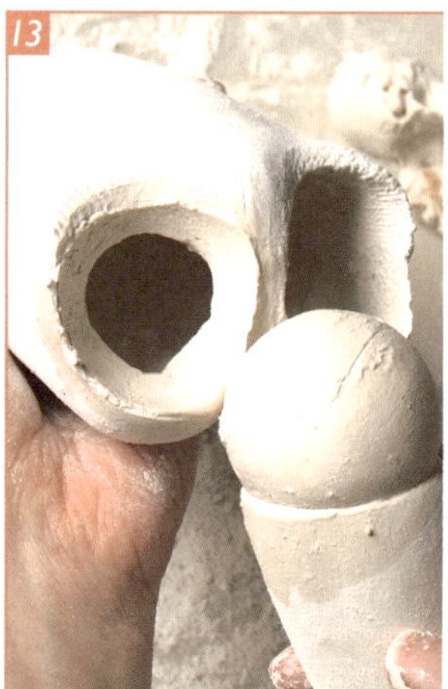

고관절의 구 받침이 만들어졌습니다.

14

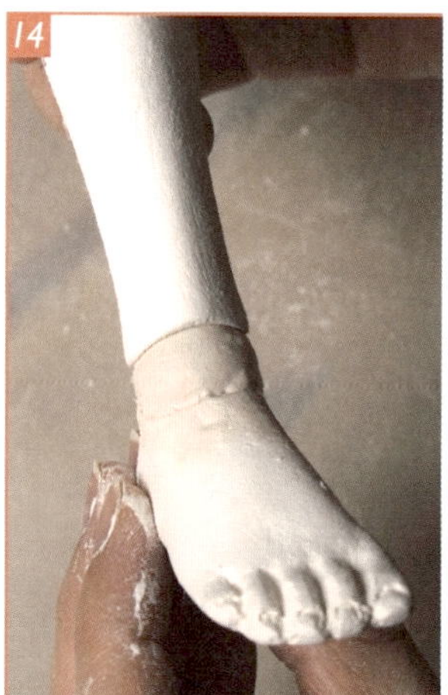

손목, 발목의 받침도 같은 방법으로 만듭니다. 양쪽 다 앞, 뒤를 조금 깎아냄으로써 보기에도 좋고 가동범위도 확보할 수 있습니다.

15

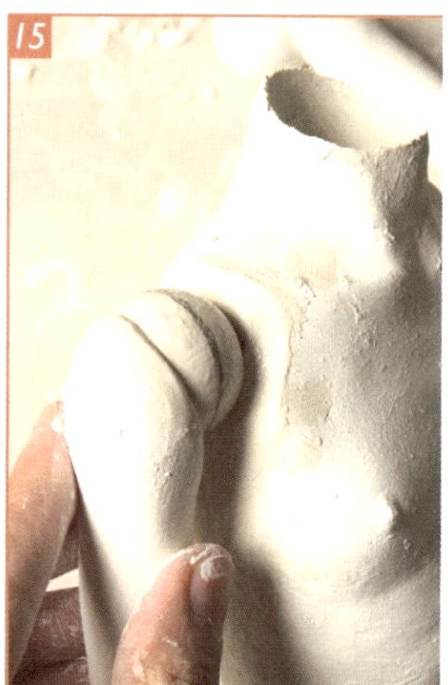

어깨받침도 같습니다만, 팔에 고정된 구를 몸의 어깨 쪽, 다시 말해서 위쪽으로 눌러 붙이도록 해 주세요.

16

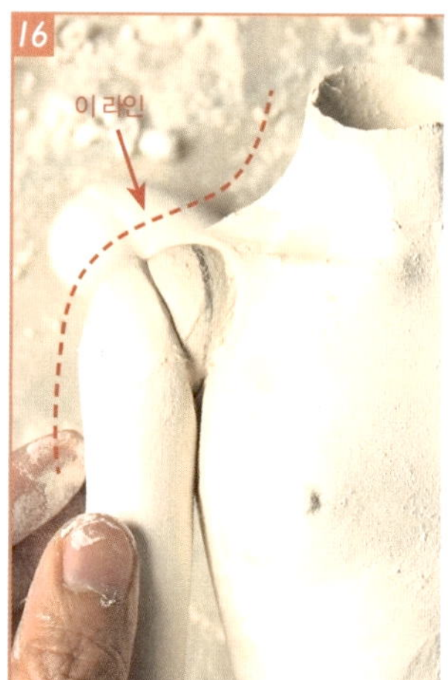

몸, 구, 팔에 이어지는 라인이 단 차가 없이 자연스러운 흐름이 되도록 조정합니다. 겨드랑이에 틈새가 생기지 않도록 주의하세요.

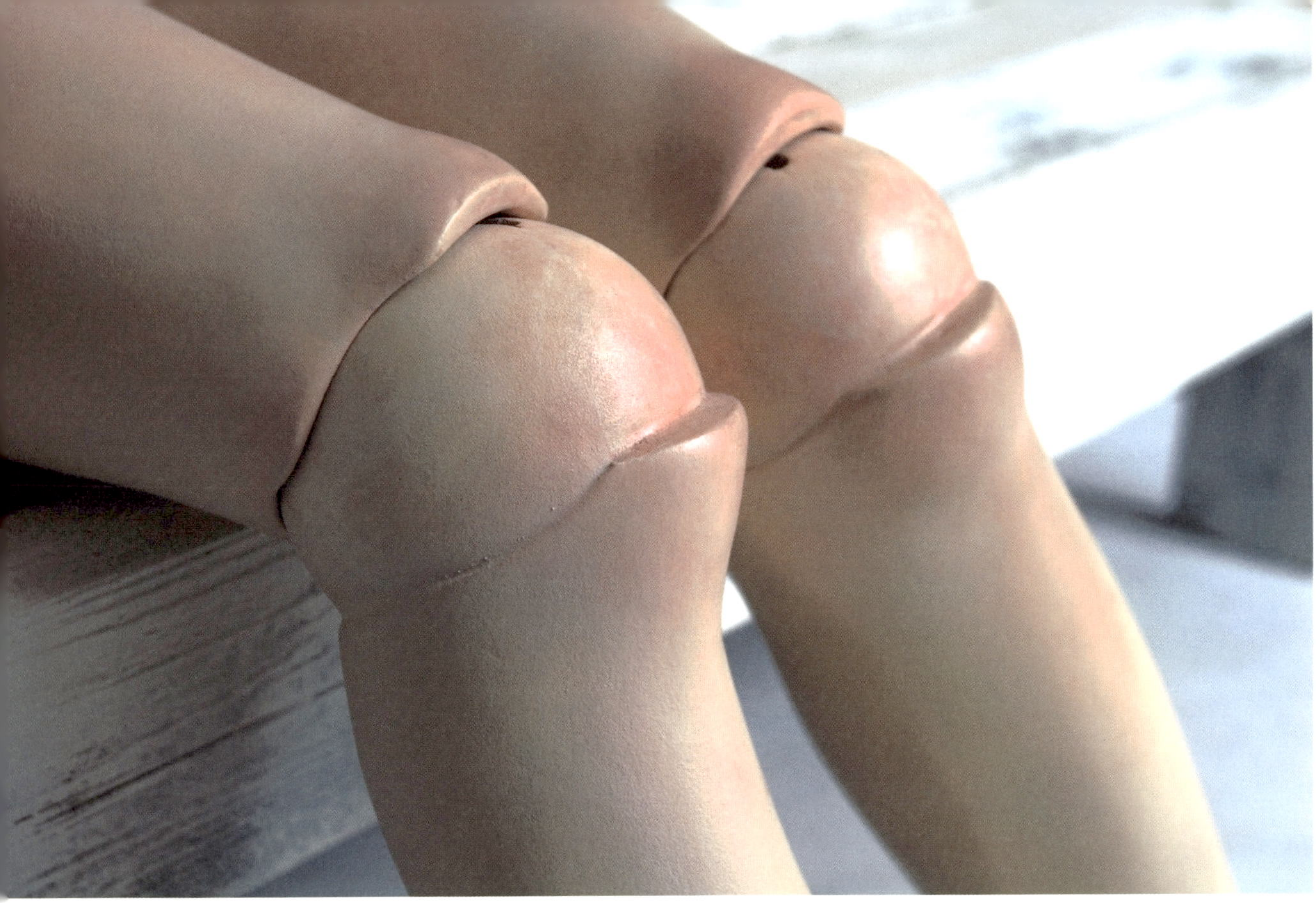

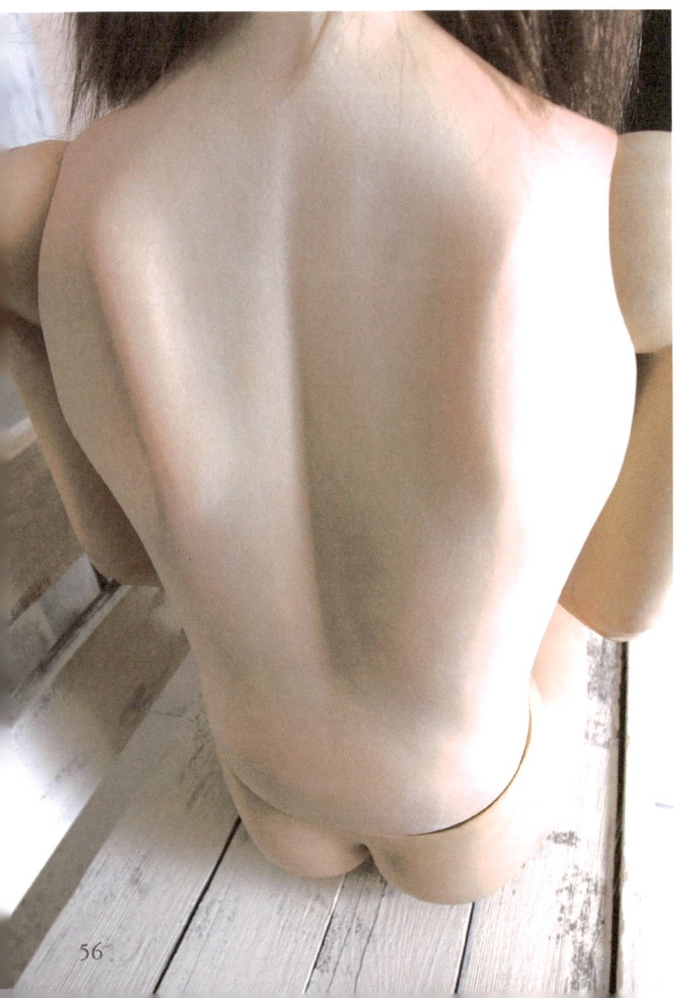

§4 목관절 설정하기

Set up a neck joint

1. 접합부 깎기 2. 구의 고정

몸의 구 관절작업은 모두 끝났습니다. 남은 목 관절을 마무리 합시다. 머리와 목 사이에 구를 넣고, 구 관절을 설정합니다. 구가 들어간 상태에서 자연스런 목의 길이가 되었으면 구를 목에 고정시킵니다. 머리에 고정시켜도 되기 때문에, 그 방법도 설명하겠습니다. 구의 고정과 받침 만드는 방법은 앞절을 참고해 주세요.

† 준비물
- 줄·조각도
- 점토헤라, 대나무 해라
- 점토, 물

1» 접합부 깎기

shave needless clay

1 목관절의 구를 붙이려는 목과 머리의 안쪽을 깎습니다.

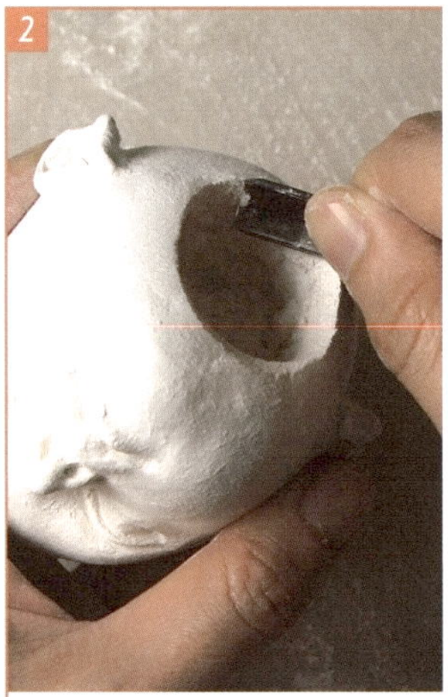

2 머리 쪽의 구멍을 깎을 때에는 중심이 벗어나지 않도록 주의해서 깎아주세요

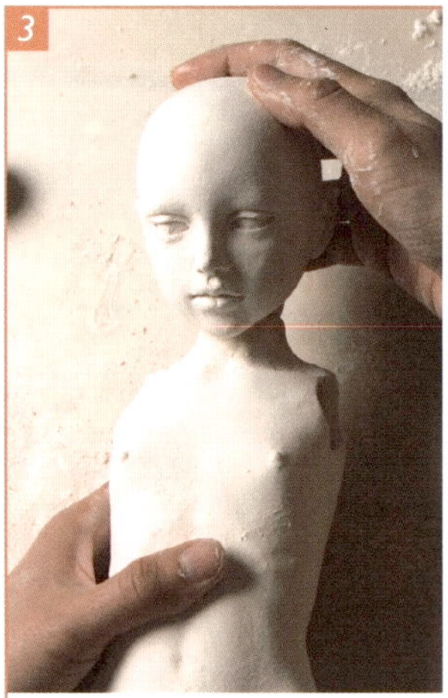

3 구와 머리를 목 위에 올려놓고, 목의 길이를 체크해 주세요. 구가 들어간 상태에서 자연스러운 목의 길이로 합니다.

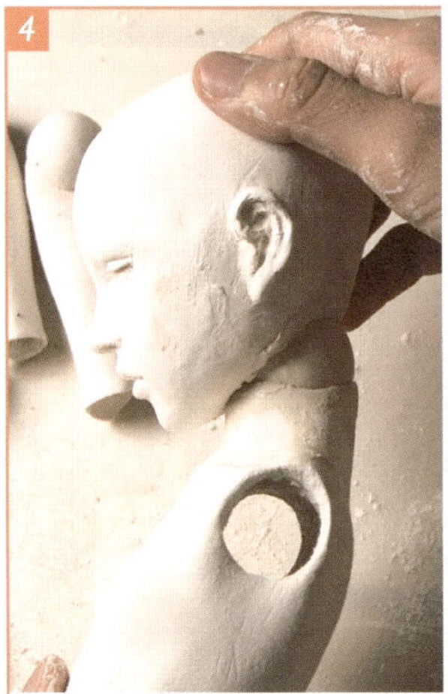

4 이때, 머리중심이 목에서 벗어나지 않았는지 옆에서 확인합시다.

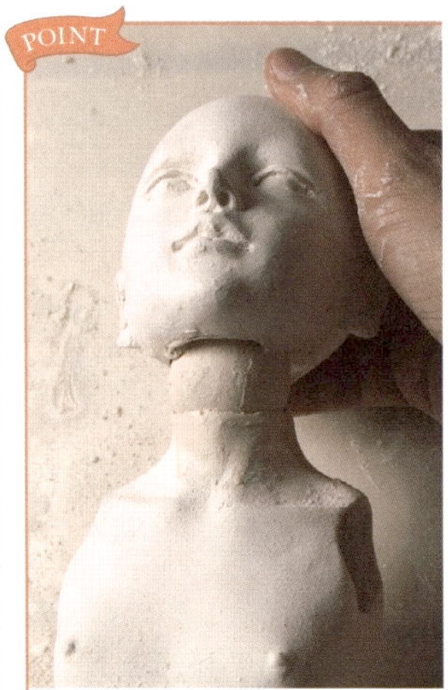

POINT 구는 목의 단면의 굵기보다 조금 큰 편이 움직임이 좋습니다. 머리를 움직여서 움직이는 상태를 확인합시다.

2» 구의 고정

fix a ball

1 다른 관절과 같이, 풀칠할 부분을 뺀 구멍의 위치를 체크하고, 구의 구멍을 뚫어 내부의 스티로폼 심재를 빼냅니다.

2

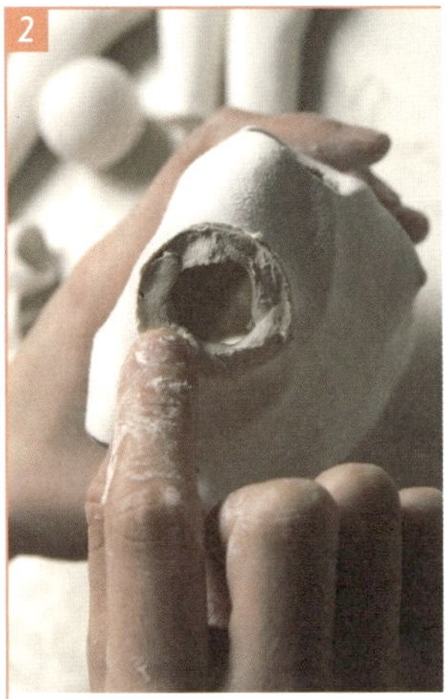

목 부분과 구의 구멍을 뚫었던 쪽에 무르게 반죽한 점토를 문질러서 붙입니다.

3

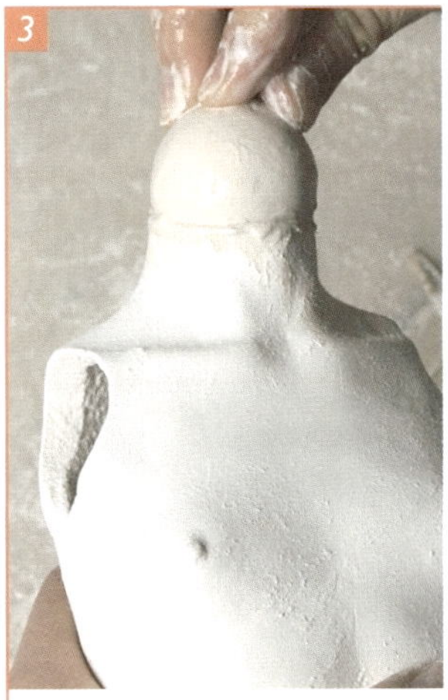

구를 비벼 맞춰지도록 붙입니다. 불거진 점토는 헤라로 떼내어 정리합니다.

4

목 쪽에 구를 고정했기 때문에, 머리 쪽은 받침을 설정합니다. 구를 고정한 부분이 마르고 나면 작업합시다. (p53 참조)

POINT

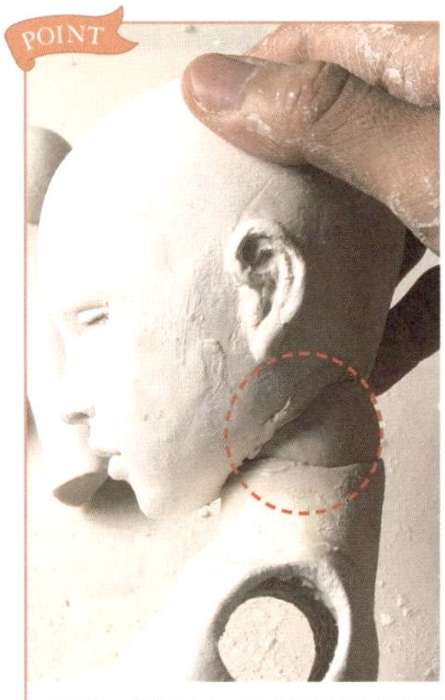

머리쪽, 몸쪽 모두 구의 1/3정도가 들어가도록 합니다. 남겨진 구의 중앙부1/3의 범위가 머리의 가동범위가 됩니다.

POINT

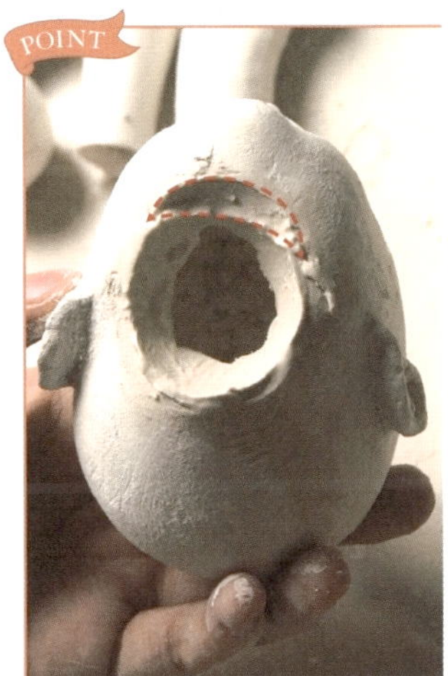

받침의 턱 바깥쪽을, 목구멍과의 주변을 참고로 해서 패이게 하면, 끄덕이는 움직임이 한층 좋아집니다.

목의 구관절의 위치

머리쪽에 붙일까, 몸쪽에 붙일까는 디자인상의 차이 정도입니다. 머리쪽에 구를 붙이는 경우에도, 턱쪽을 목구멍과의 주변을 고려해서 움푹 패이게 하면, 끄덕이는 우직임이 좋게 됩니다. 또, 목 자체를 독립된 파츠로 해서 위아래로 구를 붙이는 방법도 있습니다. 좋아하는 방법을 선택해 주세요. 구에 원형의 링(구의 직경보다 작은 직경의 링)을 맞대어보면 어느 위치에서도 틈이 없이 밀착해서 구가 자유롭게 움직입니다. 여기에서 알 수 있듯이, 구체관절의 경우, 구와 「원의 받침」의 관계가 가장 움직임이 안정됩니다. 관절이 흔들흔들해서 확실하게 안정되지 않는 대부분의 원인은, 관절의 구나 받침부분이 틀어져있어서 접합부분에 틈새가 생겼기 때문입니다. 보통의 경우에는 목 위를 그대로 반 구상태의 모양을 만들어 버리기 때문이지만, 자기도 모르게 둥글게 관절을 하려고 해도 정확한 구로 만드는 것은 의외로 어렵습니다. 그래서 이번에는 따로 정확한 구체를 만들어 목에 고정시켰습니다. 익숙한 분이라면 별개의 구를 만들지 않아도 괜찮습니다.

1

머리에 구를 고정하는 경우. 앞과는 반대로, 머리에 구의 1/3정도가 들어가도록 설정합니다.

2

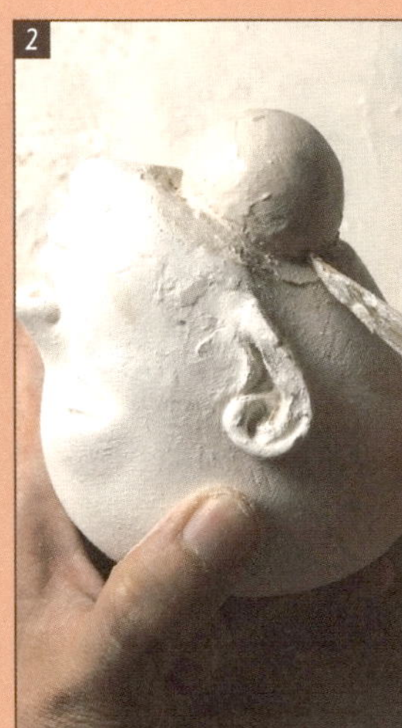

구에 구멍을 뚫어서 스티로폼 심재를 빼내고, 점토를 붙여서 머리 쪽에 고정합니다.

3

다른 관절과 같은 요령으로, 목 부분에 받침을 만듭니다.

CHAPTER IV

조립

Construction

§1 안구

Artificial eyes

1. 머리부분 열기
2. 눈동자 뚫기
3. 안구 넣기
4. 머리부분 닫기

눈이 들어가는 것에 따라, 인형은 한층 더 생명감이 넘치는 표정을 갖게 됩니다. 생명을 불어넣는 데에 중요한 공정입니다. 안구로 일반적인 것은 외국제의 인형용 안구로, 수입되어 온라인 Shop에서도 판매되고 있습니다. 외국제의 안구 사이즈는 브랜드에 따라 다릅니다만, 흰자위를 포함한 직경6mm~32mm까지, 2mm차이의 사이즈가 표준입니다. 눈동자사이즈는, 경험으로 보아 안구사이즈의 1/2+1mm정도의 것이 많은 편입니다. 이미지에 맞춰 선택합시다. 안구를 만들 경우는, 다음 절을 참고해 주세요.

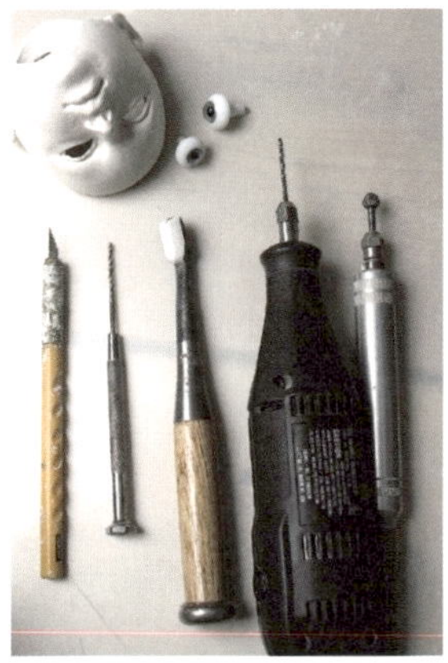

† 준비물

- 디자인 커터
- 둥근끌, 조각도
- 핀바이스, 루터 (절삭공구)
- 자동드릴과 플랙시블 시프트

안구의 종류

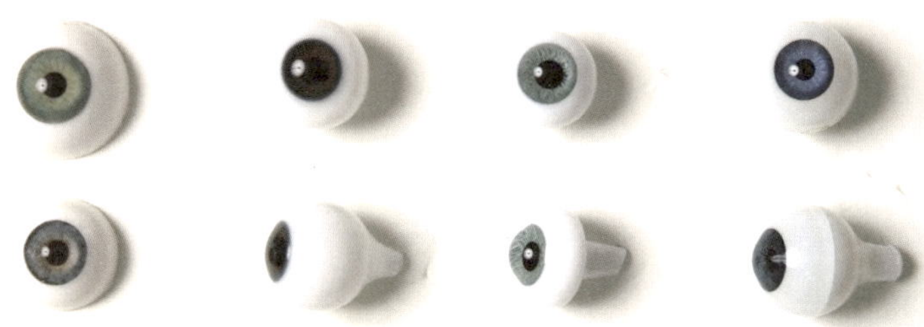

실리콘eye

Bur eye (앤티크 인형에 사용되는 속이 텅 비어있는 안구)

paperweight eye (속이 꽉 차있는 안구)

아크릴eye

현재 만들어져 있는 인형용 안구의 종류에는, 실리콘, 아크릴, 유리 등이 있습니다. 모양으로서는, 구 이 외에도 아몬드형의 안구도 있습니다. 일본제 유리안구는, 공예점에서 쉽게 입수할 수 있는 아이템이 아니고, 만드시는 장인들도 아마 일본에는 몇 분 안 계신다고 생각합니다.

1» 머리부분을 열기

open head

1

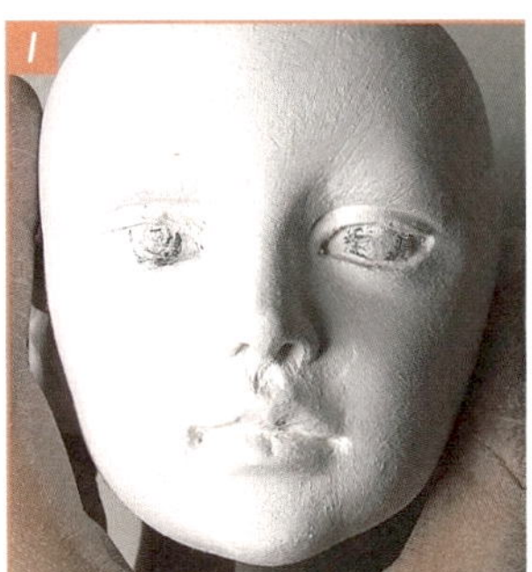

얼굴의 안구부분에, 연필로 취향의 눈동자 크기를 그려주세요. 그 직경에서 안구의 사이즈를 결정합니다.

안구의 사이즈

이번 인형은 희망의 눈동자 사이즈가 9mm이기 때문에, 1mm마이너스해서 8mm, 그 두 배로 16mm가 안구 사이즈가 됩니다. 귀엽게 눈동자를 크게 넣고 싶은 경우는 원 사이즈 큰 편이 좋겠지요. 이번에는 16mm그레이와 18mm그린을 준비했습니다.

2

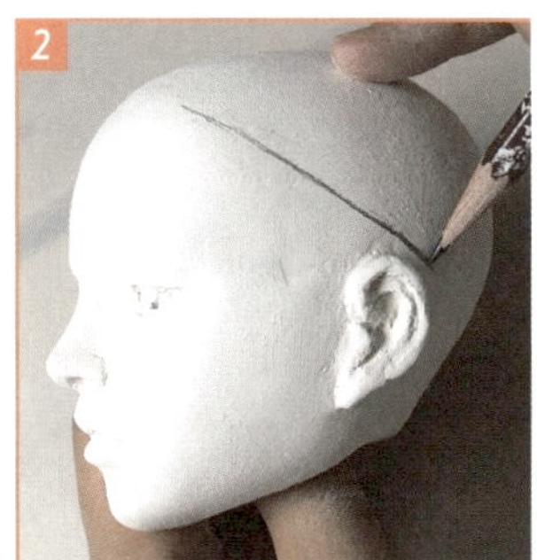

잘린 부분이 좁으면 이후 작업이 하기 힘들기 때문에, 귀 윗부분의 한계점에서 절단면이 넓게 되도록 선을 그립니다.

3
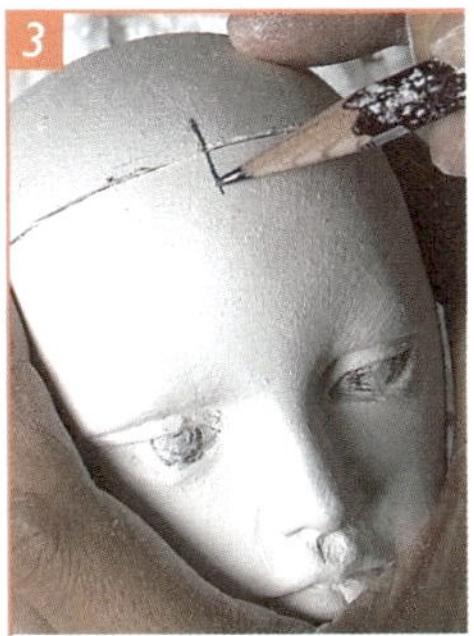
잘라낸 윗부분은 나중에 원래의 상태로 돌려 놓습니다. 절단하기 전에, 머리부분에 맞춰 표시를 해 둡니다.

4
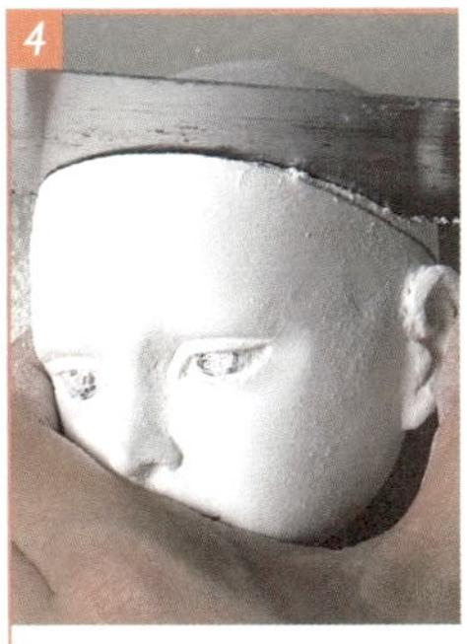
그려놓은 선에 따라, 머리 윗부분을 톱으로 잘라냅니다.

5
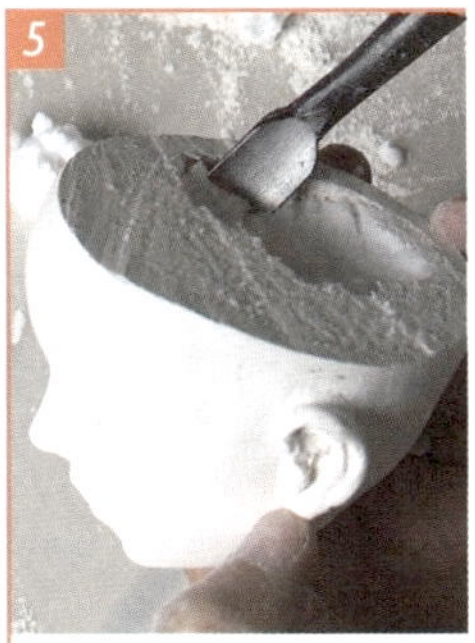
안쪽의 스티로폼을 꺼냅니다.

6

머리 윗부분의 스티로폼도 제거합시다.

7

모두 제거한 뒤, 여분의 두께도 도려낸 상태입니다.

2» 눈동자 뚫기

open eyelid

1
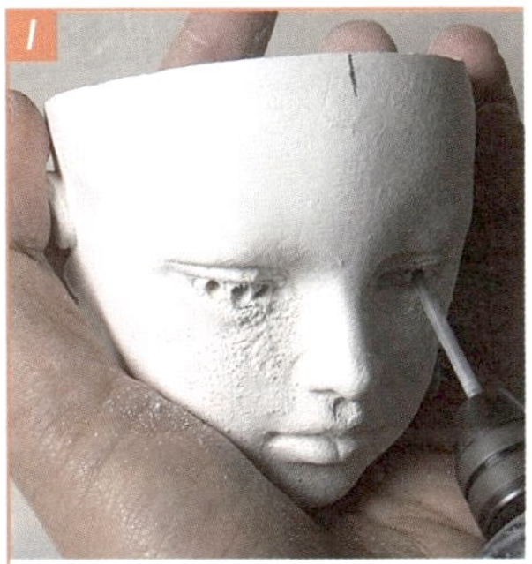
눈동자부분을 뒤쪽에서 깎아냅니다만, 그 전에, 기준이 되는 구멍을 얼굴면쪽에서 안구의 위치에 뚫어 놓습니다.

2
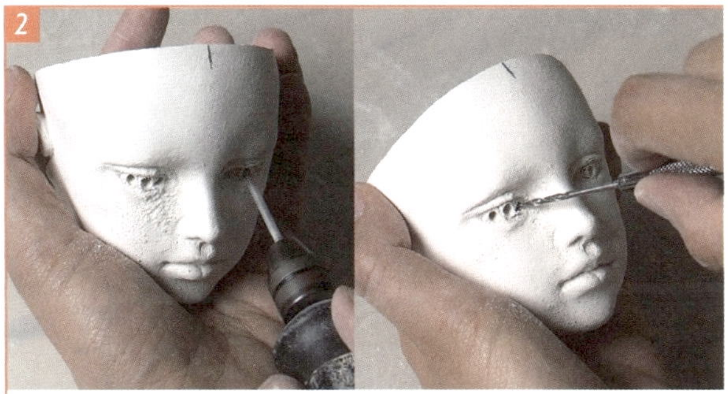
루터를 사용하여 구멍을 뚫습니다. 핀바이스를 사용해도 좋겠지요.

3
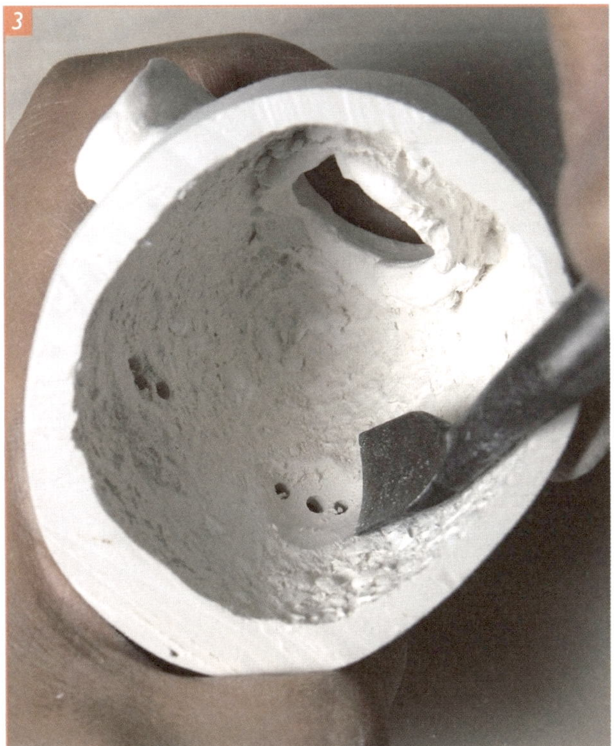
안구가 들어갈 수 있도록 내부 쪽에서 안구부분을 깎습니다. 둥근 조각도라면 쉽게 깎아낼 수 있습니다. 저는 조각도보다 커다란 둥근끌을 애용하고 있습니다.

4

정면에서 눈의 윤곽을 디자인커터 등으로 정돈합니다.

5
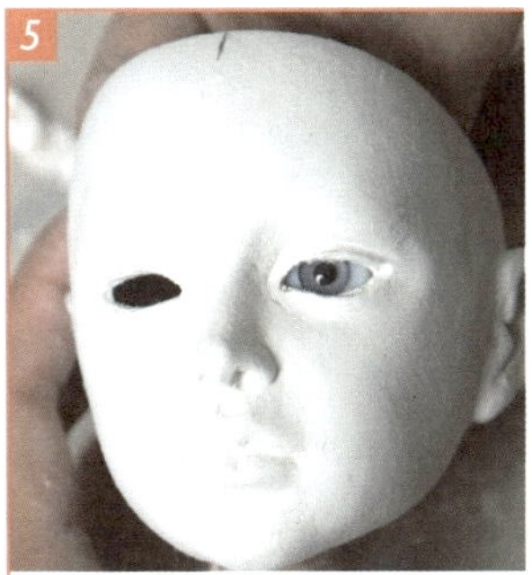
뒤쪽에서 안구를 대어, 들어가는 정도를 체크합니다. 안구의 장착이 나쁜 경우는 재 조정합니다.

Advice

눈꺼풀이 부분적으로 두껍다거나 하면 안구가 잘 들어앉지 않습니다. 눈꺼풀의 뒤쪽은 아슬아슬한 부분까지 얇게 깎아두고, 눈꺼풀과 안구 사이를 붙여줄 때 점토의 두께로 조정하는 것이 편리합니다.

루터로 깎기

루터는 정밀공작 등에 사용되며, 많은 종류의 날을 교체할 수 있는 소형의 전동드릴입니다. 보통 그것만으로 충분합니다만, 강력한 대형드릴을 사용하는 경우나 좁고 깊은 부분을 깎는 경우는, 드릴 본체에 드릴 날이나 연마 탑을 끼우지 않고, 연장한 소형손잡이 부분 앞에 둥근 드릴 날 등을 끼우기 위한 「프랙시블 시프트」라고 하는 파츠를 사용합니다. 프랙시블 시프트를 사용하면 드릴 본체와 비교하여 손잡이부분이 작아지기 때문에, 가늘고 가벼워서 쥐기 편하고, 섬세한 작업사용에 좋습니다.

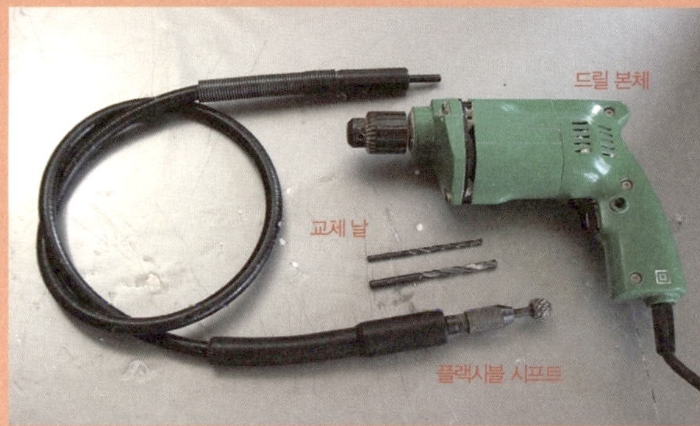

1

루터를 사용하면, 점토가루가 날리기 때문에 청소기의 입구를 바이스로 손 근처에 고정시켜 흡진기로써 사용합시다.

2

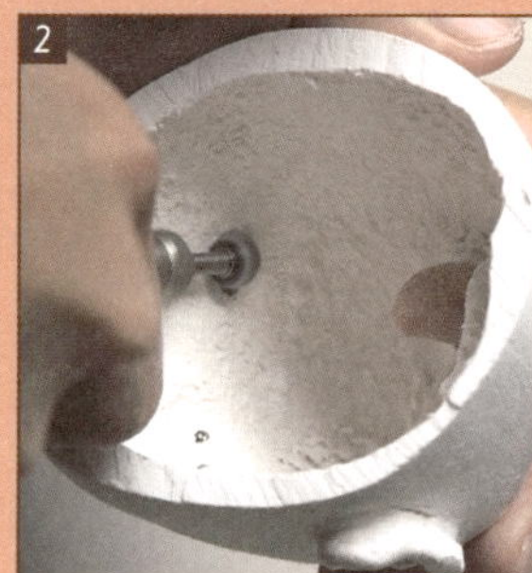

교실에서는 플랙시블 시프트로 섬세한 부분을 작업합니다.

3

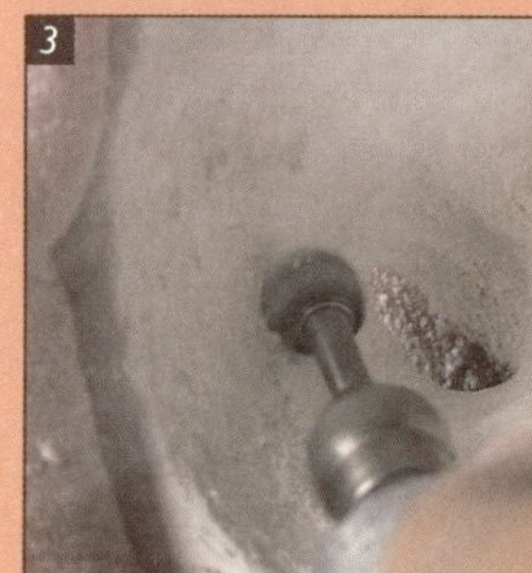

구 상태의 날을 사용하여 눈꺼풀의 뒷 부분을 깎읍시다.

3 »

안구 넣기

put eyes into head

1

눈꺼풀의 뒤를 붓을 사용하여 물로 적셔주세요.

2

무르게 반죽한 점토를 붙여 눈 부분을 막아둡시다.

3

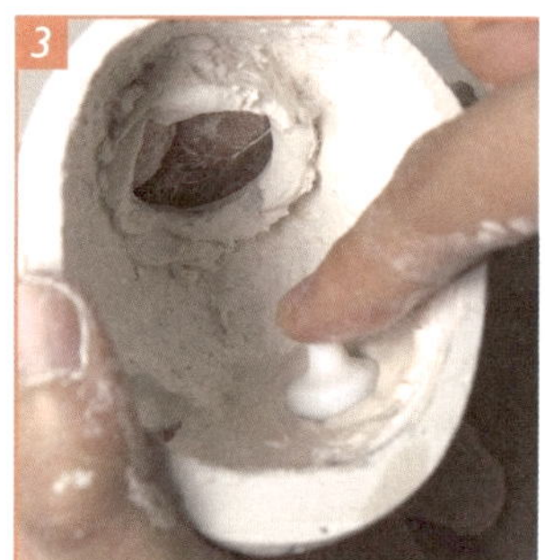

안구를 정면으로 향하게 하고, 바깥쪽에 밀착하도록 눌러 붙입니다.

4

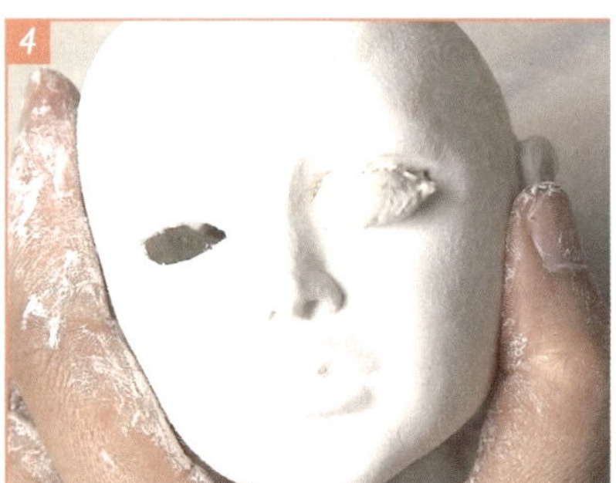

표면에서 눈동자부분에 여분의 점토가 비어져 나옵니다.

5

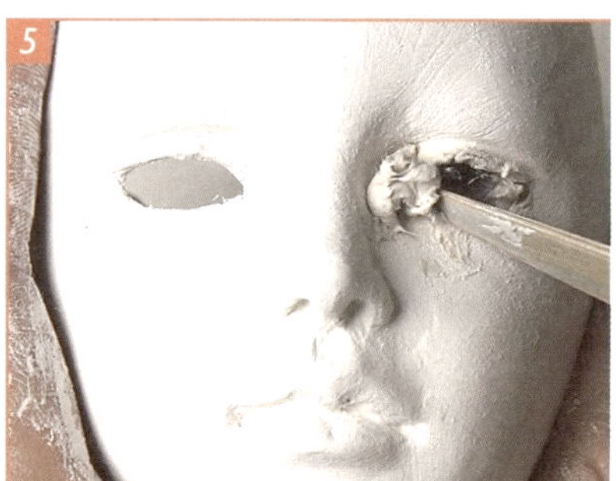

헤라를 사용하여 점토를 제거합니다.

6

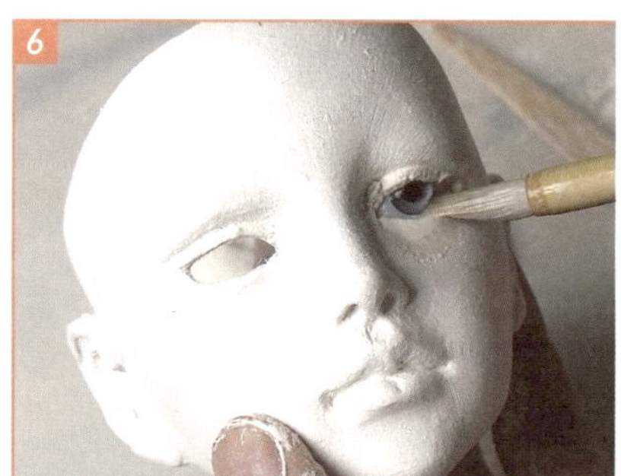

세세한 부분은 적셔둔 붓으로 제거하고, 뒤쪽에서 안구의 방향을 정리합니다. 같은 방법으로 다른 한쪽의 안구도 넣습니다.

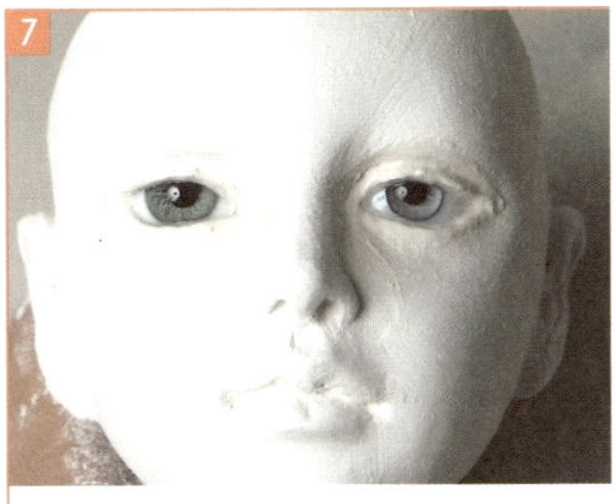

보아서 왼쪽 눈이 18mm, 오른쪽 눈이 16mm. 취향에 따라 선택합니다만, 이번에는 16mm로 합니다.

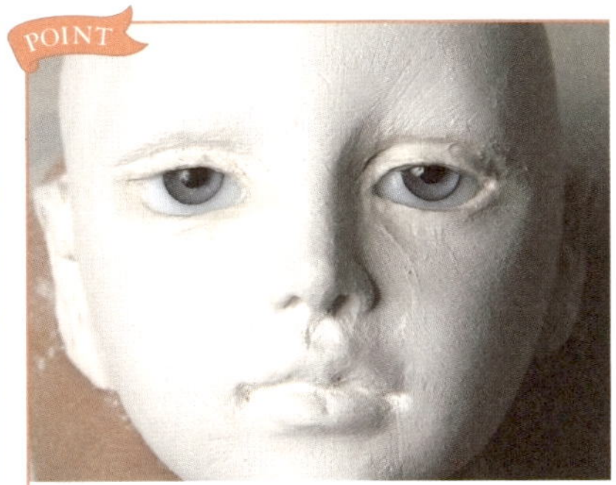

안구의 위치, 방향, 눈꺼풀의 두께 등에 주의해서 좌우의 밸런스를 맞춰줍니다. 이것은 위쪽으로 치뜬 눈의 상태입니다.

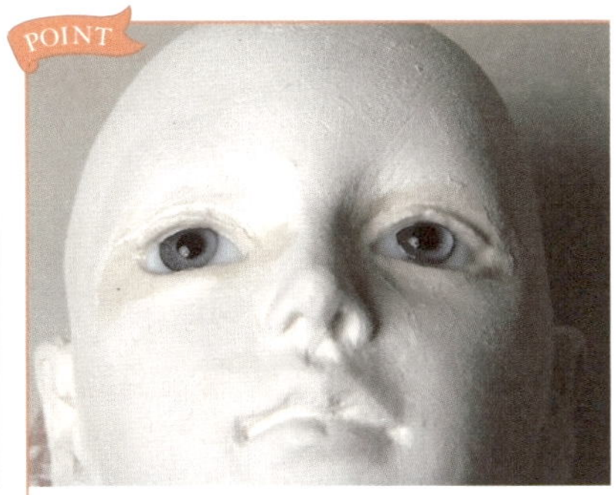

보아서 왼쪽 눈의 눈동자 시선이 벗어나 있습니다. 왼쪽 눈의 눈동자의 방향을 파악하려면 얼굴 면의 아래쪽에서 보는 것이 알기 쉽습니다.

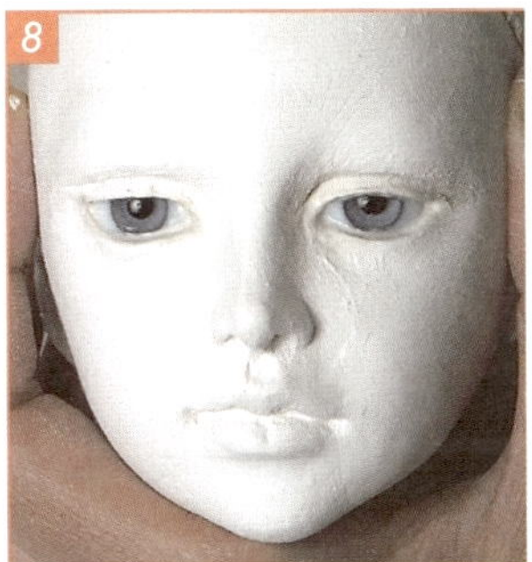

납득할 수 있는 상태로 조정했다면 그 상태로 건조시킵니다.

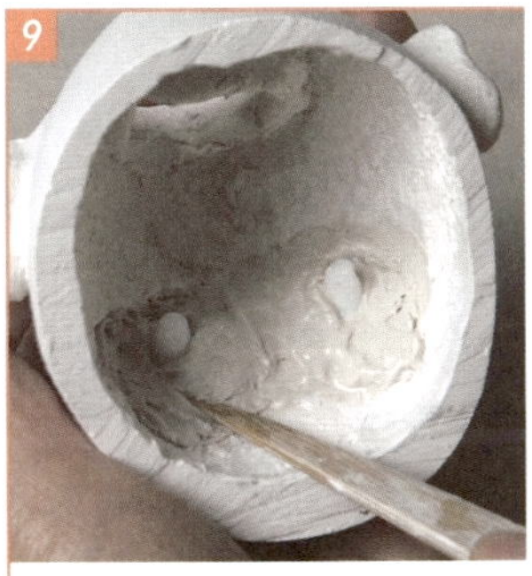

건조 후, 안구가 벗어나지 않도록 점토를 안구의 뒷부분에 붙여 둡니다.

4»

머리부분 닫기

close the head

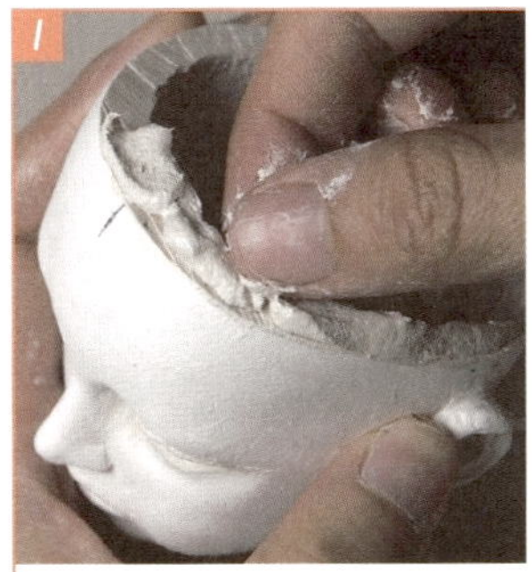

안구와 치아(p68참조)를 고정시켰다면, 머리부분을 덮습니다. 잘린 머리부분의 단면을 적셔, 두껍게 점토를 눌러 붙입니다.

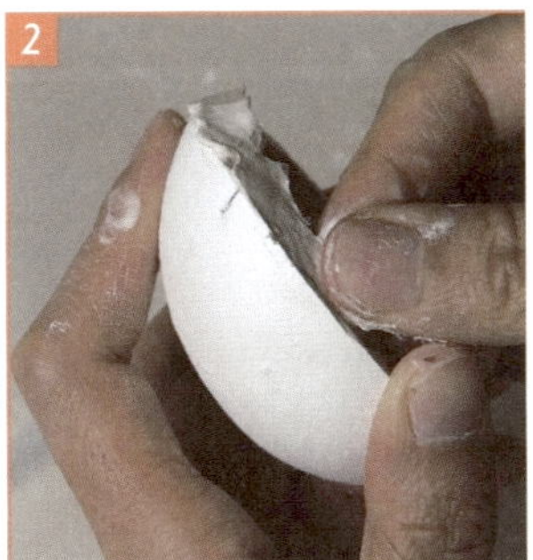

잘라낸 머리부분의 단면에도, 같은 방법으로 적셔서 두껍게 점토를 붙입시다.

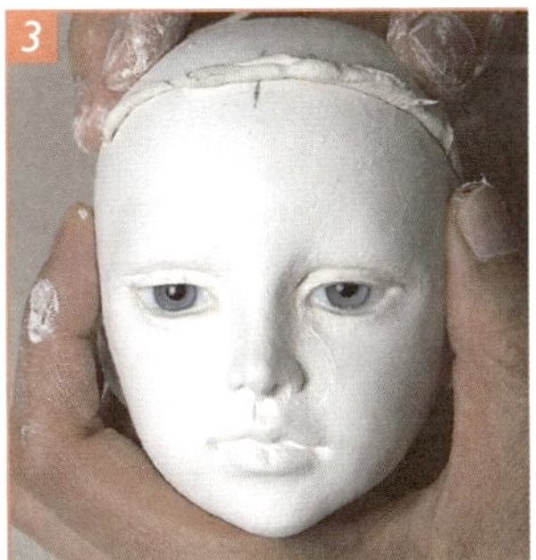

머리 윗부분과 머리를, 처음에 그려둔 맞춤표시를 표시로 압착합니다.

헤라로 정돈해서 원상태로 돌려놓습니다.

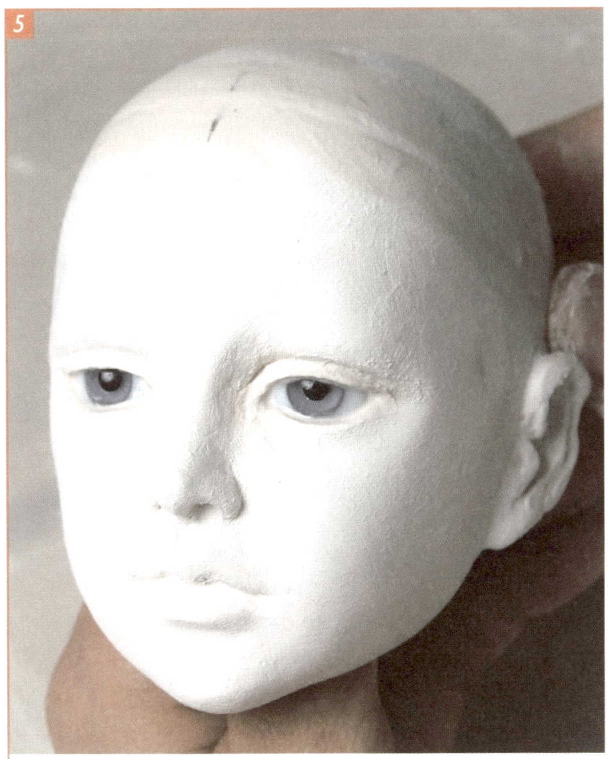

이것으로 머리부분 완성입니다.

§2 안구·치아 만들기

Make artificial eyes & teeth

1. 안구의 눈동자 만들기
2. 흰자위 제작
3. 치아 만들기

국외메이커의 안구는 색이나 홍채의 종류도 풍부합니다만, 보다 개성적인 안구를 희망하는 분에게 간단한 안구 만드는 법을 설명하겠습니다. 글라스 반구도 좋습니다만, 입수하기가 어렵기 때문에 이번에는 수지로 된 반구를 사용합니다. 수공예 점이나 비즈판매처에 있는 스팽글 재료로 뒷면을 도금한 것입니다. 또, 입 벌린 인형을 만들 때에는 안쪽에서 이를 보이게 하는 경우도 있습니다. 치아는, 안구의 흰자위를 만들 때 사용하는 오븐점토로 만듭니다.

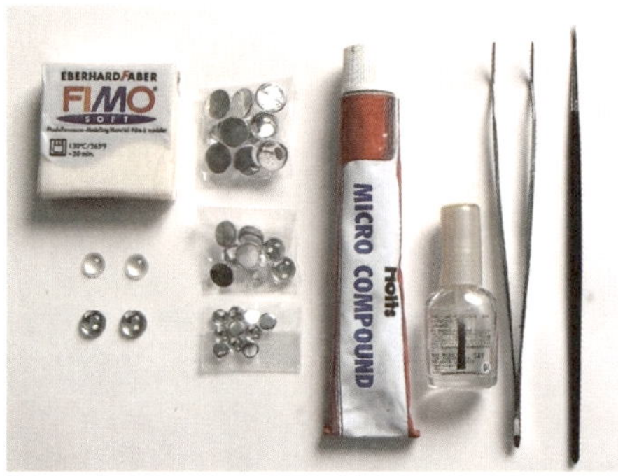

† 준비물

- 오븐점토 (FIMO 반투명-014)
- 글라스 또는 수지의 반구
- 미립자 콤파운드
- 점토
- 투명매니큐어
- 핀셋
- 물감 등

1» 안구의 눈동자 만들기

make pupils

1 우선, 안구의 각막을 만들기 위해 수지로 된 반구를 준비합니다.

2 극세용의 콤파운드(연마제)를 천에 묻혀 반구의 도금된 면을 닦아냅니다.

3 투명하게 될 때까지 확실하게 닦아 주세요.

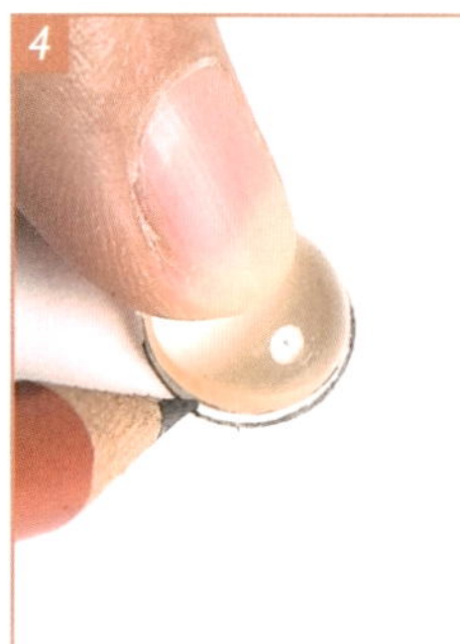

4 종이에 반구의 윤곽을 덧대고 그립니다.

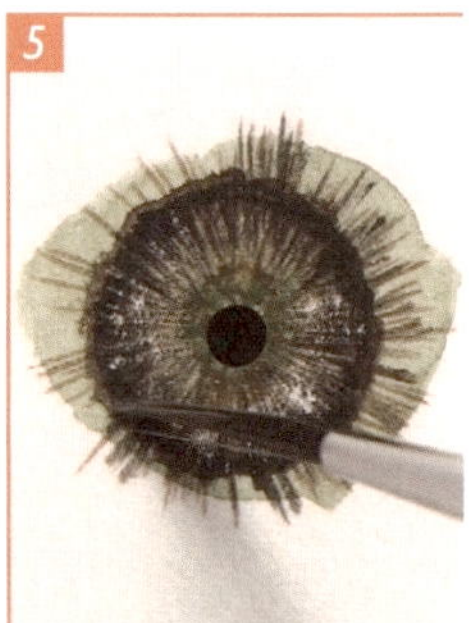

5 윤곽을 기준으로 좋아하는 재료나, 색으로 눈동자를 그립니다.

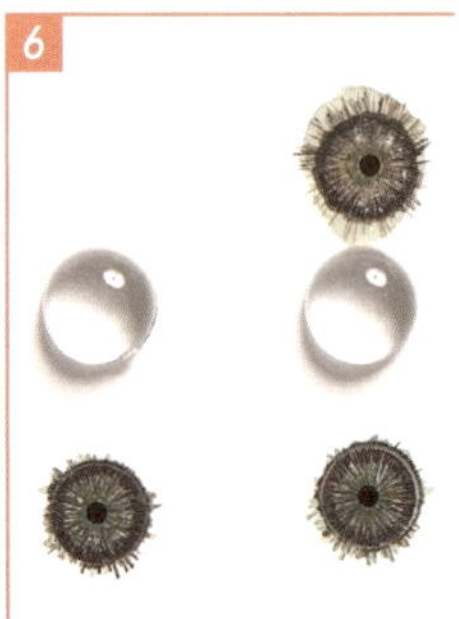

6 섬세한 부분은 그렸던 눈동자 위에 반구를 실제로 올려놓고 체크해 주세요.

눈동자의 완성

반구의 렌즈효과로 그려 넣은 눈동자가 확대되어 보입니다. 마무리는 색연필, 수채물감, 유화물감 등, 물감의 차이나 물감의 질감, 홍채의 그리는 방법으로 상당히 달라집니다.

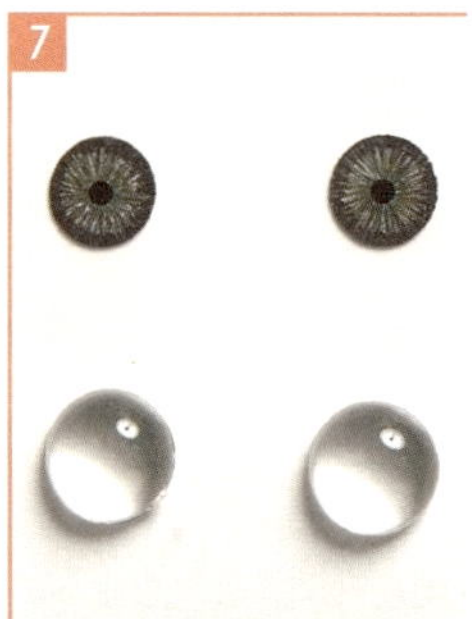

7 눈동자를 그렸다면, 반구를 붙입니다. 우선, 눈동자를 잘라놓습니다.

8 투명매니큐어를 눈동자의 윤곽에 바릅니다.

9

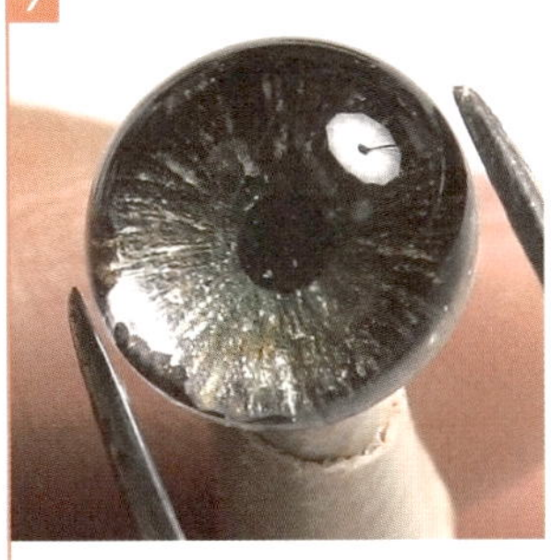

핀셋으로 반구를 눈동자 위에 놓고 접착시킵니다.

POINT

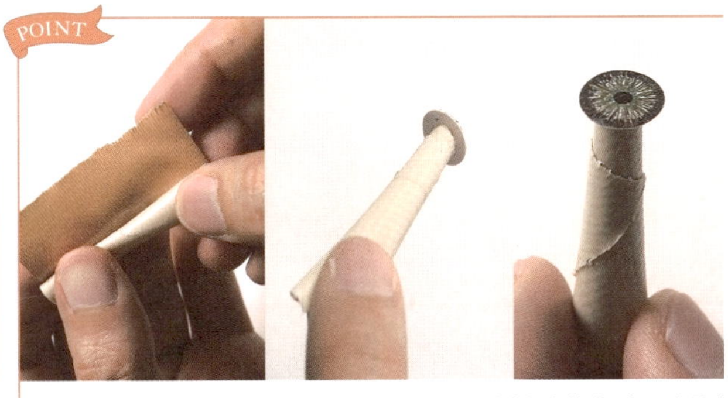

이때, 작은 눈동자는 손으로 들기 힘듭니다. 천 테이프를 뒤집어 감아놓은 것으로 눈동자의 밑부분을 가볍게 눌러 들고 있으면 작업이 수월해 집니다.

10

벗어나 있지 않은지 옆에서도 보아 확인합시다.

11

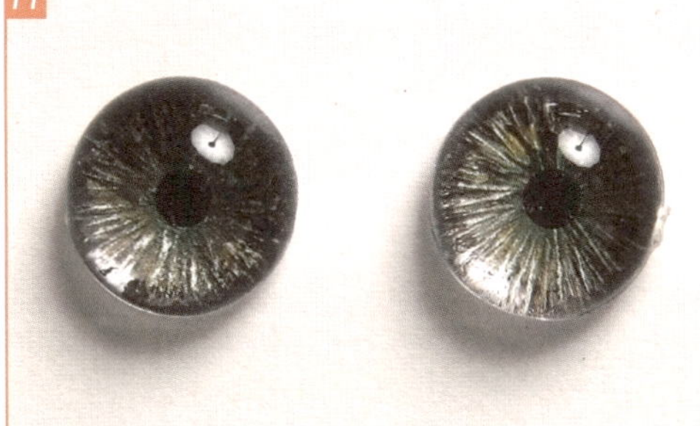

눈동자 완성.

2»

흰자위 제작

make white of eyes

1

다음은 흰자위를 만듭니다. 눈동자에 맞춰서 적당량의 오븐점토를 떼어냅니다.

2

손바닥으로 둥글게 눈동자에 맞는 크기의 볼을 만듭니다.

3

팔레트나이프 등으로 볼을 이등분해서 양쪽 흰자위로 합니다.

4

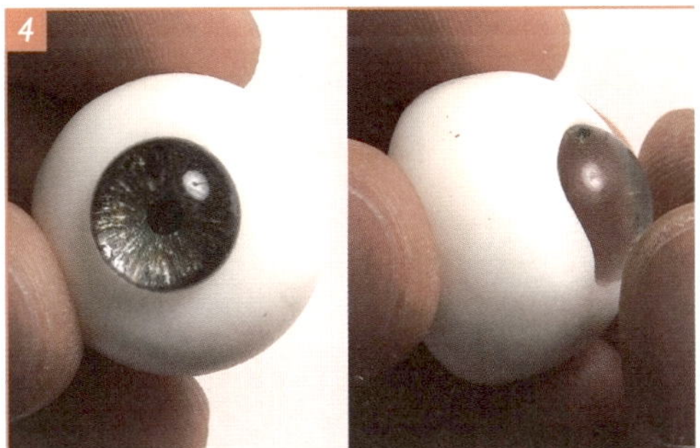

눈동자가 밀려나는 것을 막기 위해 반구의 눈동자를 오븐점토의 흰자위에 1~2mm정도 파묻어 놓습니다.

5

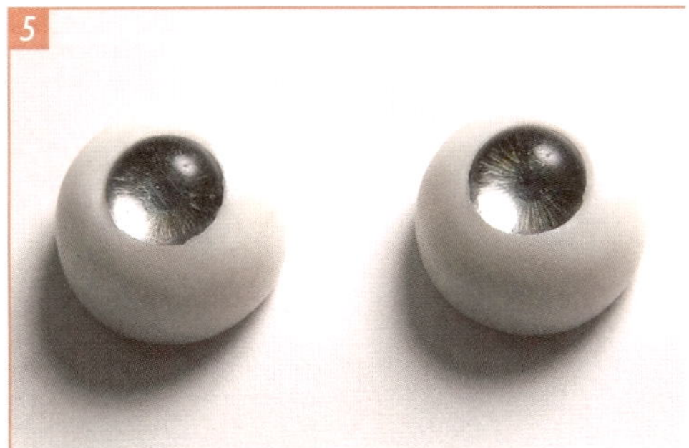

눈동자의 윤곽을 정리합니다.

6

오븐점토가 굳어지도록 열을 가합니다. 이번에는 전기오븐토스터를 사용합니다.

7

너무 가열하면 타지거나, 물집이 생기기 때문에, 우선 시험용의 오븐점토를 별도로 준비해서 가열시간을 계산해 보세요.

가열의 조정

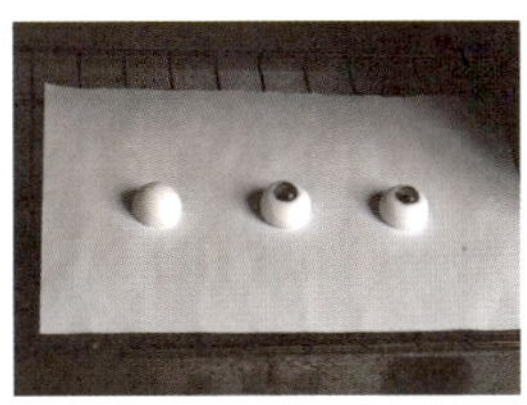

오븐의 출력이나 식혀진 상태부터의 가열과 사용한 후부터의 가열로 시간은 달라집니다. 뜨겁게 되어있는 상태에서의 가열은 1~2분 정도입니다. 또 여열로 가열하는 경우도 있습니다. 스위치가 꺼진 후에 오븐에 넣어서 여열로 3~4분 정도 가열합니다. 열이 부족한 경우는 반복해 주세요.

8

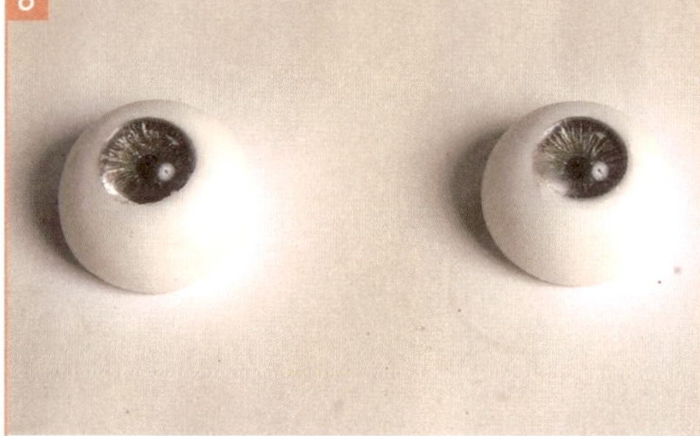

투명감이 나오면 가열 종료입니다.

9

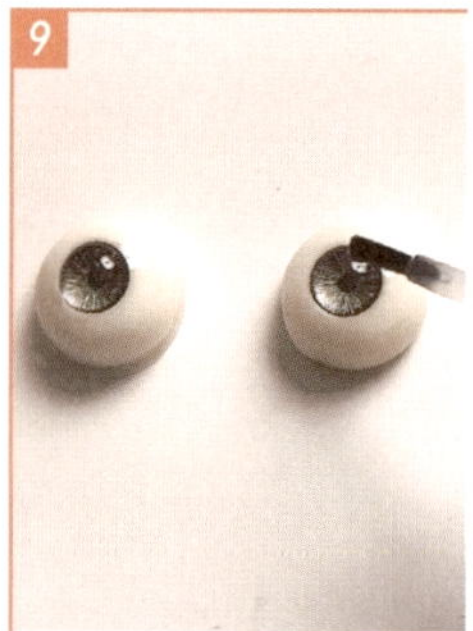

완성된 안구 전체에 투명매니큐어를 바릅니다.

10

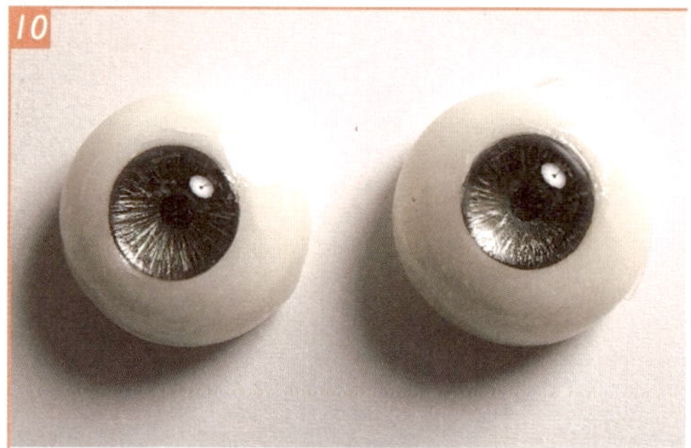

완성입니다. 코팅재료로는, 보다 피막이 강한 에폭시나 우레탄도료도 있습니다만, 투명매니큐어가 간단합니다.

3 »

치아 만들기

make artificial teeth

1

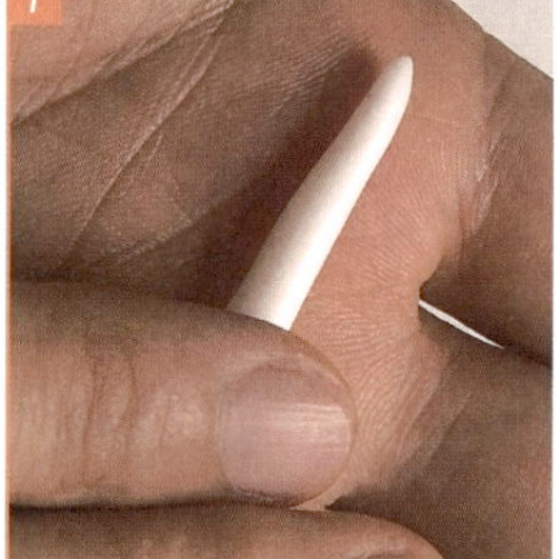

손바닥으로 오븐점토를 치아의 두께로 둥글려 놓습니다.

2

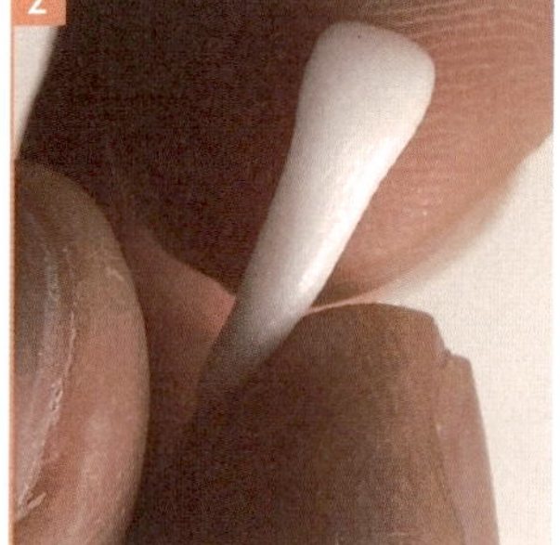

점토의 끝을 손가락으로 평평하게 앞니의 형태로 조정합니다.

3

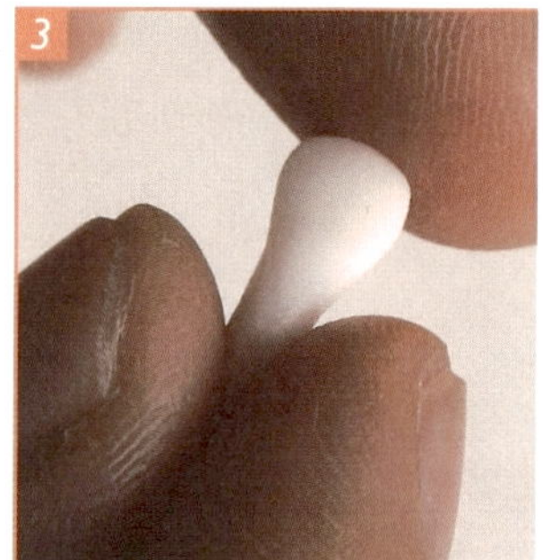

준비할 이빨의 수는, 살짝 앞니가 보이는 경우로 4개정도가 좋다고 생각합니다.

4

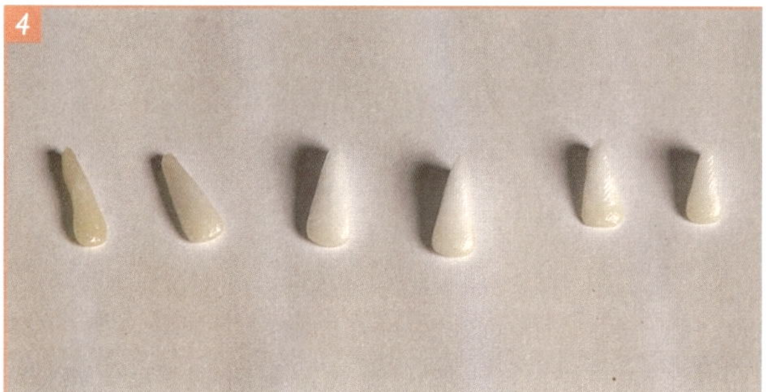

안구의 흰자위를 가열한 요령으로 오븐토스터로 가열합니다만, 부피가 작기 때문에 수십 초 가열로도 충분합니다. 너무 익히면 사진 왼쪽의 치아처럼 타지거나 물집이 생겨버립니다.

5

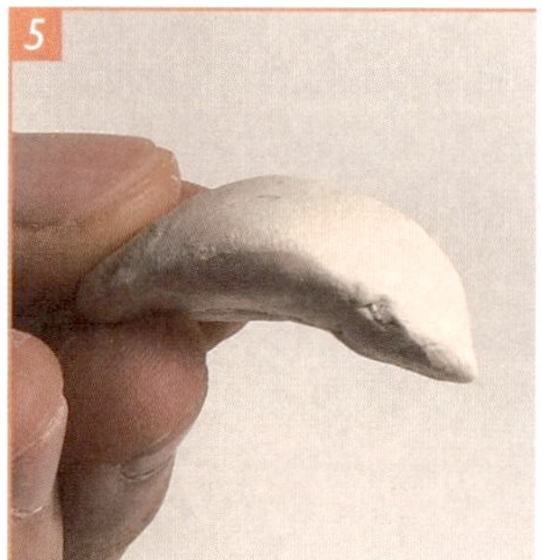

치아를 고정할 잇몸을 점토로 만듭니다.

6

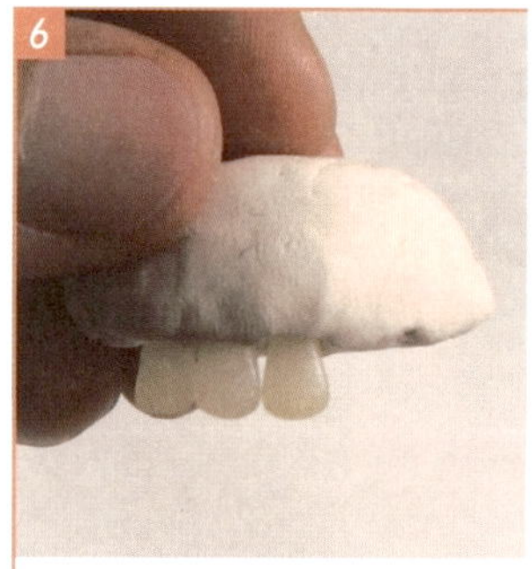

잇몸에 완성한 앞니를 꽂아 고정합니다.

7

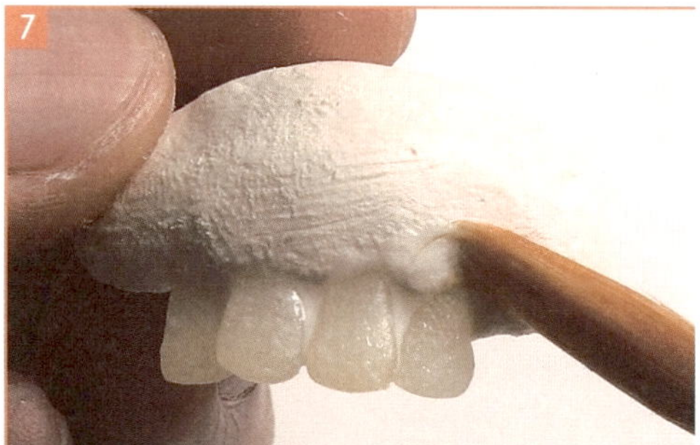

적신 붓을 사용해서 자연스런 느낌의 잇몸형태로 조정해 주세요.

8

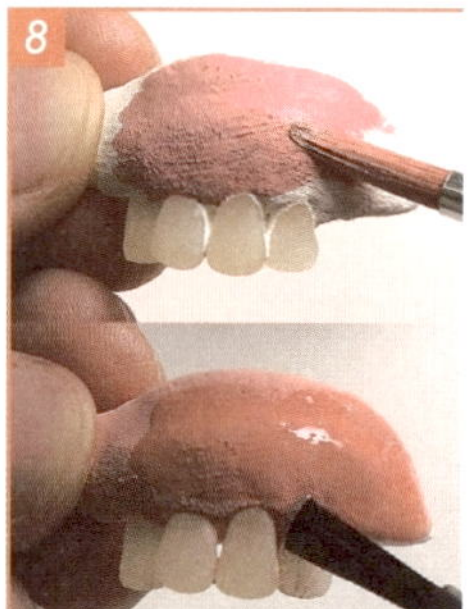

잇몸을 핑크로 채색하여 건조되면 투명매니큐어를 여러 번 발라, 촉촉한 느낌을 표현합니다.

9

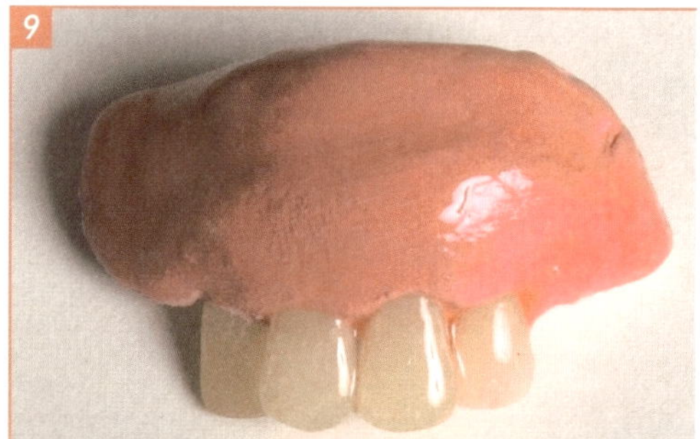

완성입니다. 잇몸이 전혀 보이지 않는 경우는 채색하지 않아도 좋습니다.

§3 팔·다리 연결준비

Set up to put together arms & legs

1. 중심선 그리기 | 2. 고관절의 준비 | 3. 팔꿈치·무릎의 준비 | 4. 어깨 준비

각 부분을 연결할 준비를 합니다. 인형을 연결하기 위해서는 일반적으로 고무줄을 사용하고, 머리에서 발목, 손목에서 손목을 고무로 당겨서 결합시킵니다. 단지 묶어서 직립시킬 뿐이라면, 단순하게 구멍을 뚫어서 고무줄을 통과시키면 됩니다만, 그렇게 해서는 고무줄의 반발력에 의해 구부린 팔꿈치나 무릎이 원래대로 돌아가버리는 불편함이 생깁니다. 인형의 각 관절을 안정시켜 구부리기 위해서는, 고무줄의 반발력 방향을 컨트롤할 필요가 있습니다. 그 때문에 관절의 구에 도랑을 뚫게 됩니다. 고무줄은 기본적으로 잡아당기는 위치와 위치의 중심을 통하기 때문에, 구의 중심에서 움직이는 각도의 분량만큼 도랑을 뚫어 놓읍시다. 도랑은 고무의 두께에 맞추어 뚫기 때문에, 우선은 인형의 크기에 맞는 고무의 두께를 정해 주세요.

† 준비물
- 톱
- 루터
- 필기도구
- 줄
- 조각도
- 점토, 물

고무의 종류

이번에는 천으로 피복되어있는 둥근 고무줄의 「4줄 엮임-고무가 여러 줄 엮여있을수록 장력이 강함」(굵기 약 2.2mm)을 사용합니다. 작은 인형은 2mm정도, 1m급의 큰 인형은 5mm정도가 됩니다. 천으로 피복되어 있으면 어떤 것도 좋습니다만, 적당히 강도가 있는 고무줄을 사용해주세요.

1» 중심선을 그리기

draw a center line

1

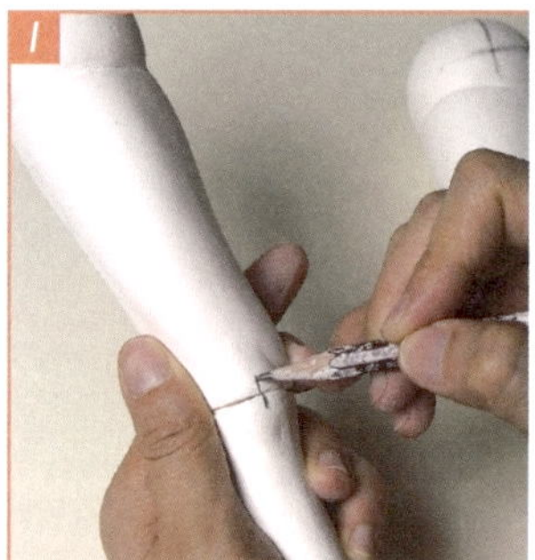

구에 도랑을 뚫을 위치를 표시합니다. 구 중심선상에 도랑을 뚫기 때문에, 우선은 팔꿈치. 무릎의 중심에 표시를 해 둡니다.

2

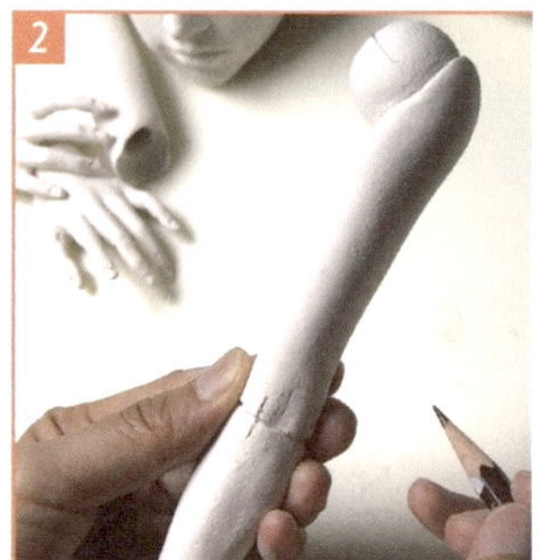

이렇게 함으로써, 도랑의 위치나 각도를 판단하기 쉬워집니다.

2» 고관절의 준비

set up a hip joint

1

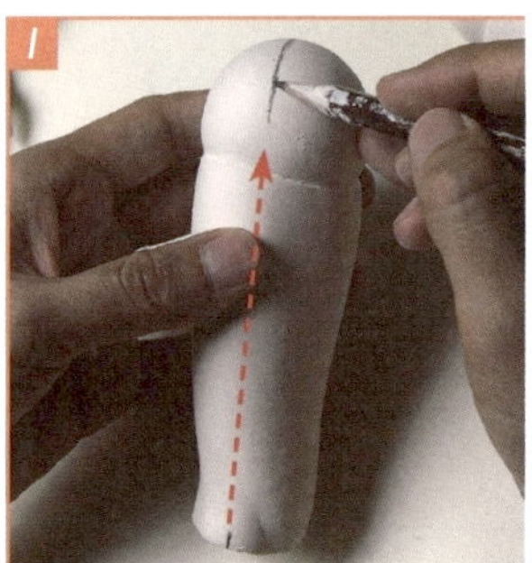

무릎중심을 기준으로, 고관절의 구 중심선에 표시를 해 주세요. 이번에는, 각도를 90도 정도 움직이게 합니다.

2

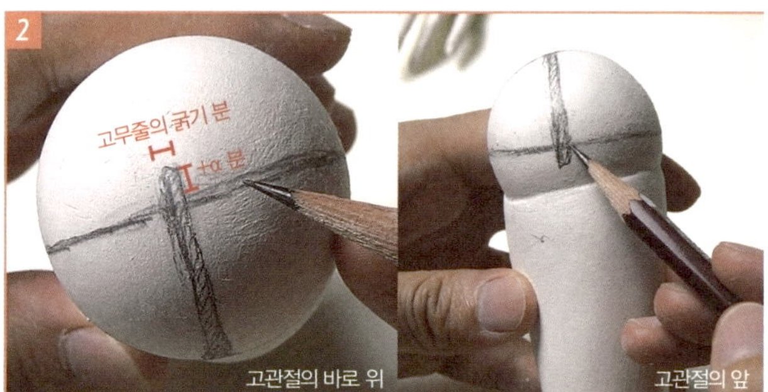

수직방향 바로 위부터 움직이는 앞 방향으로, 고관절의 구의 도랑을 뚫을 위치에 표시합니다. 측면에서 보아 90도+ α (α 는 고무줄의 굵기, 이번에는 3mm)가 도랑이 됩니다.

3

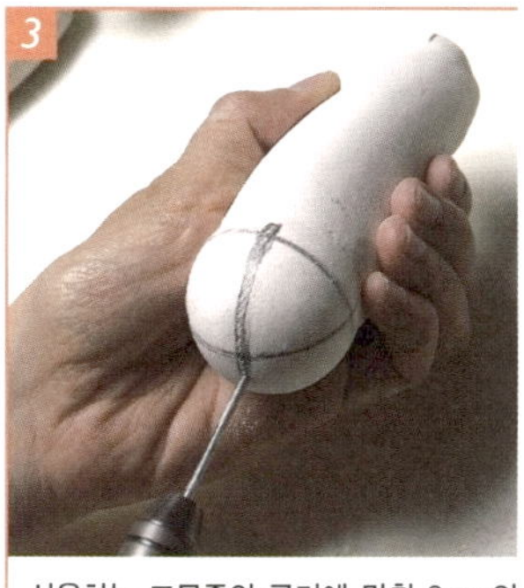

사용하는 고무줄의 굵기에 맞춰 3mm의 드릴 날을 끼운 루터로 도랑의 끝에 구멍을 뚫습니다.

4

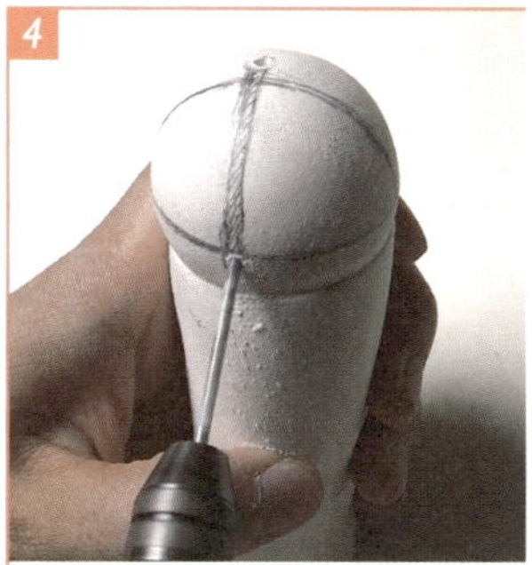

앞쪽의 끝에도 구멍을 뚫습니다.

5

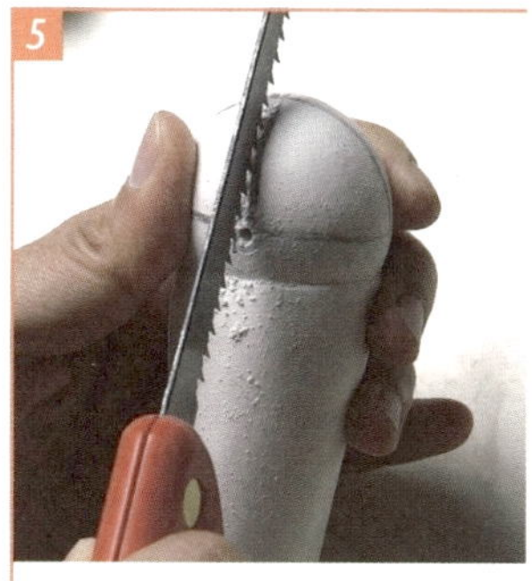

톱을 사용해서, 구멍과 구멍의 사이에 도랑을 뚫습니다. 도랑의 폭은 3mm보다 조금 두껍게 되도록 합니다.

6

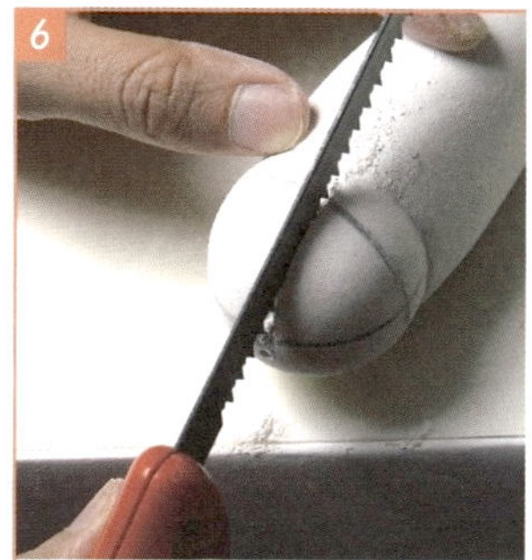

손으로 붙잡아서 하기 힘들 때에는, 작업대의 가장자리에 두고 해도 좋겠지요. 같은 방법으로 다른 한쪽의 고관절도 뚫어 주세요.

3» 팔꿈치·무릎의 준비

set up
elbow & knee joints

1

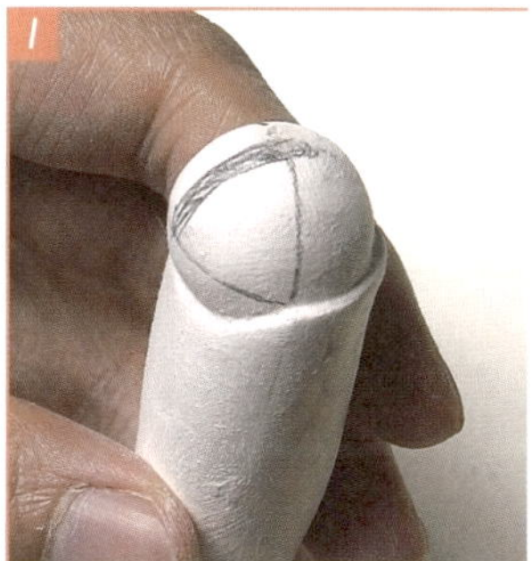

고관절과 같은 방법으로 팔꿈치관절의 구에도, 팔꿈치의 중심을 기준으로 위에 중심선을 표시합니다.

2

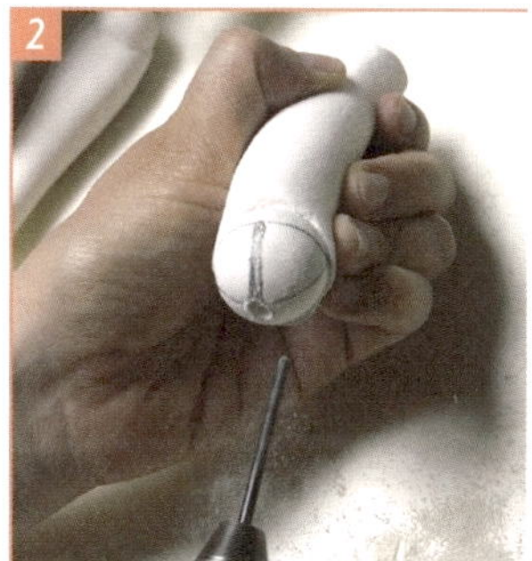

3mm의 드릴 날을 끼운 루터로 도랑의 끝에 구멍을 뚫습니다.

3

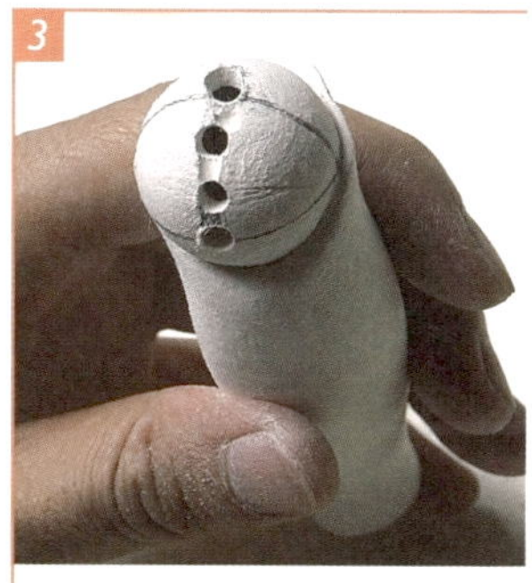

팔꿈치관절의 구는 작기 때문에, 루터로 연이어서 도랑에 몇 개의 구멍을 뚫어 놓습니다. 이때에도 드릴 날은 3mm입니다.

4

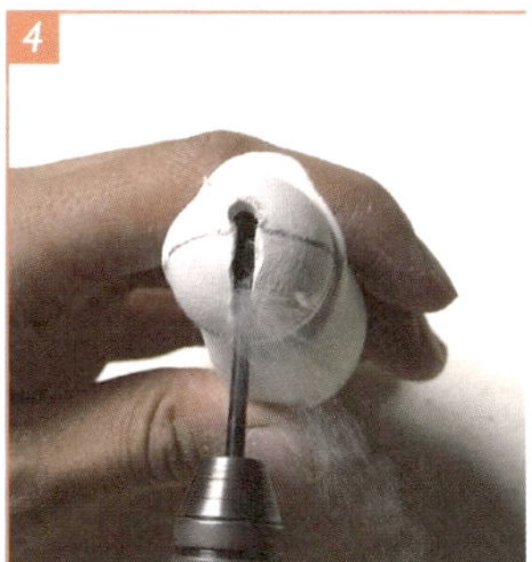

드릴 날을 눕혀서 날의 측면으로 깎거나 해서, 구멍을 연결하여 도랑을 만듭니다.

5

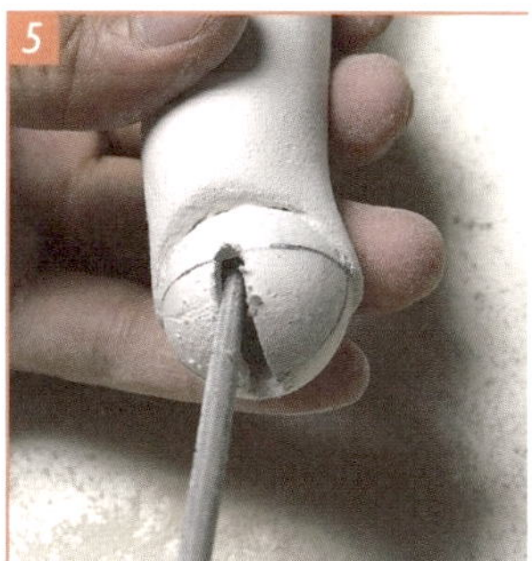

금속 줄로 도랑의 선을 정리합니다.

6

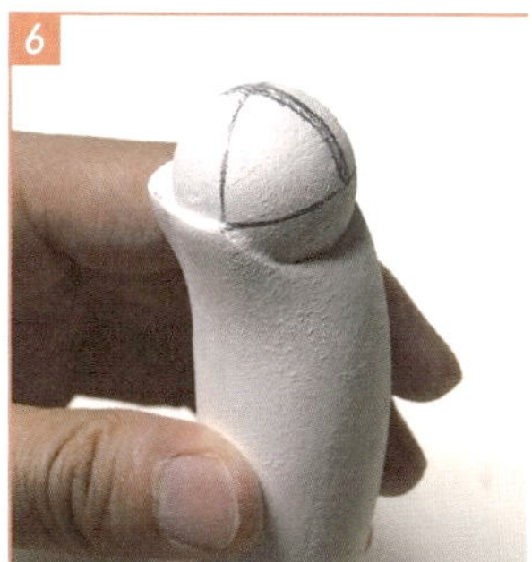

무릎관절도 팔꿈치관절과 같게, 무릎중심을 기준으로 위 중심선을 표시해서, 도랑을 뚫어 놓읍시다.

4» 어깨 준비

set up
shoulder joints

1

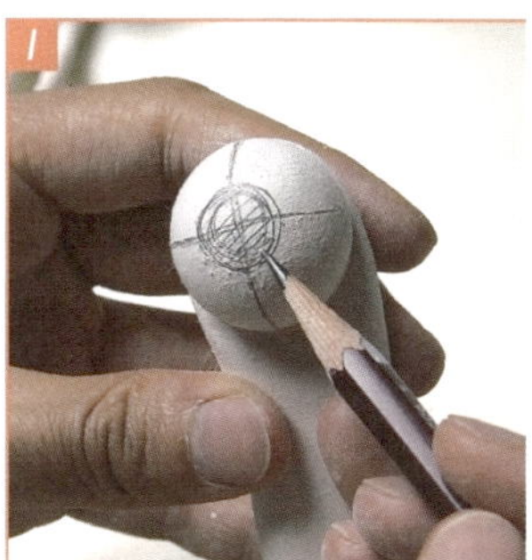

어깨는 회전에 의한 움직임이 주체가 되기 때문에, 이번에는 도랑이 아닌 큰 구멍을 뚫어서 대응합니다.

2

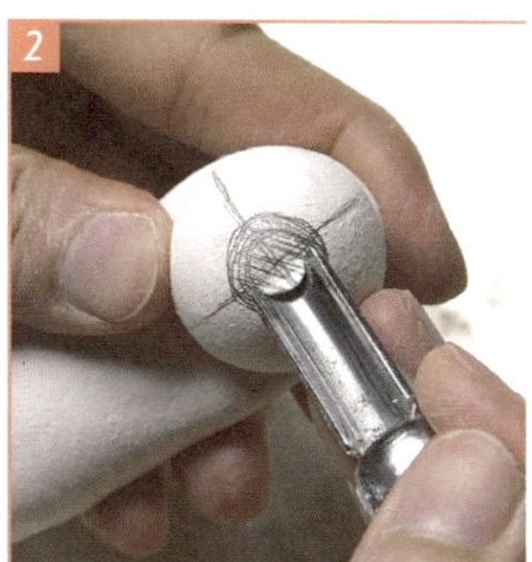

다른 관절과 같게, 중심선을 긋고, 구멍을 뚫을 부분을 그리고 나서, 조각도의 칼날을 사용하여 깎아서 뚫습니다.

Advice

같은 작업을 한데 모아서 하는 편이 편리합니다. 처음에 모든 관절에 표시를 그려두고 나서, 도랑을 뚫어 가도록 합시다.

IV 조립

§4 목·발목·머리의 연결준비

Set up to put together wrists, ankles & head

1. 발목 준비 2. 손목준비 3. 고리 만들기 4. 머리부분 준비

손목, 발목의 관절 구에는, 고무줄을 걸기 위한 S고리를 걸 와이어가 필요합니다. 와이어의 아래쪽이 점토로 메워져 버리면, 고리가 걸리지 않아 관절이 움직일 수 없기 때문에, S자 고리가 움직일 수 있는 공간이 되도록 해주세요. 와이어는 힘을 받는 부분이기 때문에, 주의 깊게 작업합시다. 머리에도 고무줄을 걸 필요가 있습니다만, 머리에는 직접 고리를 붙여둡니다. 손목 · 발목 · 머리부분에서 사용하는 것은 스테인리스 와이어입니다. 피아노선 등 철제는, 수년 경과하면 갈색의 녹이 표면에 나오기 때문에 사용하지 말아주세요. 굵기는 인형의 크기에 맞춰주세요. 큰 인형은 1.5mm보다 더 굵은 와이어로 합니다. 작은 인형으로, 1.0mm보다 가는 와이어를 사용하는 경우는, 스테인리스선 중에서도 보다 딱딱한「스프링선」을 사용해 주세요. 스테인리스 와이어는 가늘어지면 약해져서 고무줄 힘에 딸려 펴져버리기 때문에 주의합시다.

† 준비물

- 스테인리스 와이어
- #16 (직경 약 1.5mm)
- #18 (직경 약 1.0mm)
- 순간접착제
- 루터
- 필기도구
- 펜치
- 디자인 커터

1 »

발목 준비

set up ankles

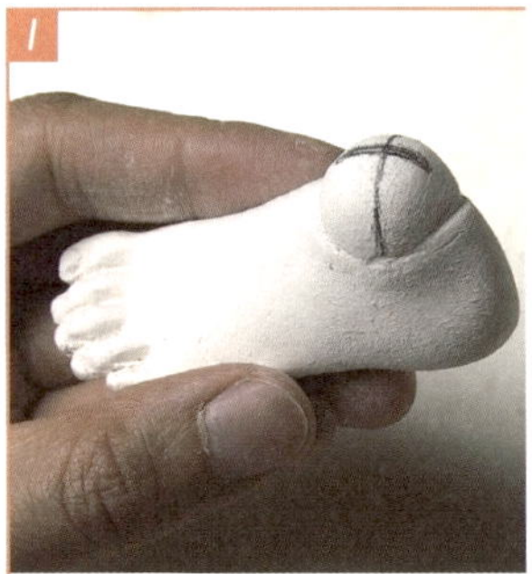

1 발목의 관절구도, 팔꿈치 · 무릎과 같이 도랑을 뚫습니다. 도랑을 뚫을 방향이 틀리지 않도록 주의해 주세요.

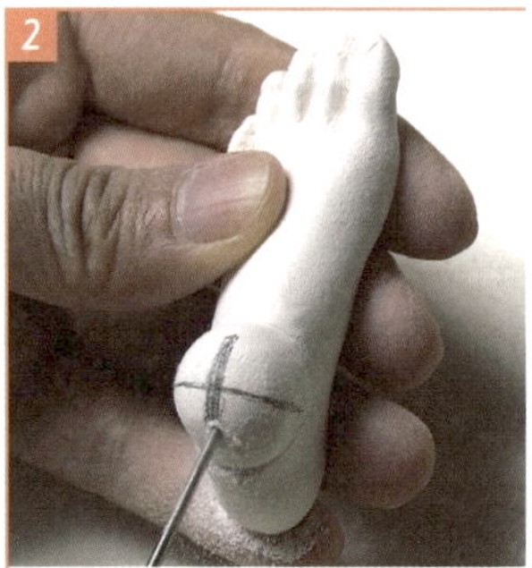

2 손발은 와이어의 굵기보다 조금 굵은 도랑을 뚫습니다. 2mm의 드릴 날을 끼운 루터로 도랑의 끝에 구멍을 뚫습니다.

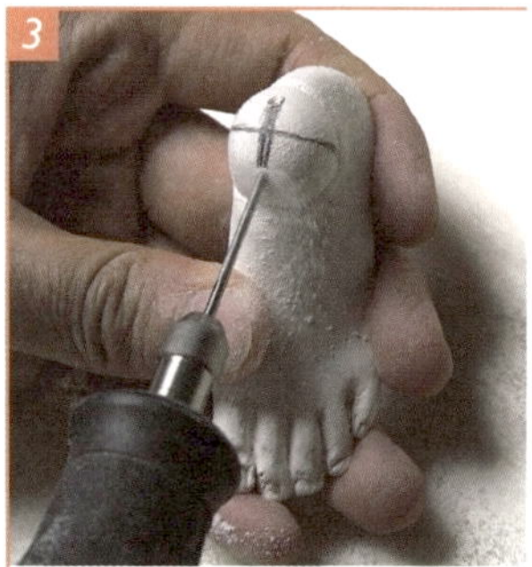

3 같은 방법으로, 또 다른쪽 끝에도 구멍을 뚫습니다. 이어서, 팔꿈치 · 무릎과 같도록 선을 따라 몇 개의 구멍을 뚫습니다.

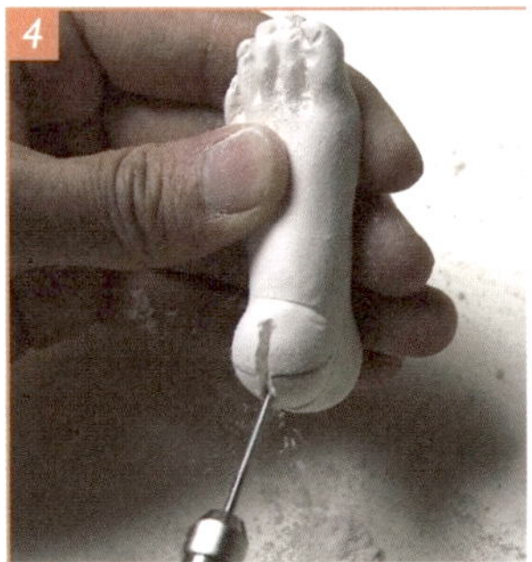

4 드릴의 날을 눕혀서 날의 측면으로 구멍이 이어지게 도랑을 만듭니다.

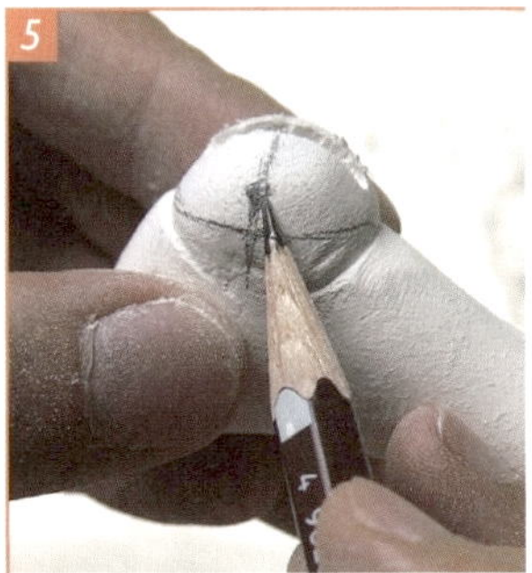

5 구의 측면의 중심에서 조금 위쪽의 위치에 구멍을 뚫기 위한 표시를 해둡니다. 큰 인형은 중심위치에 구멍을 뚫습니다.

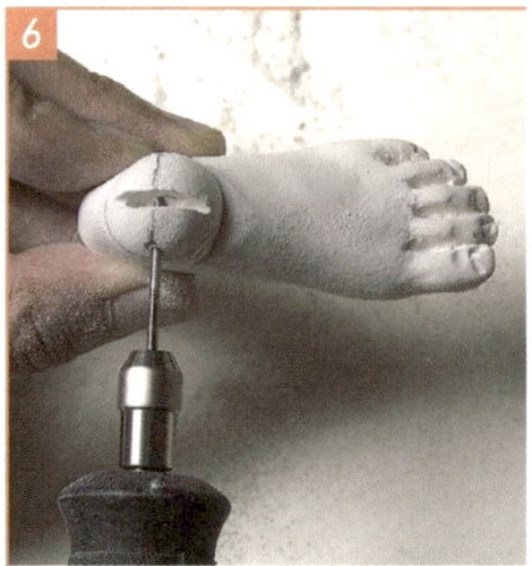

6 루터를 사용해서 구멍을 뚫습니다. 이 구멍에 와이어를 심어 넣습니다.

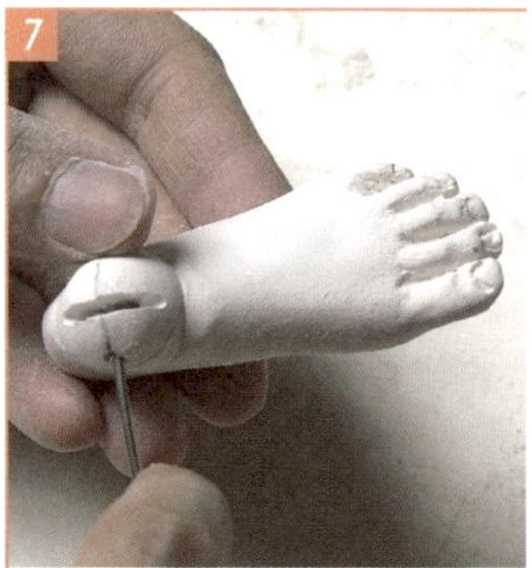

7 스테인리스 와이어 #16을 사용합니다. 구멍에 와이어를 통과시켜 구멍의 길이를 확인합시다.

8

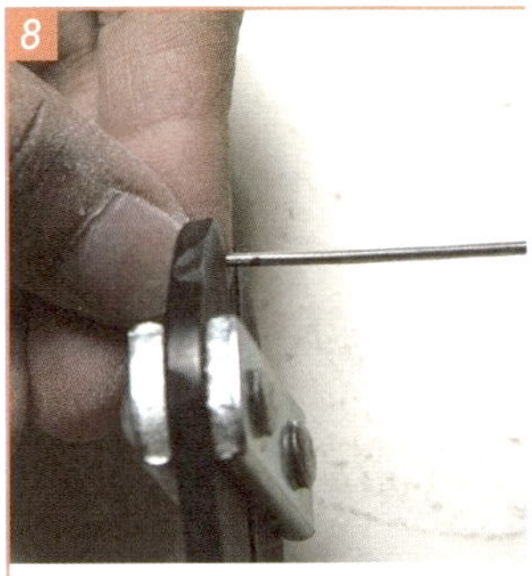

통과시켰을 때, 와이어의 끝이 보이지 않도록 짧게 자릅니다.

9

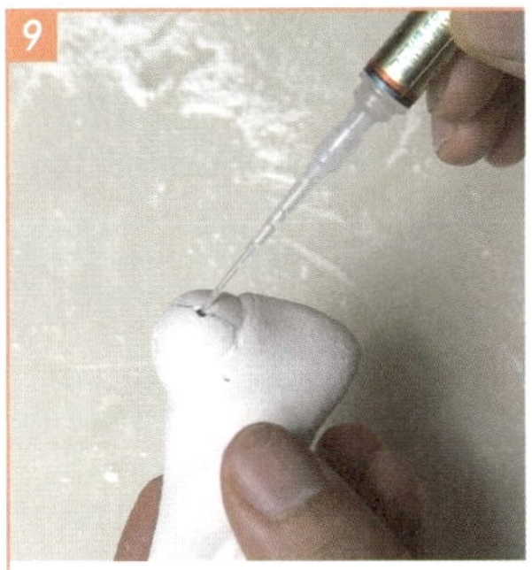

자른 와이어를 구멍에 넣고, 순간접착제를 겉에서 흘려 넣습니다.

10

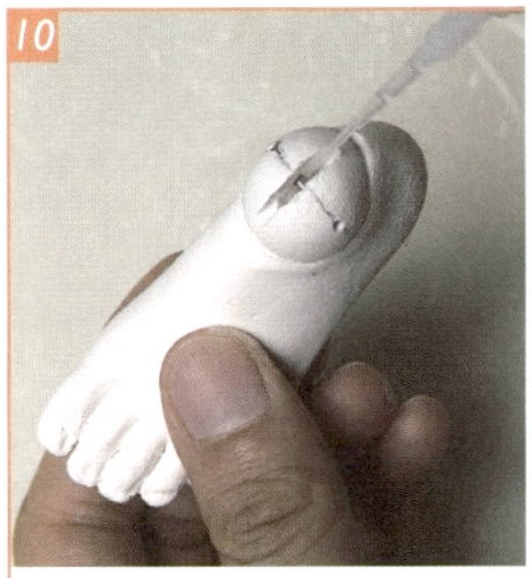

안쪽부터도 접착제를 흘려 넣읍시다.

11

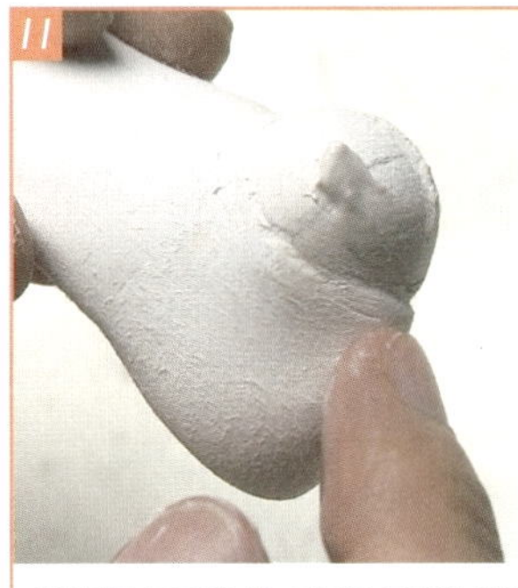

접착제가 건조된 후, 점토로 구멍을 메워 원상태로 돌려놓습니다.

12

와이어를 심어 넣고, 관절구를 원상태로 돌려놓은 모습입니다.

2 »

손목 준비

set up wrists

1

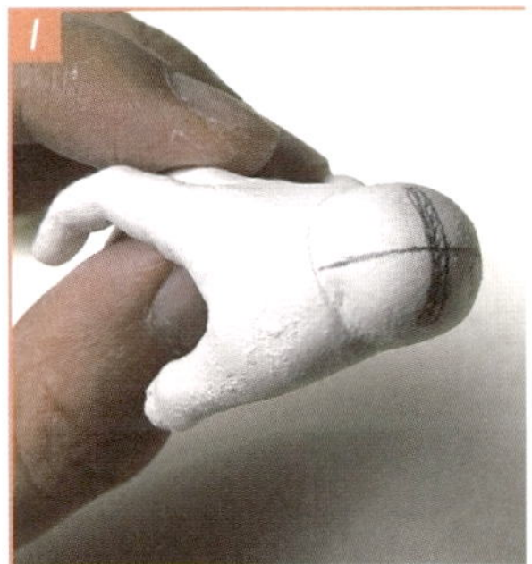

손목도 발목과 같은 방법으로 도랑을 뚫습니다. 도랑을 뚫는 방향에 주의해서 표시를 해둡니다.

2

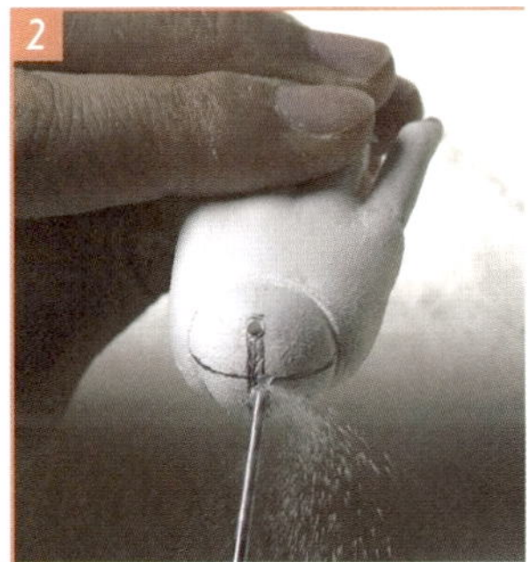

도랑에 따라 몇 개의 구멍을 뚫습니다.

3

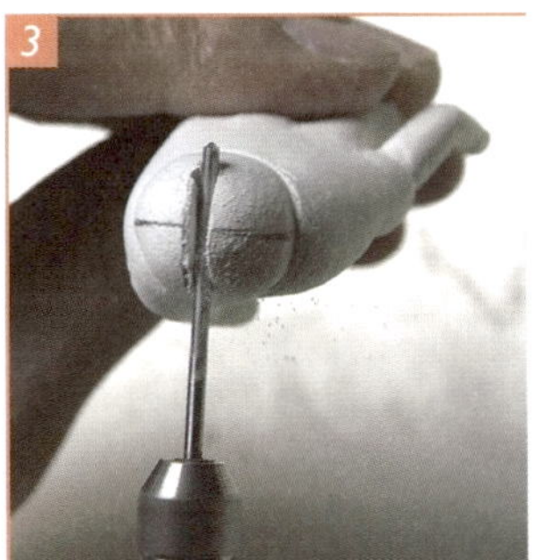

드릴의 날을 눕혀서 날의 측면으로 구멍을 연이어서 도랑으로 만듭니다.

4

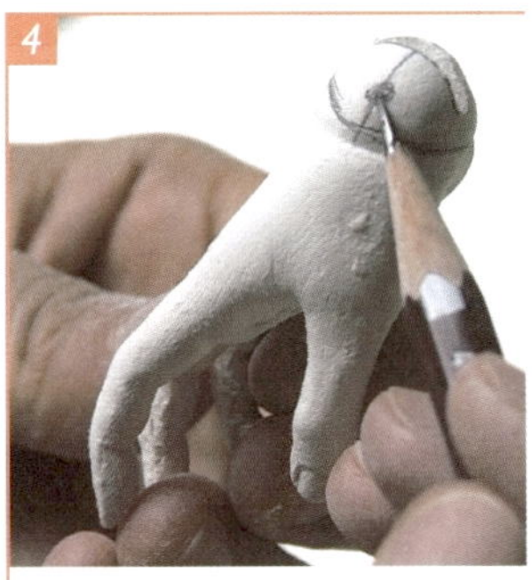

와이어를 심어 넣습니다. 구 측면의 중심에서 조금 위쪽의 위치에 구멍을 뚫습니다.

5

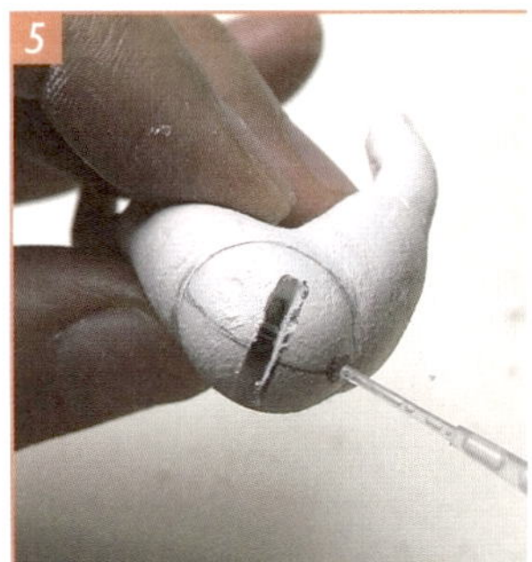

길이를 확인하고, 잘라둔 와이어를 구멍에 통과시켜, 순간접착제를 바깥쪽에서 흘려 넣습니다.

6

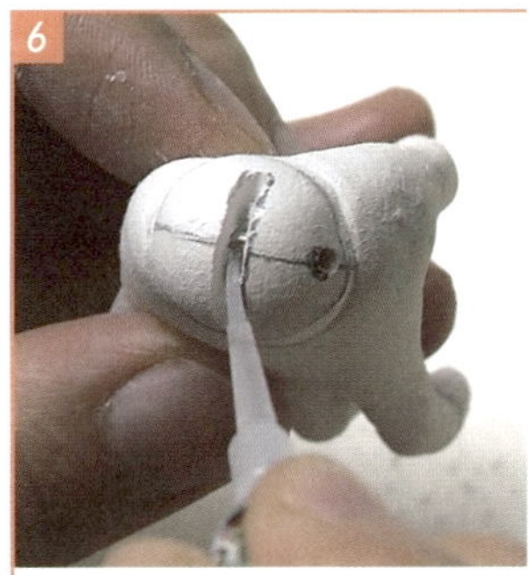

안쪽에서도 흘려 넣고, 접착제가 건조한 후, 점토로 구멍을 막아서 원상태로 합니다.

3 »

고리 만들기

make hooks

1

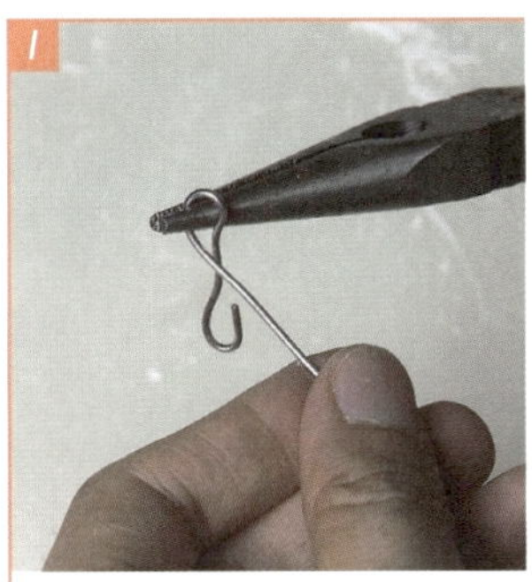

심어놓은 와이어에 고무를 걸기 위한 고리를 만듭니다.

2

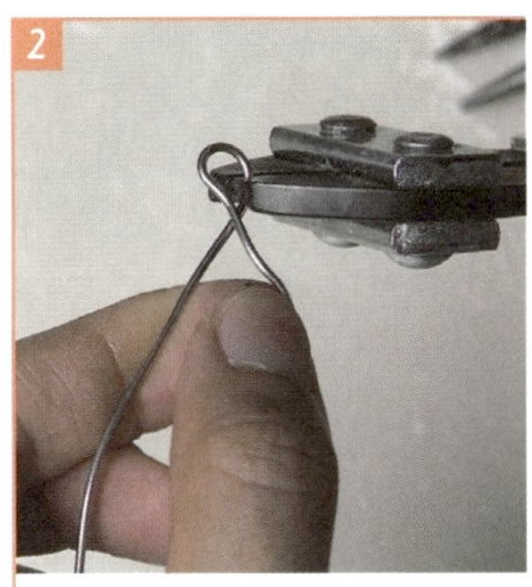

#18의 스테인리스 와이어를 펜치로 구부려 S자형으로 만듭니다.

3

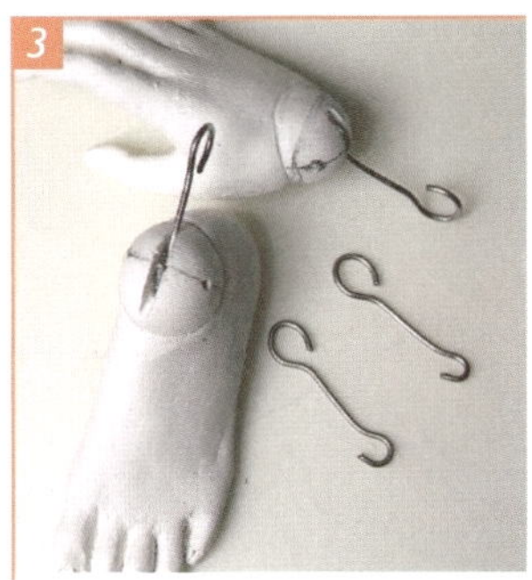

손목, 발목 각 2개씩, 합 4개의 고리를 만듭시다. 완성되면 각각의 와이어에 걸어둡니다.

4 »

머리부분 준비

set up head

목관절의 구멍준비

목관절에 구멍을 뚫습니다. 머리쪽에 구를 붙인 경우, 목에 구를 붙인 경우와 같이 조각도의 둥근 날을 사용해서 커다랗게 구멍을 뚫습니다. 구멍에는 연결용의 고무줄이 통과하기 때문에 허락하는 범위 내에서 구멍이 큰 편이 가동범위가 커집니다.

1

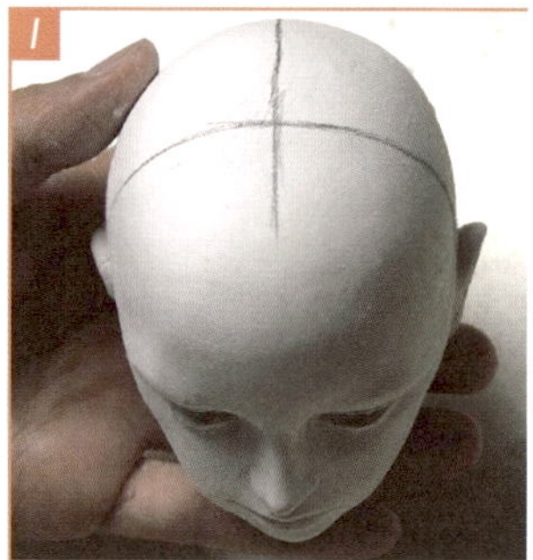

머리에 고무를 걸기 위한 고리를 고정합니다. 목과 접하는 구멍의 바로 위의 위치에 표시를 합니다.

2

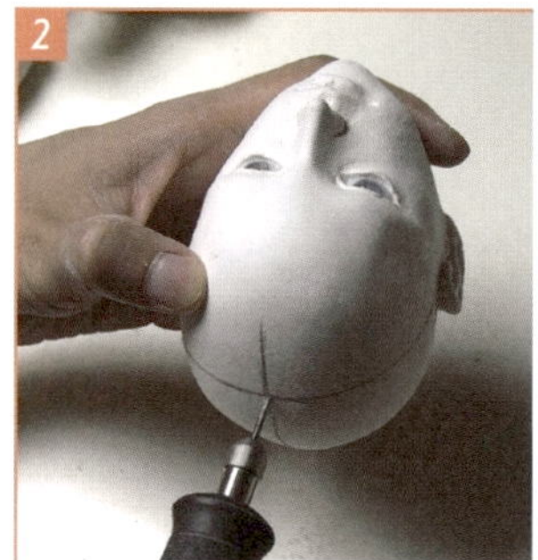

2mm의 드릴 날의 루터로 구멍을 뚫습니다.

3

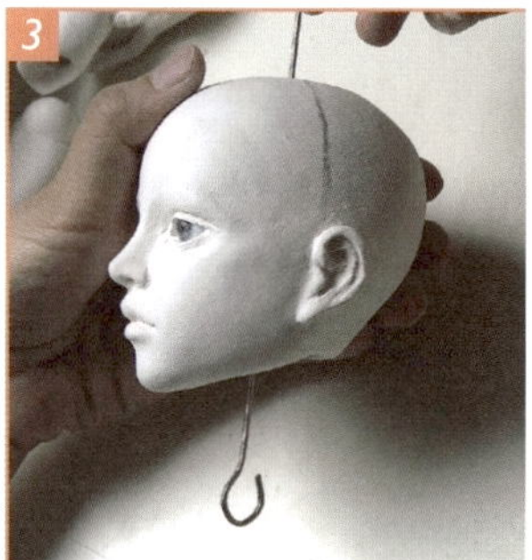

스테인리스 와이어 #16를 사진처럼 구부려서 구멍에 통과시킵니다.

4

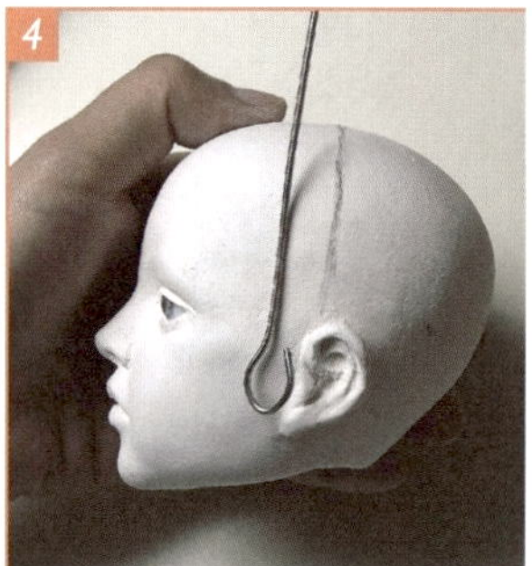

고리의 위치가 귀의 안쪽부근이 되도록 합니다.

5

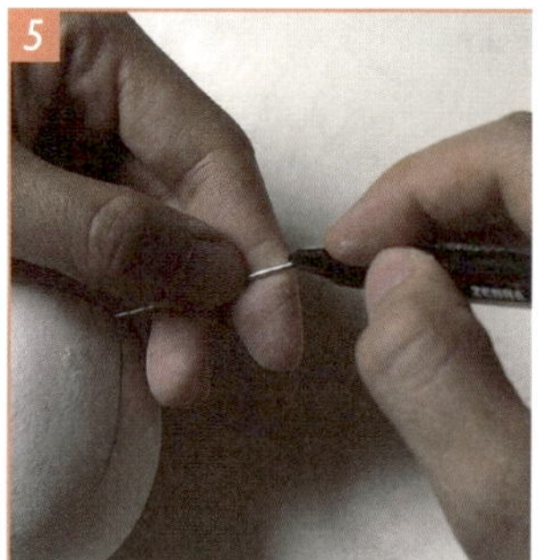

와이어의 정수리부분 위치에 펜으로 표시를 해 둡니다.

6

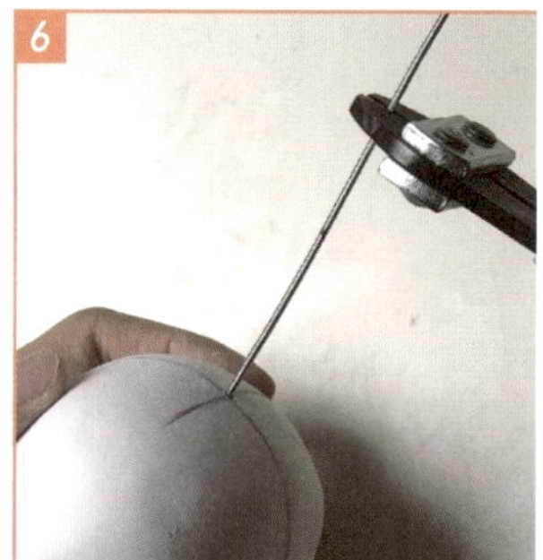

표시한 위치보다 2cm길게 자릅니다.

7

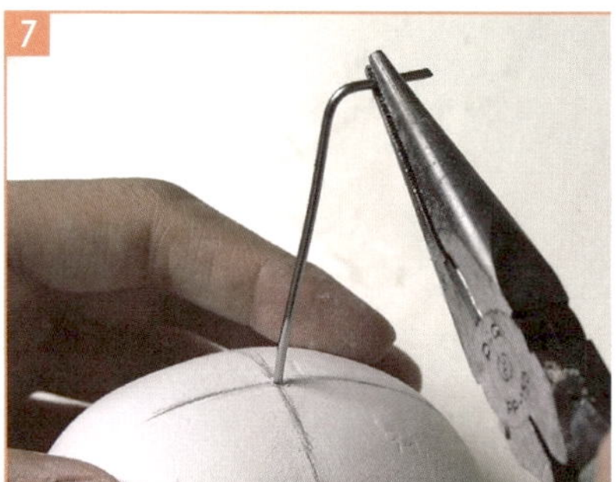

끝 1cm위치에서 직각으로 구부립니다.

8

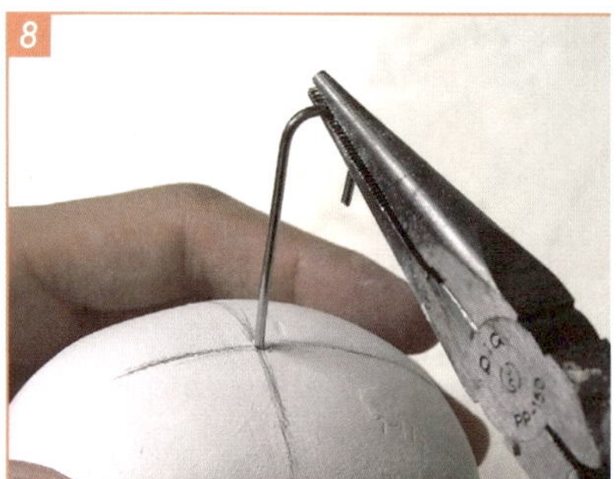

다음은 표시한 위치를 직각으로 구부립니다.

9

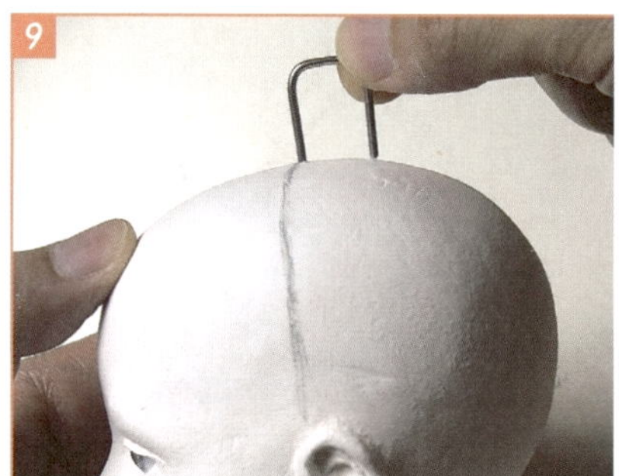

구부린 와이어를 찔러 넣습니다.

10

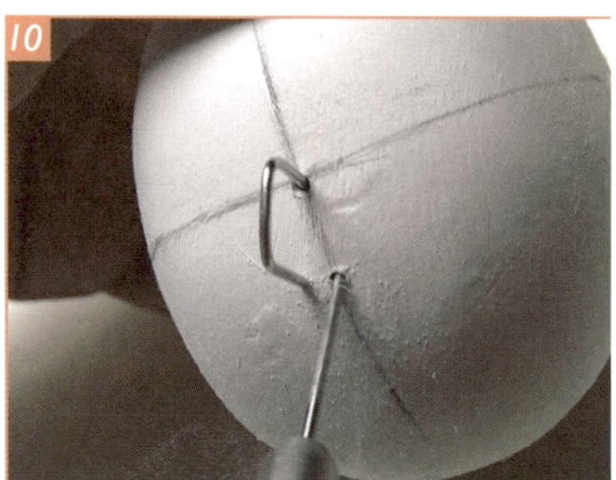

구부려진 와이어를 찔러 넣을 구멍을 뚫습니다. 2mm의 드릴 날의 루터를 사용해주세요.

11

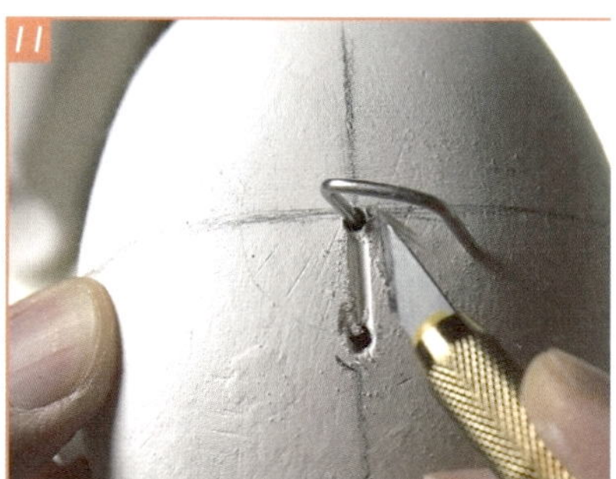

구멍과 구멍 사이에 디자인 커터로 도랑을 파서 와이어가 평평하게 들어가도록 합니다.

12

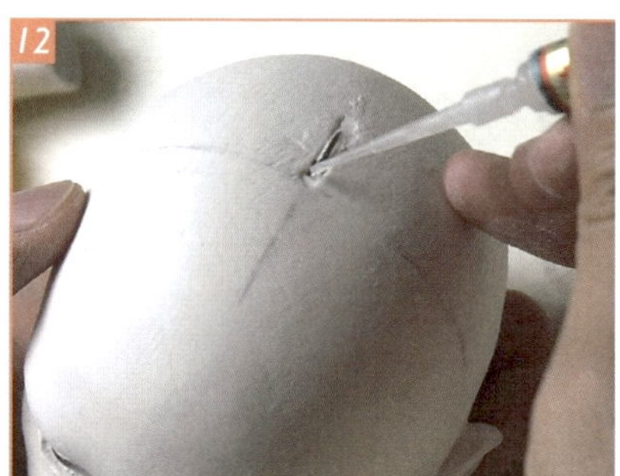

순간접착제로 고정한 후에, 점토를 붙여 표면을 정리합니다.

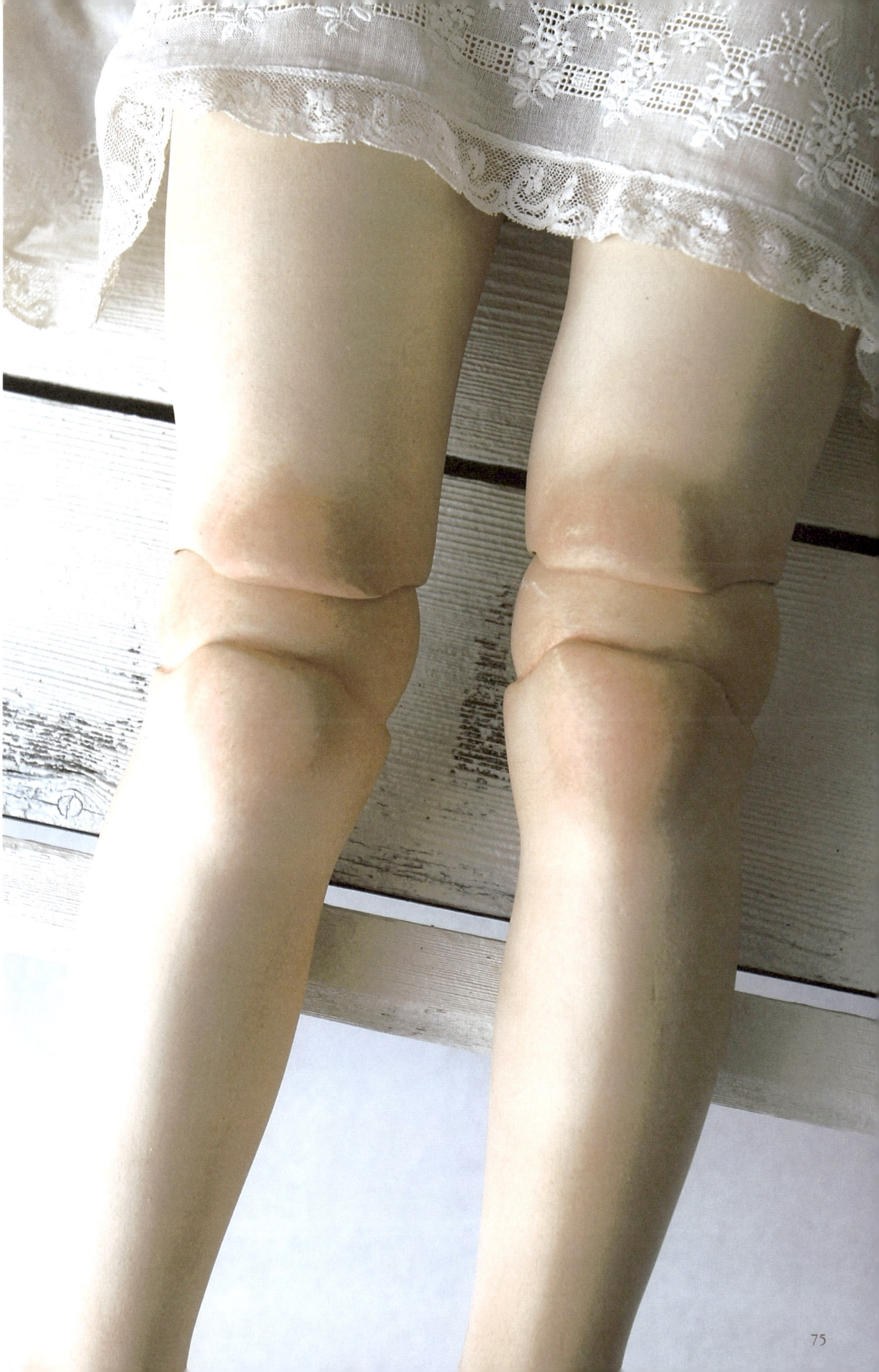

IV 조립

§5 연결

Joining

1. 고무줄 준비　2. 조립

각 파츠를 연결하여, 인형을 세워봅시다. 인형을 받침도 없이 세우는 것이 신기한지, 「발에 추가 들어있습니까?」라고 물어 봅니다. 제대로 데생이 된 인형은, 고정포즈인형도, 관절인형도, 자립이 가능합니다. 다만 관절인형의 경우는, 관절 만들기가 확실히 되어있어야 한다는 것이 조건입니다. 보조로써 스탠드를 사용하는 경우가 있더라도, 어디까지나 인형을 자립시킬 필요가 있습니다. 그럼 몸 내부에 고무를 통과시켜 세워보도록 합시다. 이번에는「4줄 엮임」이라는 종류의 고무를 사용하고 있습니다. 생고무는 노화가 빨라서 바로 끊어져버리므로 천으로 감싸인 고무를 사용해주세요.

† 준비물

• 스티로폼 구 • 스테인리스 와이어#18 • 펜치

1» 고무줄 준비

prepare elastic string

고무줄 걸쇠

손목, 발목에 고무를 걸 고리를 만들 때 사용했던, #18정도의 굵기의 와이어로 고무걸쇠를 만듭니다. 몸의 길이보다 20cm정도 길게 잘라 둡니다. 한쪽 끝을 S자 고리처럼. 라디오펜치를 사용하여 고무줄이 걸리기 쉽도록 갈고리 모양으로 구부립니다.

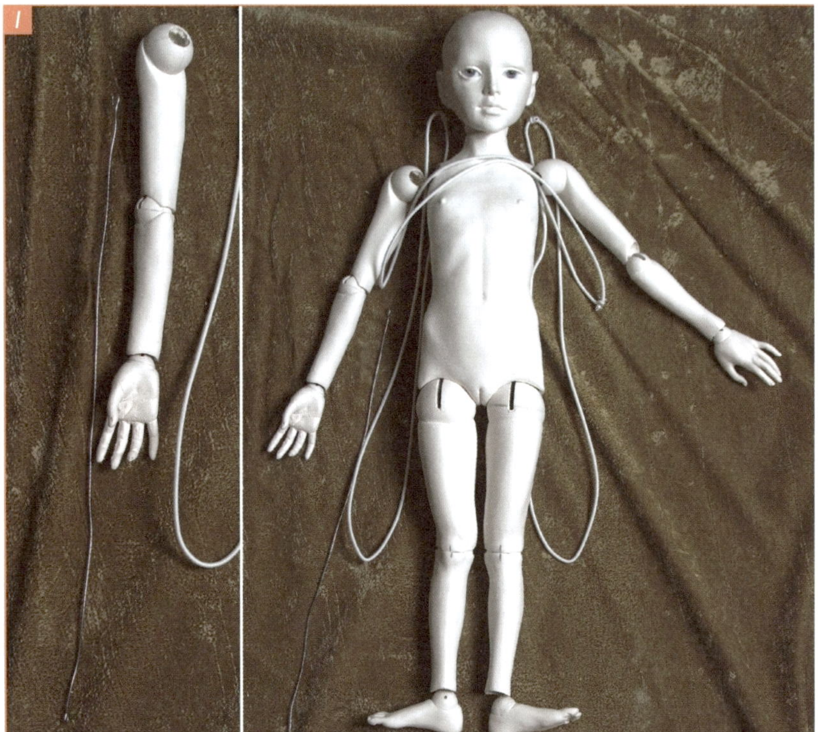

우선 사진 왼쪽과 같이 고무줄 걸쇠를 만듭니다. 다음은 팔 · 다리를 연결할 고무줄을 준비합니다. 팔은 팔꿈치부터 반대쪽의 팔꿈치까지의 길이의 두 배를 연결한 링이 됩니다.

2

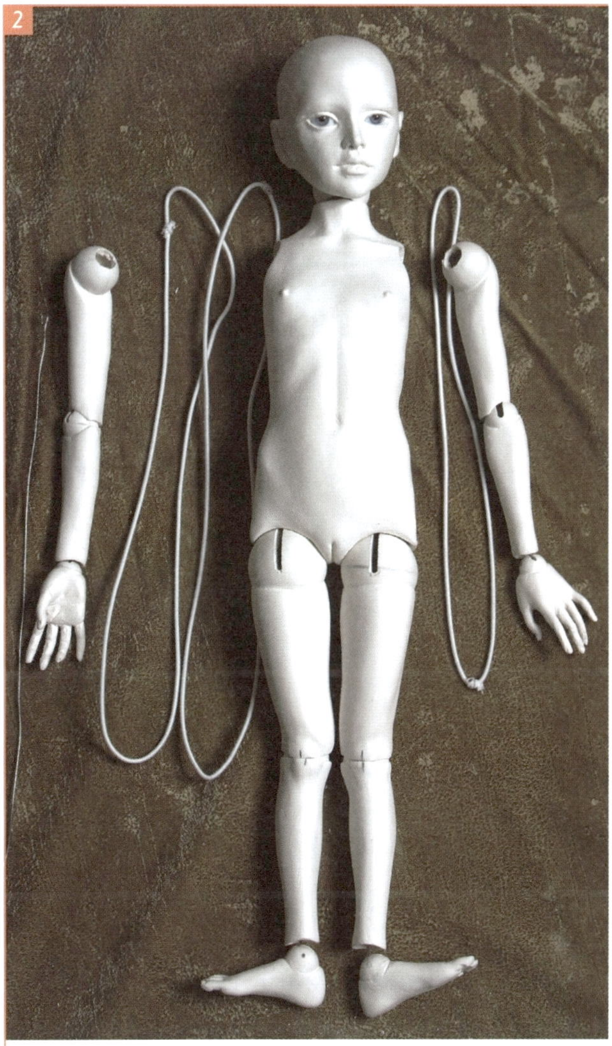

다리를 연결할 고무줄은, 머리중앙에서 무릎까지의 길이의 2배를 연결해 링으로 해 둡시다. 양쪽 다리의 긴 고무가 2개, 팔 사용 분으로 조금 짧은 고무가 1개가 필요합니다.

2»

조립

construction

1

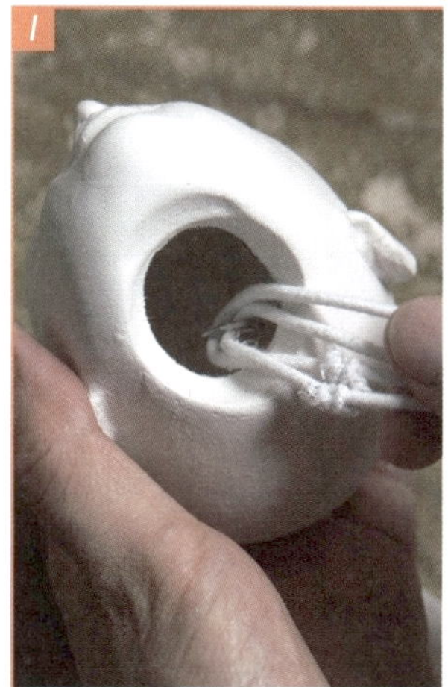

머리의 고리에 다리를 연결할 두 줄의 고무줄을 걸어 둡니다. 매듭은 관절의 도랑을 통과하지 못하기 때문에 머리통 속에 넣어 둡시다.

2

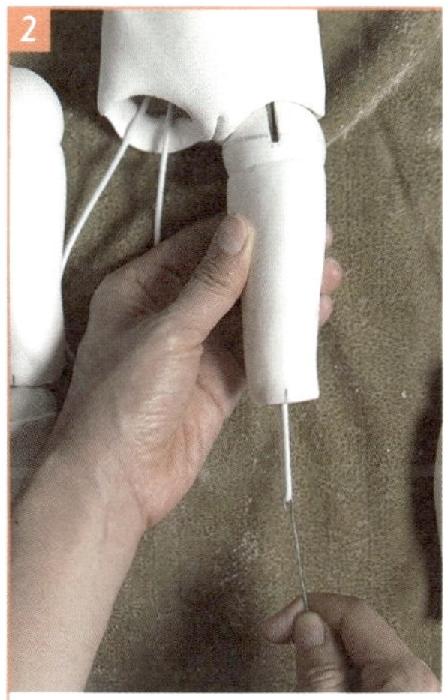

머리부터 다리까지 연결합니다. 양 다리모두 각각, 고무의 끝을 고무줄 걸쇠의 고리에 걸어 몸, 대퇴부를 통과시킵니다.

3

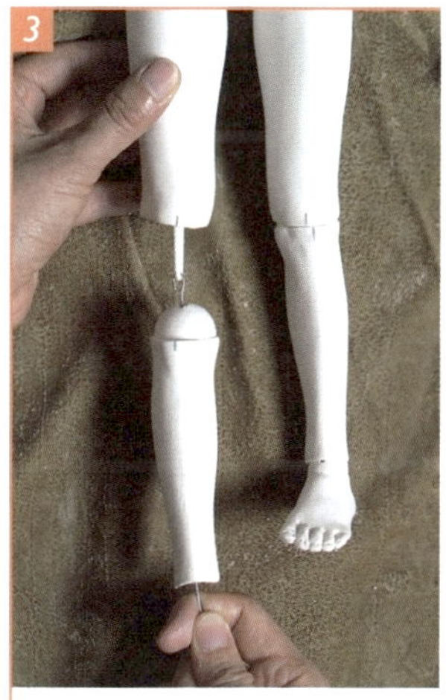

정강이부분을 통과합니다.

4

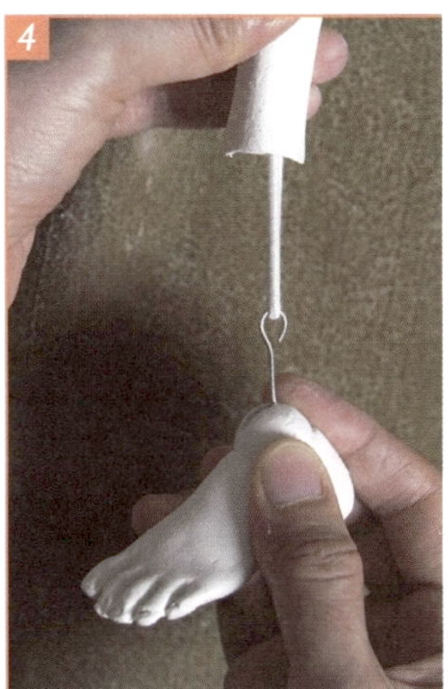

마지막으로 발목의 고리에 고무줄을 걸어 둡니다. 다른 쪽 다리도 연결합니다.

5

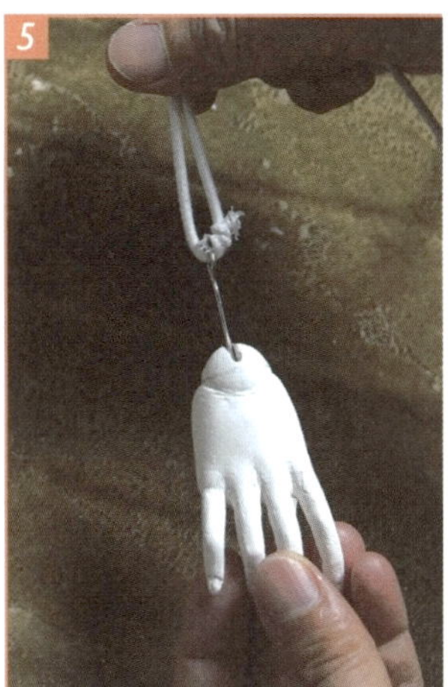

팔은, 하나의 고무줄로 양팔을 연결합니다. 고무의 매듭을 한쪽 손목의 고리에 걸어둡니다.

6

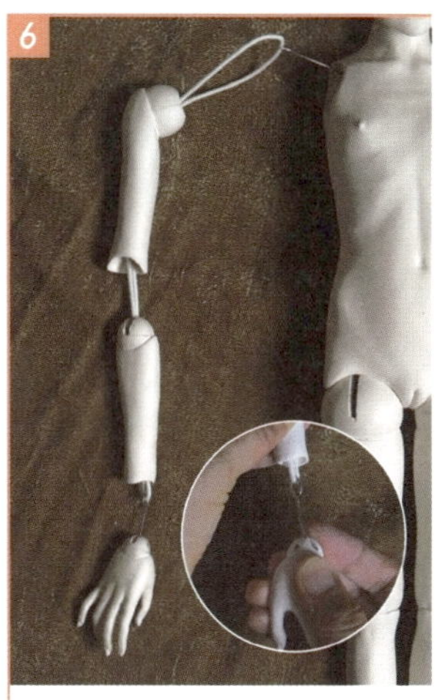

발과 같은 요령으로 고무를 당겨 좌우의 팔 파츠를 몸에 끼워 연결하고, 반대쪽의 손목에 걸어 둡니다.

Advice

이상으로 인형의 각 부분이 조립되었습니다. 인형을 반듯이 해서 세워보세요. 받침 없이 서거나 앉을 수 있으면 합격입니다. 관절이 어긋나거나 흔들림이 있으면, 인형의 자세가 불안정하기 때문에 자립할 수 없습니다. 또, 전체를 연결해 보면, 위화감이나 부자연스런 부분도 보입니다. 다음 과정(도색)을 향해서 최후의 조정을 합시다!

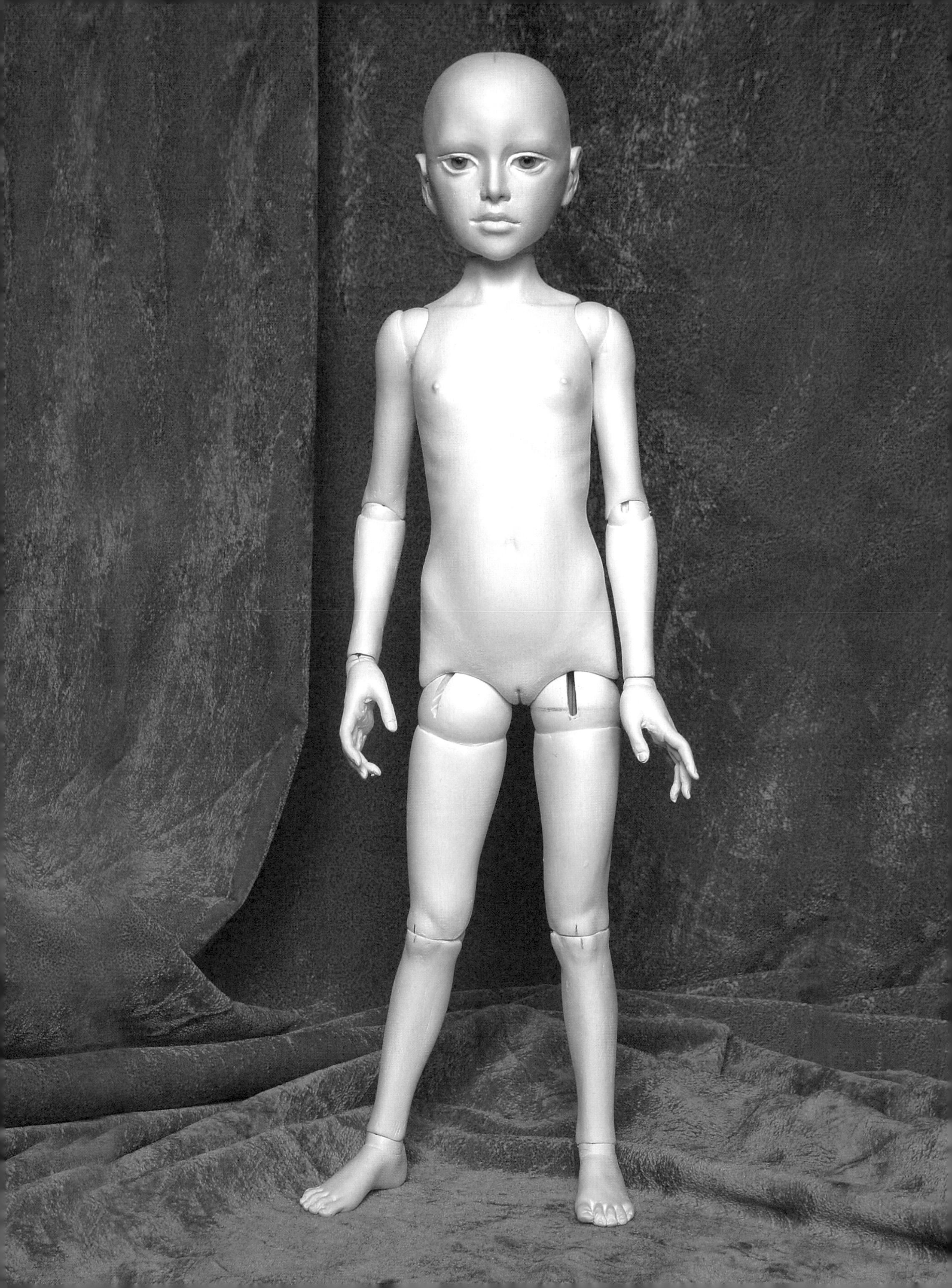

Chapter V

도색

Painting

§1 밑칠하기

Foundation coating

1. 천으로 닦기 → 2. 모델링페스트 준비 → 3. 도색 (붓질)

앞장에서 한번, 인형을 조립해서 밸런스나 관절의 상태를 체크했습니다. 세세한 부분의 수정은 괜찮았나요? 점토 작업은 여기에서 종료하고 페인팅으로 들어갑니다. 우선 밑칠이 중요합니다. 밑바탕을 도색 하는데 사용하는 도료로써 대표적인 것은, 호분, 모델링페스트입니다. 여기에서는 우선 화방에서 구입이 간단하고 취급이 쉬우며, 튼튼한 밑바탕을 만들기 위해 초심자에게도 추천하는 모델링페스트를 사용합니다. 칠하는 방법으로는, 자택에서의 작업 등등. 주어진 조건에 따라 붓질도 좋겠지요. 밑칠하기는 점토 표면의 세세한 상처를 없애서나, 도료의 두께로 부드러움을 내거나, 조형을 보호하거나 물감의 발색을 효과적으로 하는 역할이 있습니다.

† 준비물

- 거름망(섬세한 망, 120매시-가루 입자의 크기를 나타내는 단위)
- 붓 • 천 • 막자 사발, 막자, (볼, 스푼으로 대용가능)
- 물감접시 • 수채물감 • 모델링페스트 • 제소(GESSO)·스푼

1» 천으로 닦기

wipe all parts

점토의 표면을 적셔진 천으로 닦아, 점토 표면의 섬유를 잠재워 놓습니다.

천으로 닦음으로써 표면을 매끄럽게 마무리하고, 또 눈에 띄지 않았던 사포상처도 구분하기 쉬워집니다.

각 파츠를 닦아놓은 순서대로, 나무젓가락을 사용하여 수숫단(볏단)에 꽂아 세웁니다. 도색 후에 건조시키는 준비가 됩니다.

수숫단(볏단)이 없을 경우는 굵은 철사 등으로 건조대에 걸어두어도 좋습니다.

2» 모델링페스트 준비

preparing of modeling paste

막자 사발에 모델링페스트 300cc를 덜어냅니다. 막자 사발, 막자는 볼이나 스푼으로 대용해도 좋습니다.

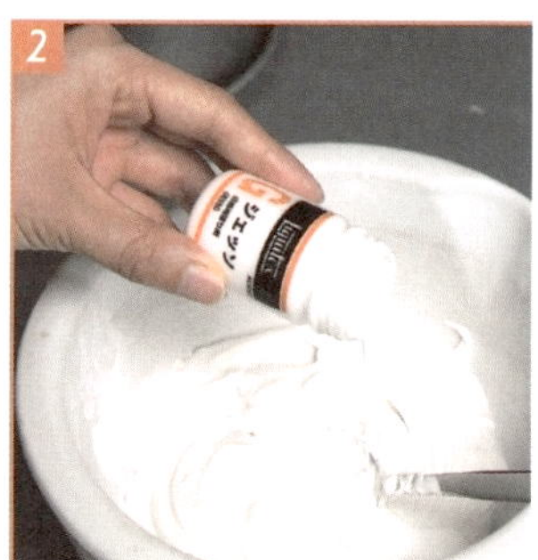

다음은 제소 50cc를 넣습니다.

3

물을 약 150cc 넣고 잘 휘저어 섞습니다.

4

덩어리가 없어지고 반드럽게 될 때까지 잘 섞어주세요.

5

아크릴 물감 또는 수채물감을 넣고, 기호의 베이스 색을 만듭니다. 각각의 색을 소량 혼합합니다.

6

수채물감의 카아민을 넣습니다.

7

접시에 물감을 덜어 잘 개어서, 조금씩 섞어 주세요. 색이 너무 진해지지 않도록 주의하세요.

8

다음은 수채물감의 옐로우 오우커를 소량 넣습니다.

9

조금씩 넣어서 정성스럽게 섞어줍니다. 이번에는 간단한 마무리를 하기 위해 밝은 색상으로 합니다.

10

도료의 색상이 정해지면 거름망의 용기에 옮겨 걸러냅니다. 도료 속의 덩어리나 불순물을 걸러낼 수가 있습니다.

3 »

도색 (붓질)

coating by brush

1

완성된 모델링페스트를 물감접시에 덜어 놓습니다.

2

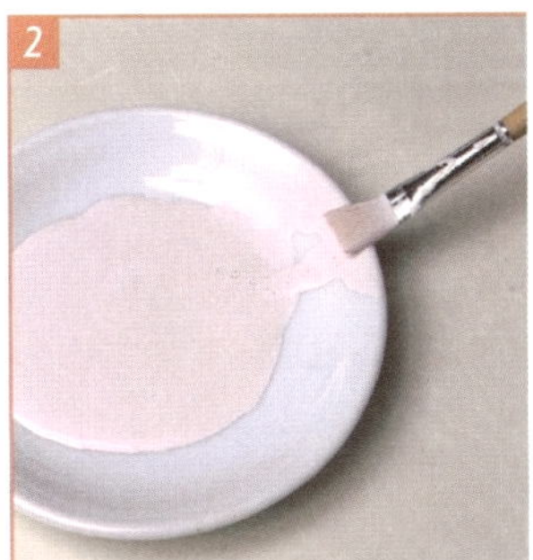

붓으로 도료를 묻혀 여분의 도료를 접시의 가장자리에서 훔칩니다. 붓은 부드러운 모로 사용하기 편한 납짝붓이 좋겠지요.

3

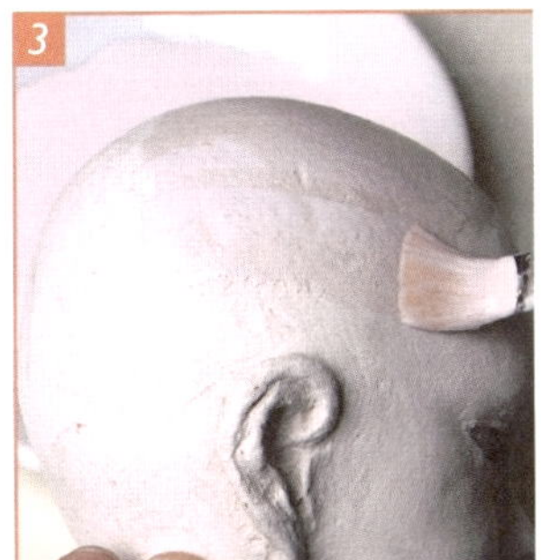

첫 회에는 점토 면에 도료가 확실히 묻히도록 발라 주세요.

POINT

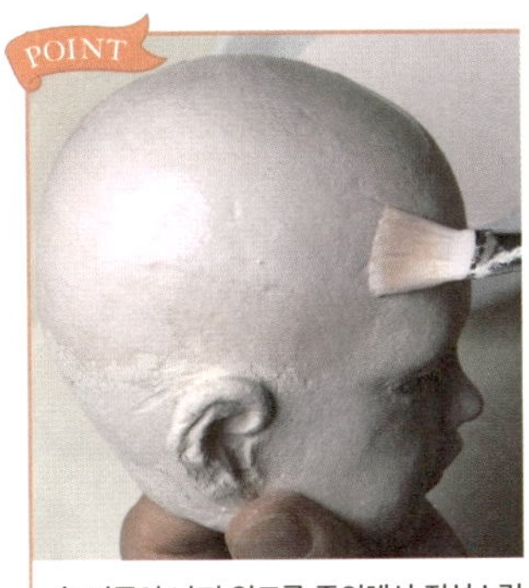

솔 자국이 나지 않도록 주의해서 정성스럽게 칠합니다. 도료의 농도가 진하면 붓 자국이 남기 쉽기 때문에 조정합시다.

4

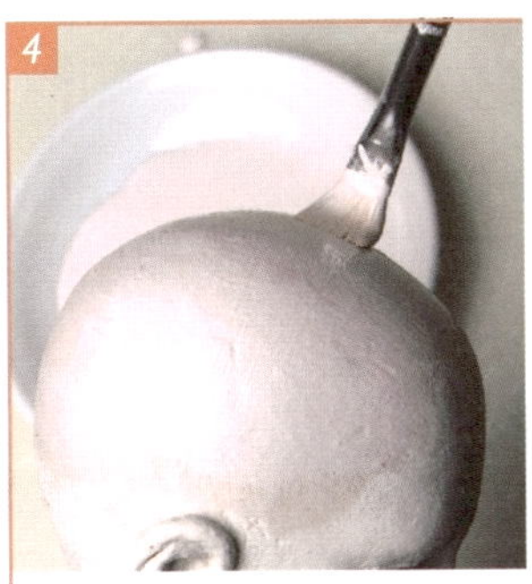

건조시킨 후, 칠을 4~5회 반복해서 확실하게 밑바탕을 만듭니다.

5

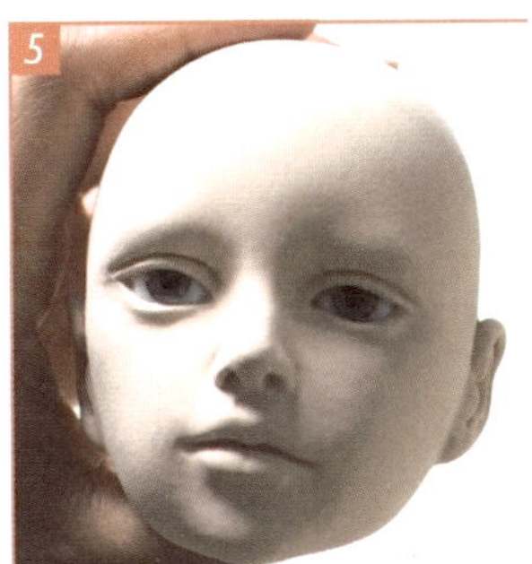

최종적으로 남은 솔 자국은 아주 고운 사포로 갈고 닦아, 물을 적셔서 꽉 짜낸 천으로 닦아서 마무리 합니다.

Advice

붓질은 갈고 닦는 작업이 많아 시간도 수고로움도 굉장히 걸립니다. 텍스처 표현으로 느낌을 내고 싶을 때에는 좋을 지도 모르겠습니다만, 부드러운 붓이 붓 자국이 남지 않습니다. 얇은 얼룩이 있는 도색이면, 위에 칠할 유화채색의 질감, 발색에도 영향을 끼칩니다.

§2 밑칠 하기(상급편)

Foundation coating (Advanced)

1. 호분 반죽 → 2. 호분을 믹서로 풀기 / 2. 호분을 막자 사발로 풀기 → 3. 도색 (스프레이 건) / 3. 도색 (붓질 p81 참조)

앞 절에서 자택에서도 작업하기 쉽고, 구입하기 쉬운 소재로써의 밑칠을 설명 했습니다. 그러나 저의 경우는, 도료로는 호분을 사용하고, 칠은 붓이 아닌 스프레이 건을 사용하고 있습니다. 호분은 인형의 피부 도료로써 일본에서는 예부터 사용되어 왔습니다. 히나닝교, 고가츠닝교, 이찌마츠닝교등, 장인들의 손에 의해 만들어진 인형피부의 대부분이, 조개분말인 호분과 아교(젤라틴질의 접착제)를 반죽한 도료에 의해 만들어 진 것입니다. (덧붙여 말하면 이들 일본인형은 호분을 두껍게 바른 뒤, 칼로 눈을 뚫어 열고, 코나 입을 조형하는「호분 조각」이라고 말할 수 있는 기법입니다.) 저는 밑칠만은 호분으로 칠하고, 덧칠은 복잡한 색상이 가능한 유화물감을 사용합니다. 호분에는 믹서로 푸는 방법과 막자 사발로 푸는 방법 두 가지가 있습니다.

† 준비물
- 호분
- 목공용 본드
- 거름망
- 막자 사발, 막자 (볼, 스푼으로 대용가능) 또는 믹서기
- 물감접시
- 수채물감
- 붓
- 스푼
- 물

1 »

호분 반죽

knead GOFUN (shell powder)

1

호분을 반죽합니다. 막자 사발에 적당량의 호분을 넣습니다.

호분 → P.94

최상급의 호분은 상자에 넣어진「水飛호분」이라는 결이 곱고 새하얀 고가의 것입니다만, 밑칠로는 적당하지 않습니다. 밑칠로는, 비교적 입자가 거친 호분을 사용해서 튼튼하고 두꺼운 막을 만드는 것으로, 소재의 보호나 피부의 질감을 부드럽게 할 수가 있습니다.

2

이번에는 인형의 크기로 큰 스푼 3스푼의 목공용 본드를 호분에 넣습니다. 목공용 본드는 아교대용입니다.

3

호분 액이 완성되는 양은 본드의 양으로 결정합니다. 본드 큰 스푼으로 한 스푼은 약 40~50g정도 입니다.

아교

이번 해설에서는 접착제로서, 취급이 용이한 목공용 본드를 사용합니다. 아교는 저온에서 굳어져 버리기 때문에 겨울에는 중탕하면서 사용하는 수고스러움이 있고, 또 엉성하게 사용하면 갈라짐이 생길 수도 있어, 사용하는 정도의 숙련을 필요로 합니다.

4

막자를 본드에 담가서, 띄우는 것처럼 회전시켜, 본드와 호분이 뒤얽히도록 하여, 어느 정도 섞일 때까지 돌려줍니다.

5

이때 힘을 너무 넣으면 본드가 뿔뿔이 흩어져 버립니다. 섞어서 한 덩어리 상태가 되도록 해 주세요.

본드에 호분이 섞여서 덩어리 상태가 되면, 떡방아 찧는 요령으로 호분의 분말을 덩어리에 찧어 넣습니다.

둘로 접어서 또 호분을 찧어 넣는 작업을 반복해서, 호분을 반죽해 갑니다.

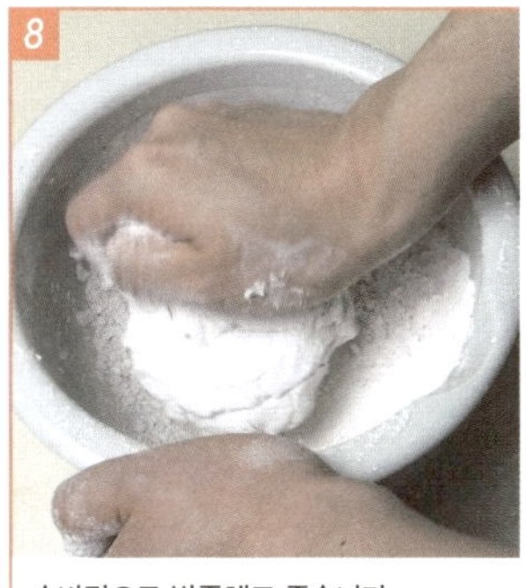

손바닥으로 반죽해도 좋습니다.

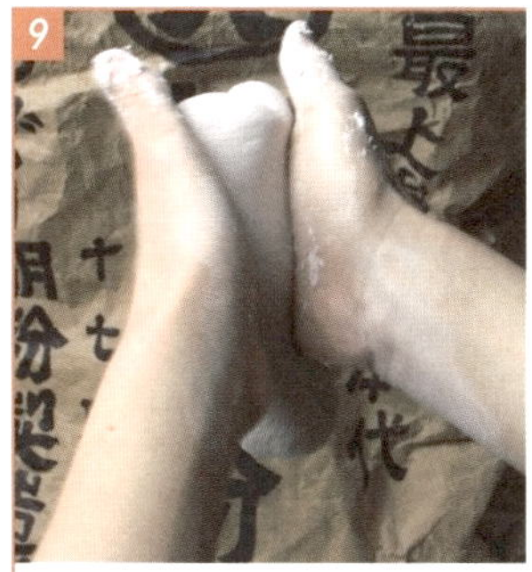

어느 정도 반죽할 수 있다면, 양손으로 돌려 늘립니다.

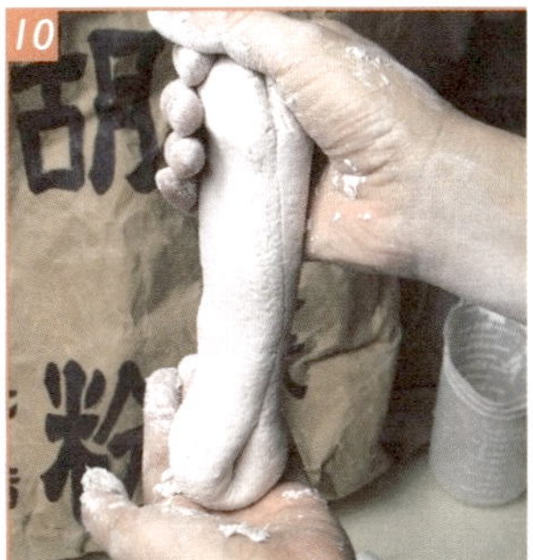

사진처럼 늘리면,

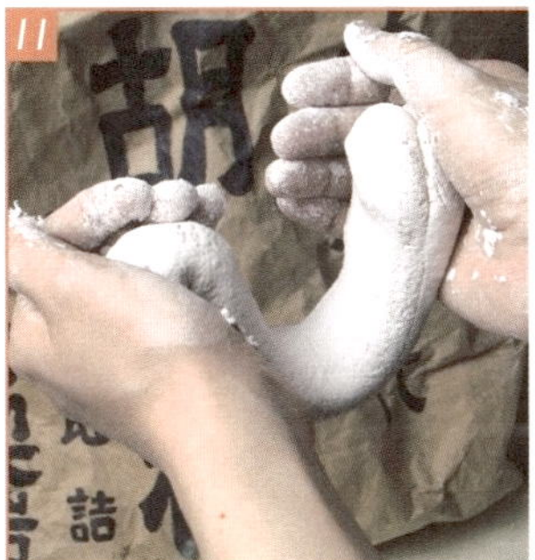

둘로 접어서

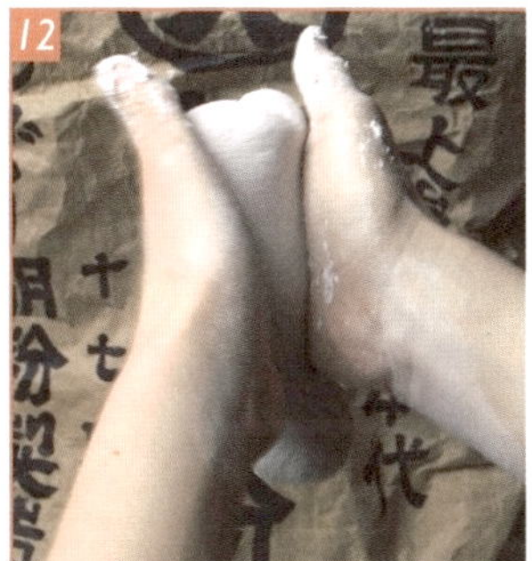

다시 양손으로 돌려 늘립니다. 이것을 반복합시다.

꾹 힘을 넣어 호분 덩어리를 쥐어서 손가락에 달라붙는 것 같으면, 접착제가 많고 호분이 부족한 상태입니다.

더욱 더 호분을 넣어 찧어 반죽한 후에, 손에 달라 붙지 않을 때까지 잘 반죽해 주세요.

2»

호분을 믹서기로 풀기

dissolve GOFUN in a blender

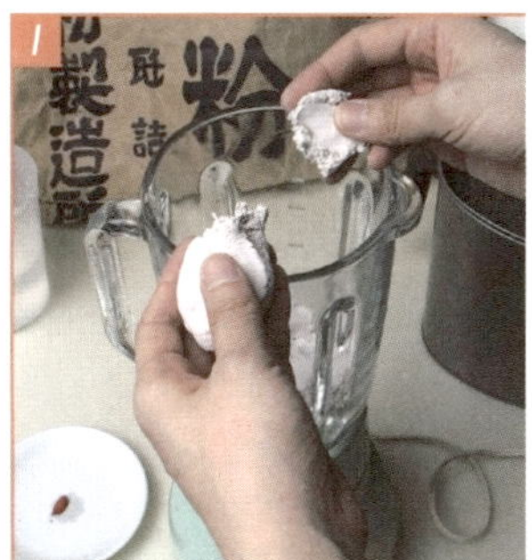

믹서기를 준비합니다. 반죽이 끝난 호분 덩어리를 조금씩 떼어서 믹서기에 넣습니다.

뜨거운 물(50℃ 정도)을 넣고 믹서기를 2~3분 돌려, 크림상태의 액상을 만듭니다.

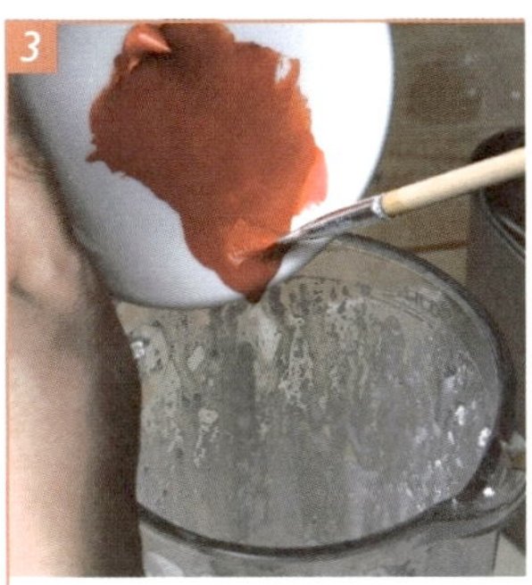

물감접시에 수채물감을 풀어서, 소량씩 섞습니다.

한번에 많은 물감을 넣지 않도록 신경 써 주세요. 소량이라도 꽤 진한 색이 나옵니다.

조금씩 물감을 넣고는 믹서기를 돌려 섞고, 좋아하는 색을 만들어 주세요. 색이 너무 진하지 않도록 주의해 주세요.

포타주 수프처럼 걸죽한 상태의 농도로 해 주세요.

6

거름망 용기(세밀한 거름망 120매시) 을 사용해서 호분 액을 걸러서 불순물을 걸러내 주세요.

Advice

믹서기를 사용해서 풀면, 간단합니다만, 기포가 생기기 쉬우므로, 페인팅 할 때에는 스프레이 건을 사용합시다. 호분은 붓질로도 도색이 가능합니다. 그 경우에는 기포를 만들고 싶지 않기 때문에, 막자 사발을 사용해서 풀어 주세요.

2» 호분을 막자 사발로 풀기

dissolve GOFUN in a mortar

1

호분 덩어리를 적당한 크기로 찢어서 막자 사발에 넣습니다. 뜨거운 물에 10분 정도 담가서 부드럽게 되기를 기다립니다.

2

뜨거운 물을 전부 버립니다. 막자로 두드리거나, 돌려서, 덩어리를 으깨어 놓습니다.

3

액상이 될 때까지 계속합니다.

4

스푼으로 조금씩 뜨거운 물을 더해가며 섞어 줍니다.

5

크림 상태의 액상으로 완성합니다.

6
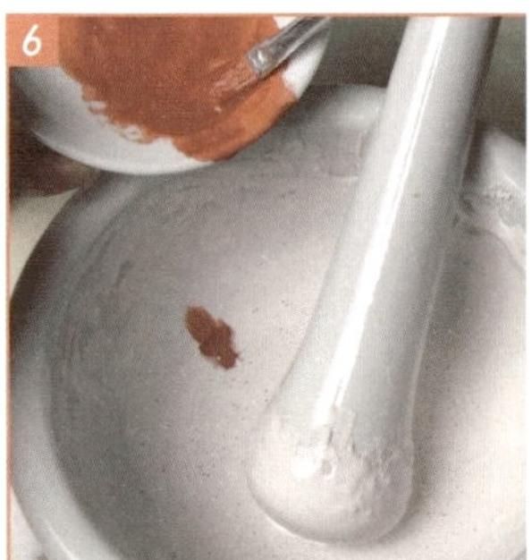

수채물감을 섞어서 기호의 색을 만듭니다.

7
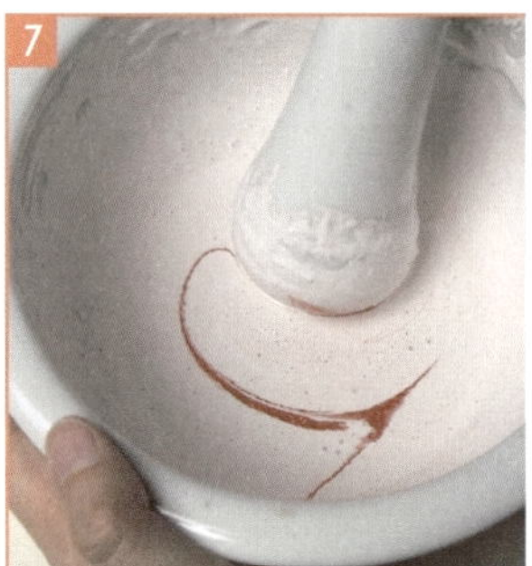

조금씩 섞어서 너무 진하지 않도록 주의합시다.

8

거름망 그릇에 호분 액을 걸러서 불순물을 걸러내면 완성입니다.

3» 도색 (스프레이 건)

coating by spraygun

스프레이 건

→ P.94

스프레이 건은 대단히 고가입니다만, 인형도색으로는 가장 잘 어울립니다. 도료는 모델링페스트나 호분 둘 다 좋습니다. 스프레이건의 노즐은 1.0mm을 사용합니다. 0.3mm정도의 에어브러시는 바로 막혀버립니다. 작업은 반드시 환기가 좋은 장소에서 사용합시다.

1

인형교실의 도색 스페이스는, 가정용 부엌 환풍기 아래에 나무 판이나 종이상자로 둘레를 만든 간이 장소입니다.

2

밑칠에 사용하는 도료 (모델링페스트나 호분)는 너무 얇아지지 않도록 풀 같은 포타주 수프와 같은 농도로 사용합니다.

3
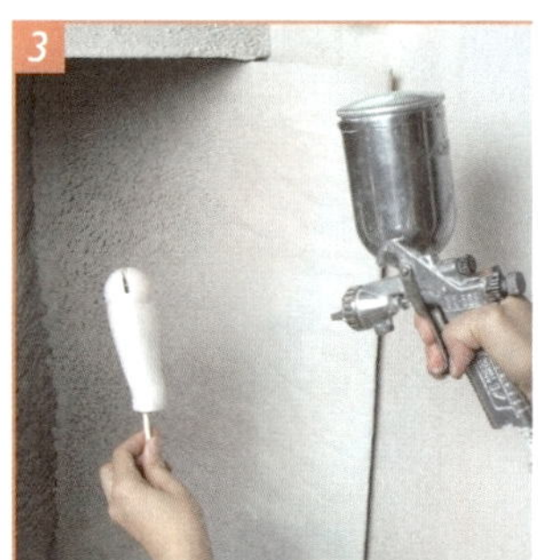

우선 칠할 파츠로부터 20~30cm 떨어져서 위에서 아래로 스프레이 건을 움직여서 칠합니다.

4

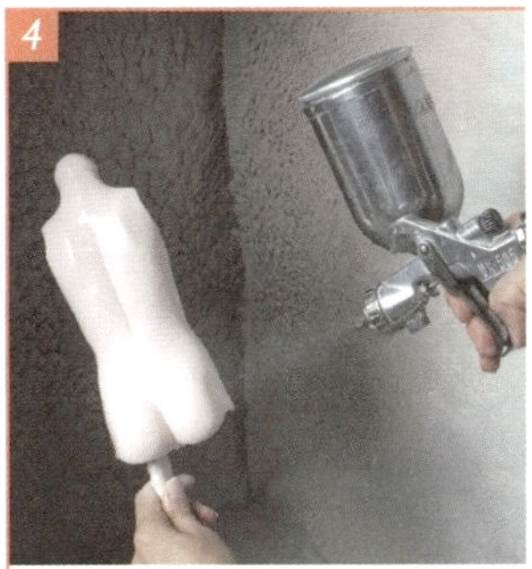

파츠를 조금씩 회전시켜 또 칠합니다. 한 번 회전시켜 측면이 칠해지면 상하 방향으로도 뿌려 줍니다.

5

칠하지 않는 곳이 없도록 각 방향에서 뿌려줍시다. 각 파츠를 순서대로 칠하고는, 수숫단(볏단)에 꽂아 건조시키는 것을 반복합니다.

6

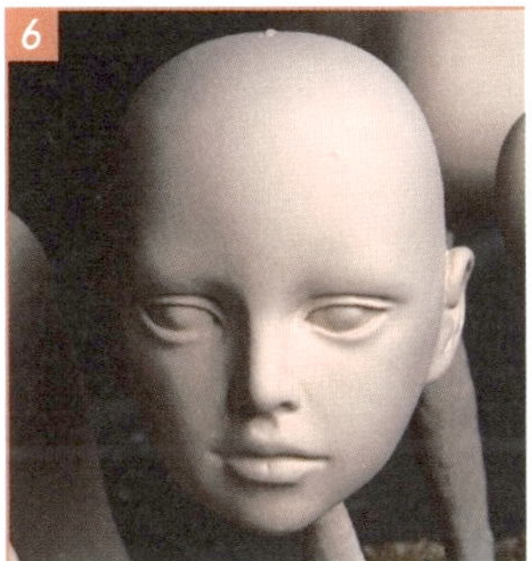

각 파츠, 4~5회 겹쳐 칠하여 부드러운 두께 감이 나오도록 해 주세요.

7

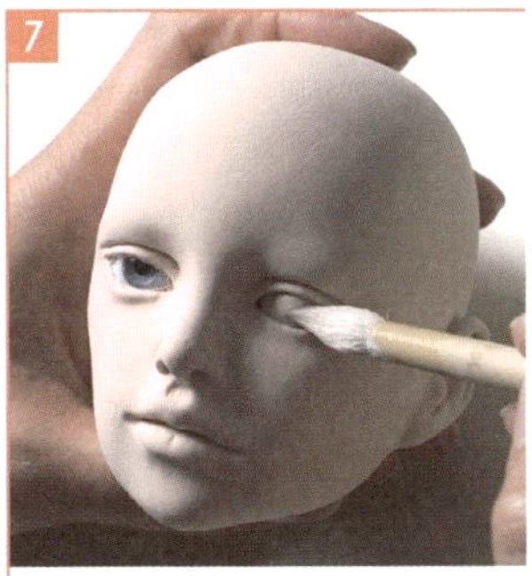

안구 부분에 발라진 도료는 붓을 사용하여 물을 발라 부드럽게 합니다.

8

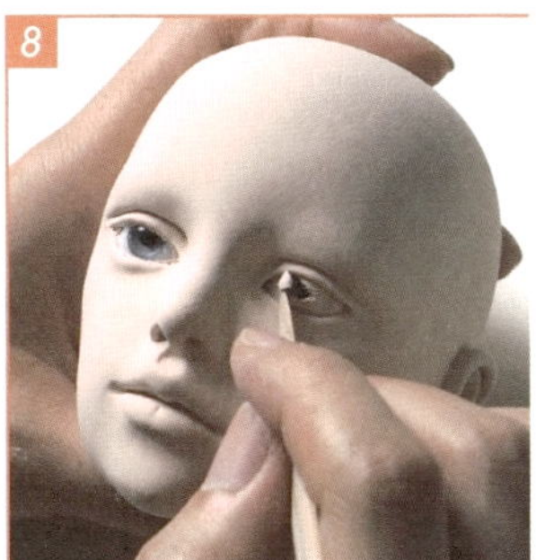

물로 불어난 도료는 대나무헤라로 떼어 냅니다.

9

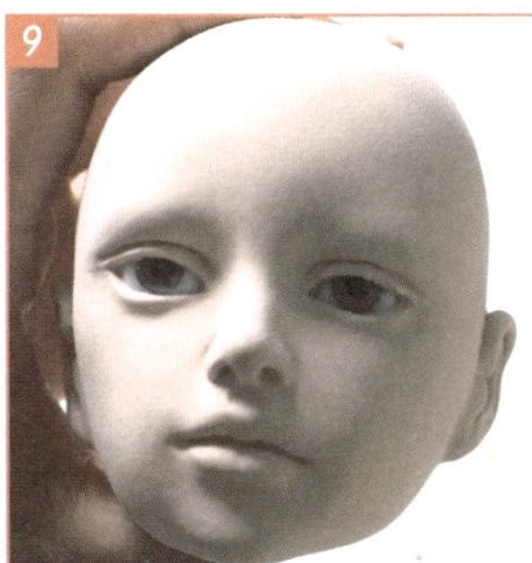

도료를 흘리거나, 거칠게 까슬까슬한 부분, 붓 자국 등은 사포로 조정해 주세요.

Advice

매끄러운 표면으로 마무리하려면, 도료가 표면에 고여 막이 되어있는 상태로 칠하는 것이 베스트입니다. 그 스레이건이 너무 가깝다거나 양이 너무 많으면, 흘러서 늘어지거나 공기바람자국이 생깁니다. 반대로 너무 떨어져서 스프레이 양이 적으면 까슬까슬한 피부가 됩니다. 붓으로 칠하는 경우와 같이, 얇게 얼룩이 있는 페인팅은, 덧칠하는 유화의 질감 · 발색에 영향을 끼칩니다. 확실하게 반복해서 칠하도록 합시다.

§3 피부 표현

Create skin

1. 물감 혼합하기 | 2. 밑색 칠하기 | 3. 색조 입히기 | 4. 세부 채색

피부색은 어떤 색일까? 새삼스레 자신의 피부를 관찰하면 대단히 복잡합니다. 피부의 표면만 보아도 그을린 부분, 그렇지 않은 부분은 다릅니다. 피부 속에는 혈관이나 지방, 더욱이 인종에 의한 색, 질감의 차이도 있어서「피부색」으로 한가지 물감을 칠하는 것만으로는 너무 단순하다고 생각합니다. 인형의 피부를 만드는 이상 밑색 만드는 법, 물감의 색을 겹치는 방법 등을 궁리하면, 한결같지 않은 개성적인 피부를 만드는 것이 가능합니다. 점토인형에는 파스텔, 수채, 아크릴, 유화 등의 물감을 사용할 수 있습니다만, 여기에서는, 유화를 사용해서 피부채색을 해 봅시다. 앞 절에서는 밑칠을 했습니다만, 밑칠의 색에 의해 채색의 색도 변화해 갑니다. 이번에는 조금 창백한 투명 감이 있는 피부로 마무리 해 봅시다.

† 준비물
- 유화물감
- 용해유
- 스폰지
- 붓
- 종이팔레트
- 팔레트나이프

1» 물감 혼합하기

blend colors

1 물감접시에 소량의 용해유 (페인팅오일)을 준비하고, 종이팔레트에 물감을 덜어 냅니다.

물감 → P.94

사용한 물감은 rose grey (로즈 그레이), mist green (미스트 그린), foundation white (파운데이션 화이트)의 1-day-dry (속 건성의 유화물감), raw sienna (로 시에나), raw umber (로 엄버), Davy's grey (데이비스 그레이) 입니다. 어디까지나 참고로 해 주세요.

2 우선 화이트에 로즈 그레이를 혼합해서 짙은 핑크를 만듭니다. 전신에 칠할 양을 만들기 때문에, 팔레트나이프로 섞어 주세요.

3 물감의 퍼지는 정도를 확인하면서 페인팅 오일을 섞습니다. 너무 넣으면 광택이 강해지고, 건조도 느려집니다.

4 다음은, 창백함을 내기 위해 미스트 그린과 화이트, 그리고 페인팅오일을 혼합합니다.

2» 밑색 칠하기

put the foundation

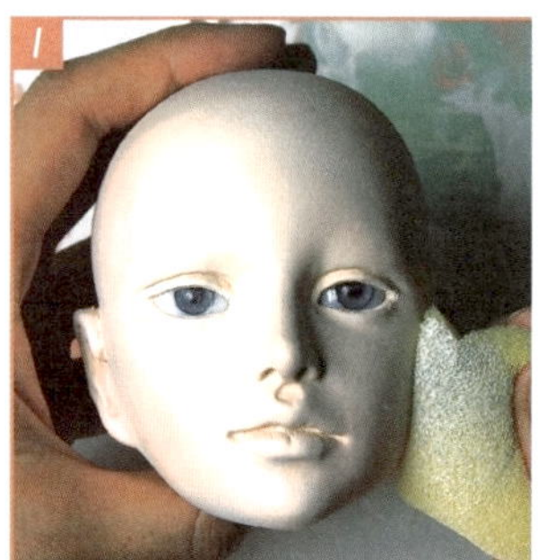

1 밑색으로서, 만들어진 물감의 그린계를 스폰지로 바릅니다. 가볍게 두드리도록 하면서 엷게 펴 바릅니다.

스폰지

스폰지는 수공예 점에서 팔고 있는 쿠션용을 사용하기 편한 사이즈로 잘라서 사용합니다. 화장용의 스폰지도 좋습니다.

2

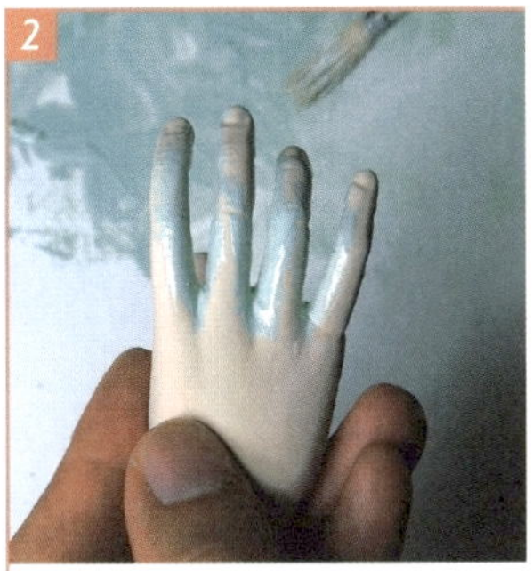

손가락, 발가락의 사이나 관절의 틈 등, 세세한 부위는 맨 처음 붓으로 바릅시다.

3

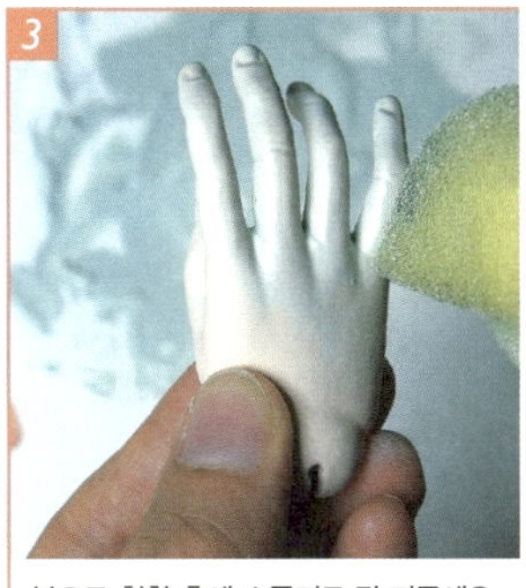

붓으로 칠한 후에 스폰지로 잘 펴주세요.

4

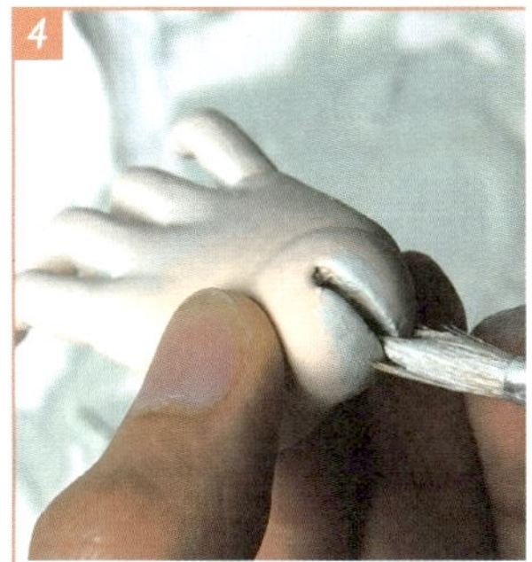

관절의 도랑도 같은 방법으로 붓으로 칠한 후, 스폰지로 펴 주세요.

Advice

밑색이 들여다 보이도록 합시다. 두껍게 발리지 않도록 주의해서 강약을 주도록 하세요. 색을 덧 입힐 때, 다음 색을 입혔을 때를 생각하며 칠해갑니다. 밑색이기 때문에, 이 단계에서는 아직 인간의 피부색과는 동떨어져 있어도 상관없습니다.

3 »

색조 입히기

put the colors

1

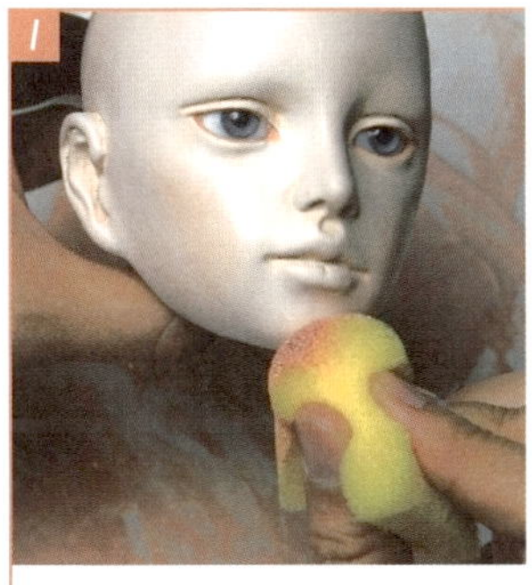

붉은 색을 입혀서 피부의 혈색을 재현 합니다. 로즈그레이와 화이트를 섞은 핑크를 그린과 같은 요령으로 칠합니다.

2

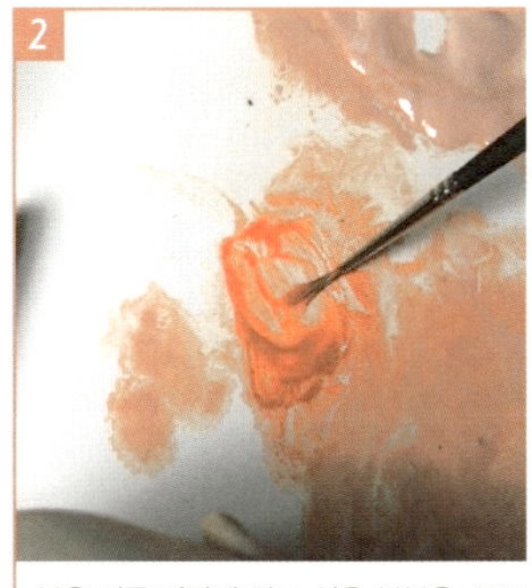

붉은 기를 강하게 하고 싶은 부분은, 로즈그레이의 물감을 직접 (화이트와 섞지 않도록!) 펴서 바릅니다.

3

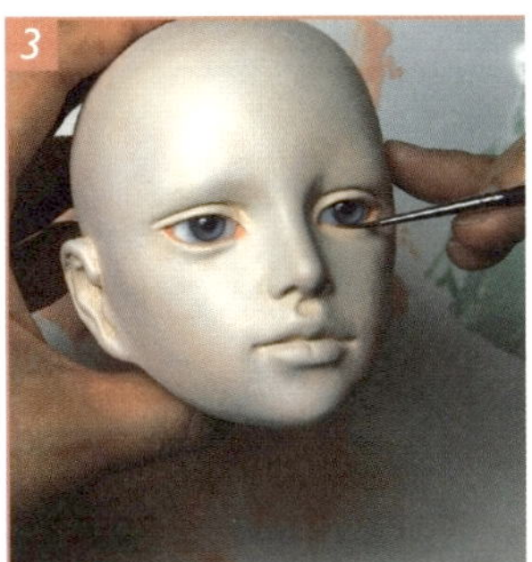

붉은 기를 강하게 하고 싶은, 눈, 볼, 턱, 가슴, 엉덩이, 무릎, 팔꿈치, 복사뼈, 손가락 끝에 혼합되지 않도록 로즈그레이를 바릅시다.

4

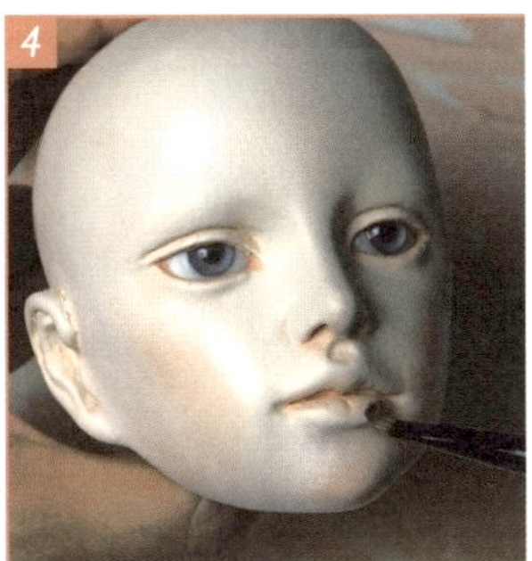

섬세한 부분은, 붓으로 경계를 펴 바르면서 자연스런 느낌으로 조정해 주세요.

5

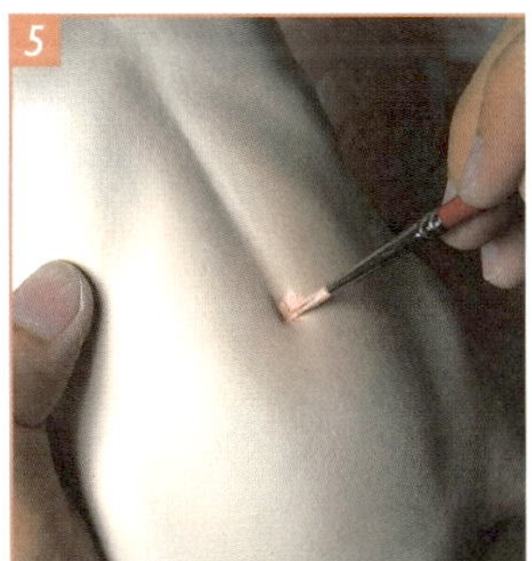

같은 방법으로, 붉은 기를 강하게 하고 싶은 배꼽부분도 직접 로즈그레이를 바르고, 붓으로 색을 날려주세요.

6

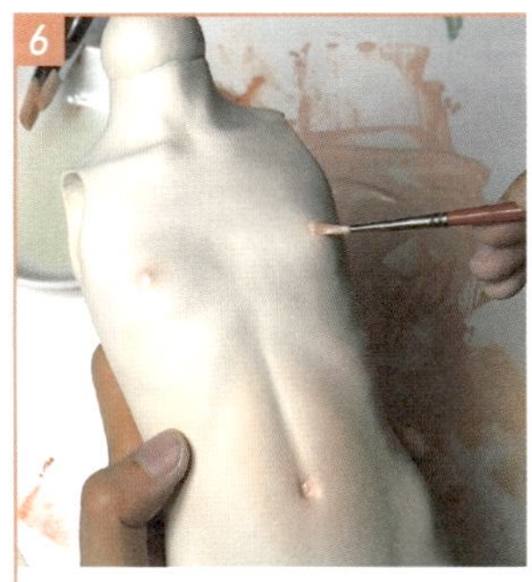

가슴도 같은 요령으로 칠합시다.

7

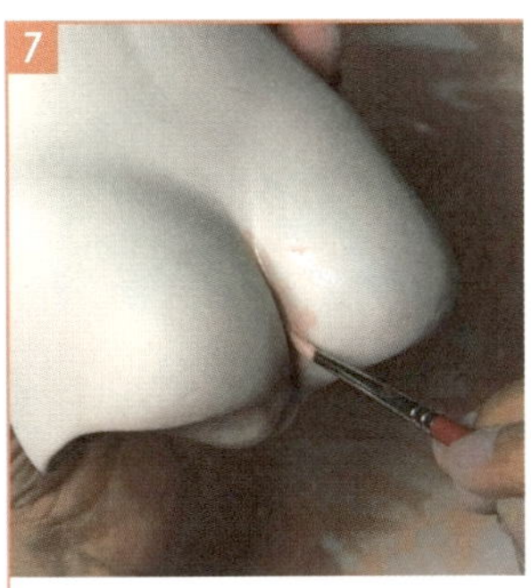

그림자 지는 부분도 해 주세요.

8

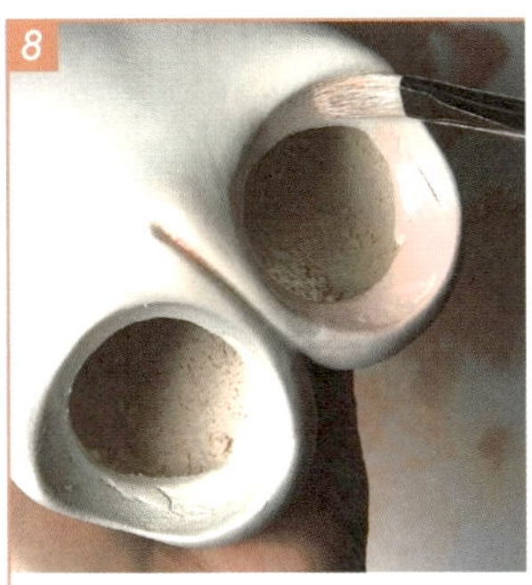

장소에 따라 도구를 분리해서 사용합시다. 관절의 받침은 평붓을 사용하면 편리합니다.

9

면적이 넓은 부분은 스폰지로 경계를 흩뜨리면서, 자연스런 느낌으로 해 주세요

POINT

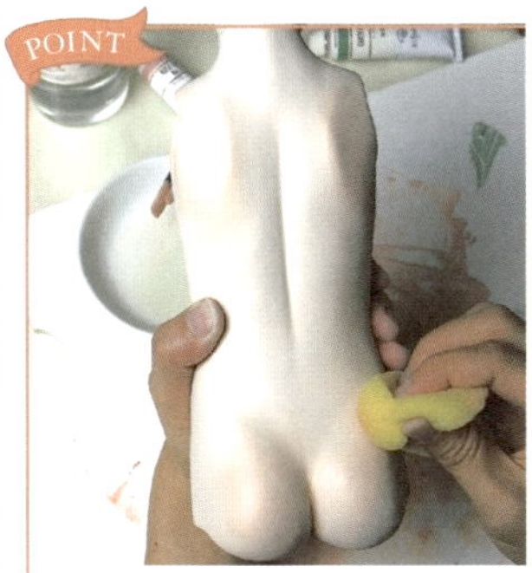

앞에서 칠한 색과의 밸러스를 고려하여, 창백함을 남기고 싶은 부분은 색을 약하게 겹쳐가면 좋겠지요.

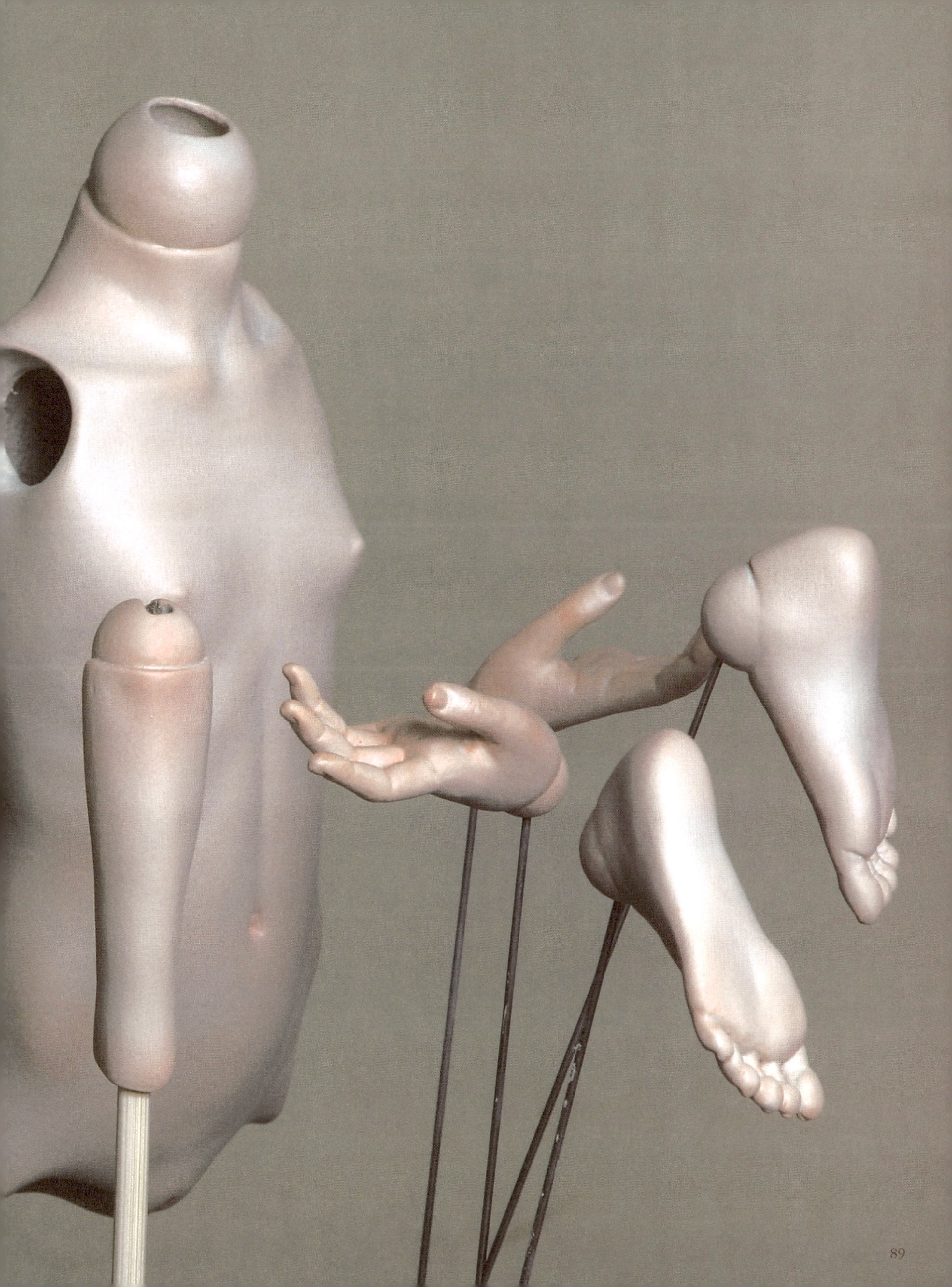

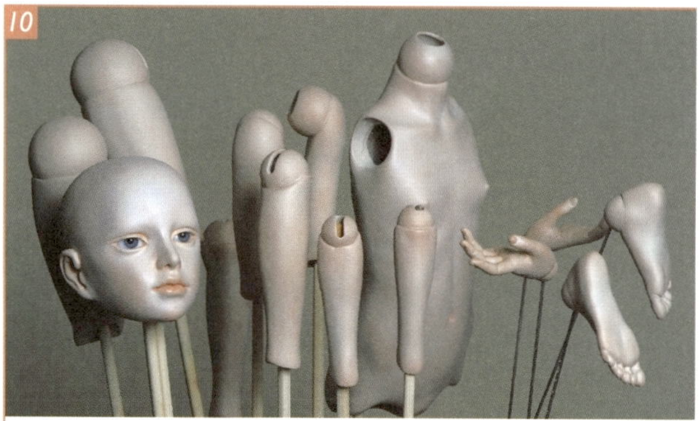

채색이 잘 되었다면 건조시킵니다.

Advice

처음으로 유화를 사용하는 분은 특히, 그린계를 바른 후 확실하게 건조시킨 후 핑크계열을 발라 주세요. 속 건성의 화이트를 사용하고 있기 때문에 보통은 1~2일에 마른다고 생각합니다. 속성건조제를 섞어도 좋습니다. 유화는 사용하는 법에 따라 여러 가지 표현을 할 수 있는 물감입니다만, 이번에는 어디까지나 인형피부색의 표현입니다. 얇게 펴서 사용하는 것을 마음에 새겨두세요. 두껍게 칠하거나, 오일을 너무 섞었다면 건조하는데 긴 시간이 필요하게 되고, 그에 동반하여 금이 가는 등의 장해가 일어날 수도 있기 때문에 주의합시다.

피부색 만들기

물감으로 인간의 피부를 재현하는데, 과거 위대한 화가들의 신기(神技)와 같은 작업은 매우 참고가 됩니다. 레오나르도. 다 빈치, 라파엘로, 르느와르, 에곤실레……인간을 그린 화가들은 각자가 생각하는 피부를 표현하는데 고민했다고 생각합니다. 유화 물감은 엷게 사용하면 밑색의 색이 들여다 보이는 물감이기 때문에 색을 겹치는 것으로 미묘한 피부표현이 가능합니다. 투명감을 내기 위해 청, 녹, 자, 적 등의 색으로 밑 색을 칠할 수도 있습니다. 이러한 고안을 취해 오리지널의 피부색을 만들어 갑시다.

4» 세부 채색

paint details

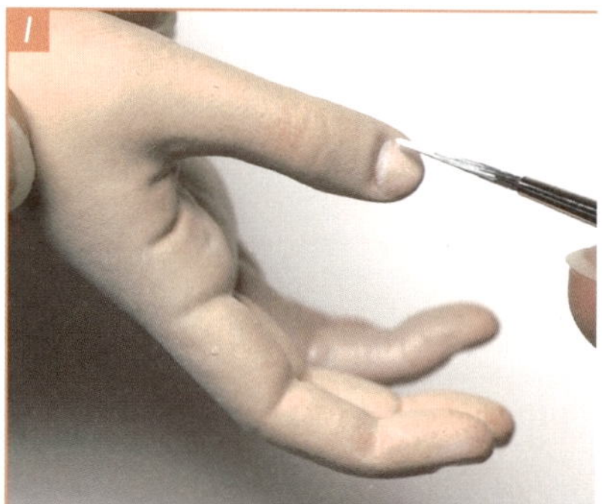

물감이 마른 후, 얼굴이나 몸의 세부를 그려 넣어 갑니다. 굉장히 가는 붓으로 손톱을 채색합니다.

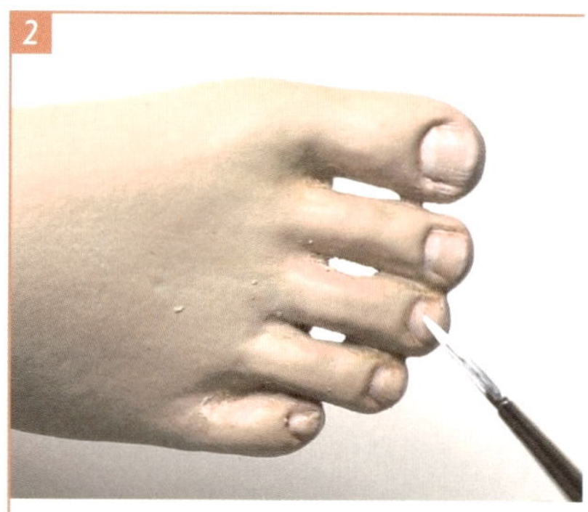

발톱도 세필을 사용하여 채색합시다.

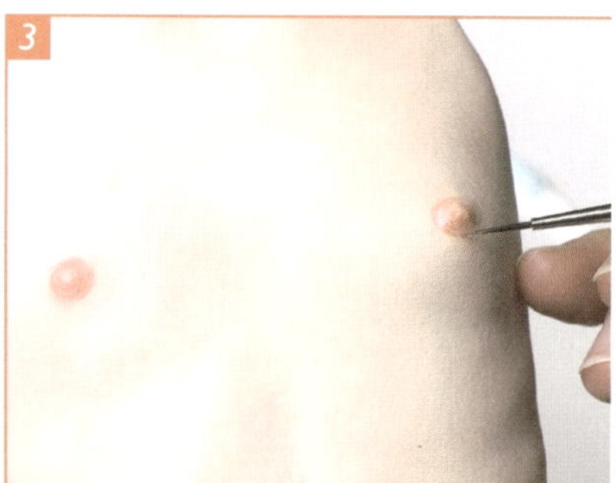

유두도 같은 방법으로 세필을 사용하여 채색합시다. 가는 붓의 붓 사용에 익숙해질 필요가 있기 때문에, 우선 종이에 그려서 연습해보면 좋겠지요

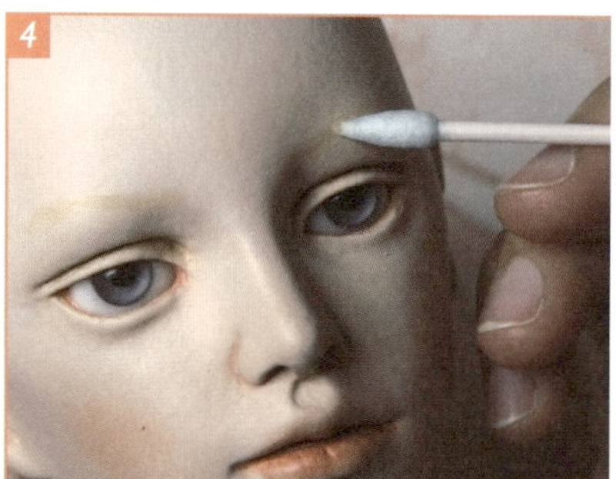

눈썹, 속눈썹도 세필로 채색합니다. 색은 머리카락 색과 맞춰 주세요. 우선 눈썹의 위치를 엷고 흐리게 그려 주세요. 면봉을 사용해도 좋습니다.

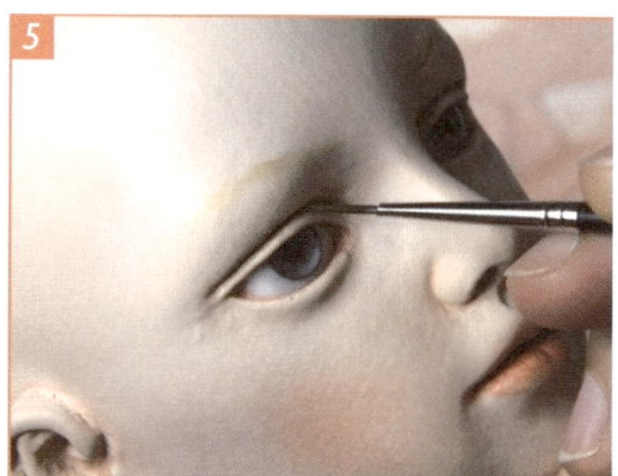

눈꺼풀의 그림자에도 기호의 색으로 채색합니다.

6

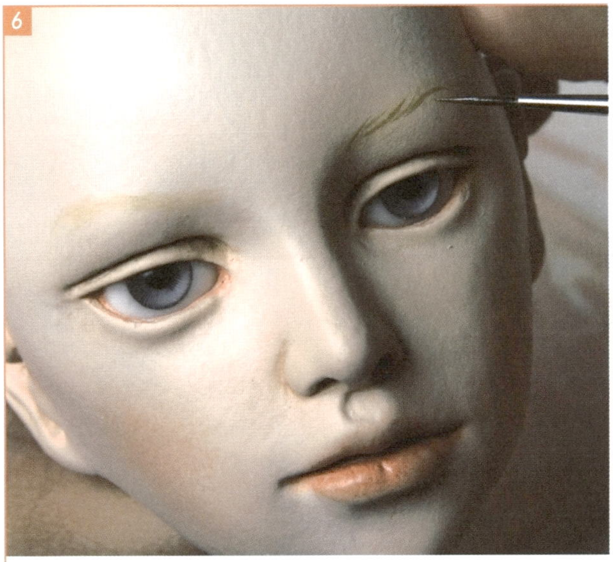

눈썹은, 누은눈썹, 흰 눈썹 등으로 표정이 크게 나오는 부분이기 때문에 신중하게 고려해 주세요. 눈썹과 아래 속눈썹을 세필로 엷게 선을 그립니다.

7

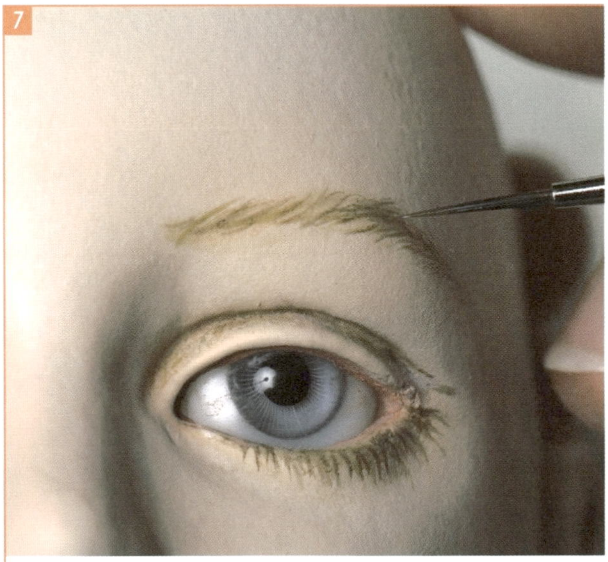

건조 후에 한번 더, 약간 진한 색으로 선을 그립니다.

8

섬세한 작업입니다. 그리기 쉬운 방향으로 움직이면서 선을 그려 갑니다.

9

입술도 이미지에 맞춰서 채색 합시다.

10

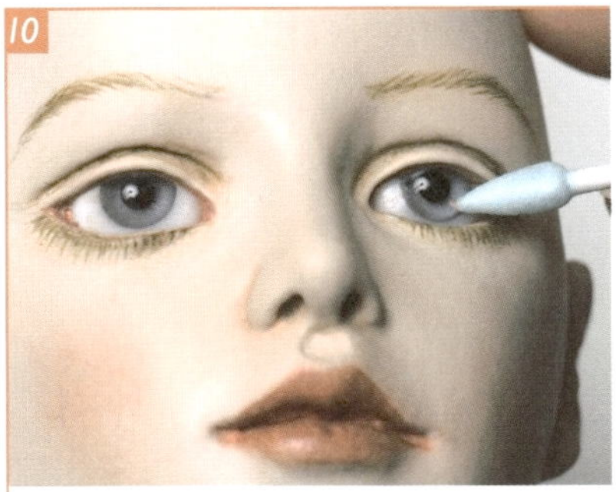

마지막으로 세정액을 조금 묻힌 면봉으로 안구에 묻은 물감을 제거하면 완성입니다.

파스텔 사용

이번과 같이 피부색을 밑칠로 한 경우, 파스텔을 종이에 갈아, 그 가루를 화장붓등으로 털어가며 채색하는 작업도 있습니다. 건조시간이 불필요하기 때문에 빠른 작업을 할 수 있습니다. 깊이가 있는 색조를 내는 것은 어렵고, 분말상태이기 때문에 색이 정착하기 어렵다는 난점이 있습니다만, 초심자에게는 손쉬워서 추천할 만 합니다.

Advice

채색은 화장과 같습니다. 물감을 화장품이라고 생각하고 사용하면 좋겠지요. 여성에게는 일상의 일. 입술, 손톱은 자연스런 묘사로 할 것인지, 립스틱, 매니큐어를 한 상태로 할 것인지 …… 입술도 촉촉한 느낌이나, 강한 광택이 필요하다면 건조후의 투명 매니큐어를 바르면 효과적입니다. 최후의 마무리를 즐겨 보세요.

아크릴 제소

어떤 물감이라도 위에 사용할 수 있는 아크릴 폴리머 에멀젼의 백색 밑칠용. 물감의 정착과 발색을 도와준다. 단 유화나 유성종이의 위에 사용하면 벗겨지는 경우도 있습니다. 판매되고 있는 일반 캔버스지의 대부분이 이것입니다.

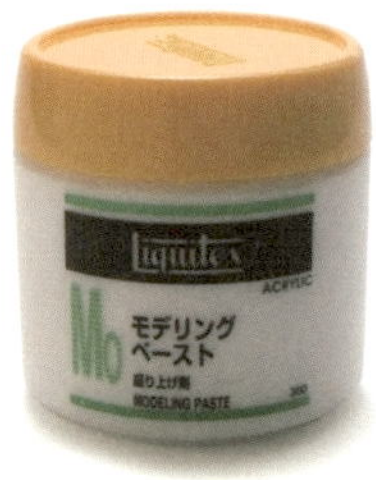

모델링페스트

아크릴 폴리머 에멀젼의 수용제품으로, 점성이 강한 퍼티 상태의 백색 페스트입니다. 밑칠, 볼륨을 내는 용도로 사용합니다. 유연성과 내구성이 뛰어납니다.

호분

조가비를 정제한 분말로, 일본화의 대표적인 재료입니다. 하얀 물감으로써 사용하는 것 만 아니라, 밑칠용으로도 사용합니다. 저는 업무용의 밑칠용 호분을 사용하고 있습니다만, 이것은 작은 용량으로는 그다지 일반 판매가 되고 있지 않습니다. 일본화의 재료를 취급하는 화방에서 伊印, 雪印의 봉투에 넣어진 호분을 구입할 수 있다고 생각합니다.

수채물감(과수)

불투명으로 얼룩이 없는 수채물감으로, 물의 가감에 의해 유화물감에 가까운 두꺼운 칠의 효과나, 담채의 표현이 가능합니다. 또 색채가 선명하고 겹쳐 발라도 갈라짐이나 밑색이 번지는 일은 없어 안심하고 제작할 수 있습니다.

아크릴 물감

밑층을 덮어 감추는 불투명화 기법에 사용됩니다. 일반적으로 불투명수채라고 생각하면 좋겠지요. 수용성입니다만, 건조 후에는 내수성이 됩니다. 마무리는 얼룩이 없는 발색입니다. 여기에서는 밑바탕 도료의 착색, 마무리의 도장, 메이크업 등에 사용합니다.

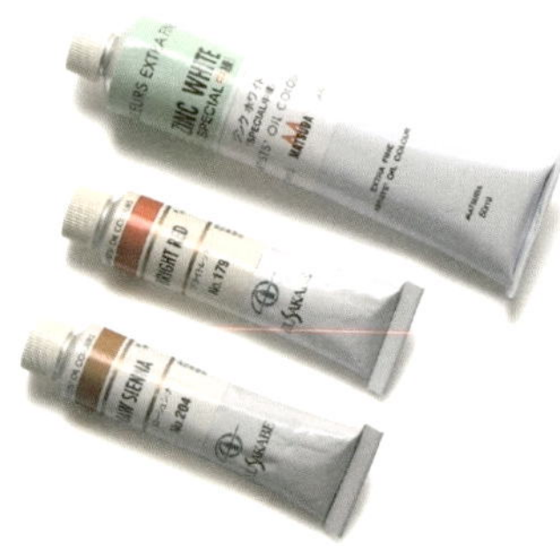

유화물감

투명~불투명까지 다양한 색 전개가 있고, 겹쳐 바름가능하고, 깊이 있는 독특한 투명감이 있는 것이 특징. 기름 위에 물을 바를 수 없기 때문에 복수종류의 재료를 병행할 때에는 유화는 마지막에 사용합시다. 마무리의 도색, 메이크업 등에 사용합니다.

파스텔

마무리 메이크업에 사용하는 고체형안료입니다. 커터 등으로 갈아, 분말상태로 한 것을 천이나 붓으로 비벼 묻혀 사용합니다. 정착제를 뿌려도 떨어지기 쉬운 것이 난점이지만, 실패할 경우 다시 칠하기 쉬운 점, 엷은 색조와 자연스런 그라데이션을 손쉽게 재현할 수 있는 것이 장점입니다.

스프레이건

불어내는 도색을 하기 위한 도구입니다. 앞 끝부분의 노즐에서 공기를 뿜어내는 것으로 도료를 안개상태로 분사합니다. 스프레이 건 자체는 1만2~3천엔 정도입니다만, 에어공급원인 컴프레셔가 별도로 필요하고, 간이 타이프라면, 수만엔, 전문가용은 수백만 단위의 고가품도 있습니다.

CHAPTER VI

머리카락

Hair

§1 머리카락 붙이기

Put hairs on

1. 단 붙이기 준비 → 2. 첫번째 단 → 3. 두번째 단, 세번째 단

인형의 머리카락에는 실 상태로 있으면 모든 것이 이용 가능합니다. 스스로 좋아하는 재료를 좋아하는 색으로 염색하거나 하는 것은 즐겁습니다. 머리카락 붙이는 기본적인 방법은, 머리 위쪽를 향해서 방사선으로 층별로 붙여 갑니다. 숏헤어는 피부색이 들여다보이기 쉬우므로 단 붙이기를 많이 합니다. 헤어스타일에 맞춰 머리카락 붙이기를 생각합시다. 이번에는 이치마쯔닝교의 머리카락 붙이기에서 배운 방법도 실려 있습니다. 이찌닝교나 로우닝교는 머리카락이 한 올씩 심어져 있기도 해서, 과거 장인의 치밀한 기술에 경악하게 됩니다. 여러 가지 조사해서 선도자들의 기술도 도입해보면 재미있겠지요. 다만, 헤어스타일은 여러 가지이고, 가발을 주문해서 씌우는 것도 또 하나의 방법입니다.

†준비물

- 머리카락재료 · 목공용 본드(속건성)
- 필기도구 · G클리어 · 가위 · 타일
- 브러시, 꼬챙이, 다리미

1» 단 붙이기 준비

prepare to put the hairs on

인형용의 머리카락

사진은 인형용의 머리카락으로써 판매되고 있는 재료입니다. 왼쪽부터 인모(人毛) 웨이브스트링, 인모 스트레이트 스트링, 모헤어, 견 생사(흰색, 검은색), 화학섬유 인형헤어(폴리에스테르, 레이온), 인모가발 등이 있습니다. 최근은 인형용의 머리카락재료나 가발을 온라인상의 통판 등에서도 손쉽게 구할 수 있습니다. 이번에는 인모의 「스트링」을 재료로 사용합시다. 「스트링」은, 섬유의 한쪽이 재봉틀로 박아져 있는 재료입니다. 간단히 실 상태의 재료를 사용할 경우는, 접착제로, 「스트링」상태를 만들어서 사용할 필요(p98)가 있습니다.

1 우선 인형의 머리에 재료를 얹어 이미지를 체크합니다. 이번에는 가르마를 가마가 있는 중심으로 나눈 헤어스타일입니다.

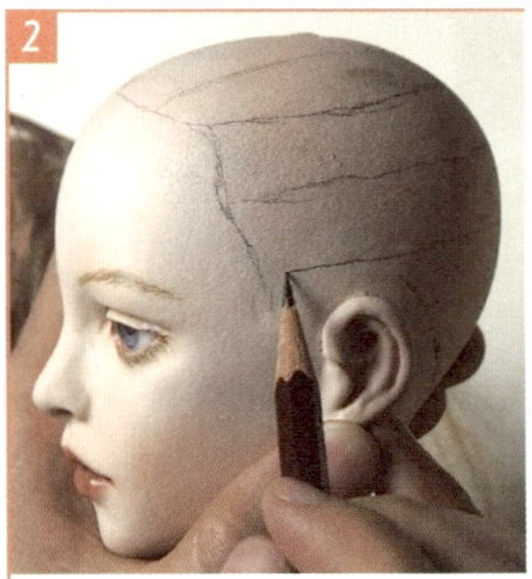

2 기본적으로는 4~5단정도 단계로, 띠 상태로 헤어를 붙입니다. 이번에는 가르마가 있는 머리의 중심까지 5단으로 붙이겠습니다.

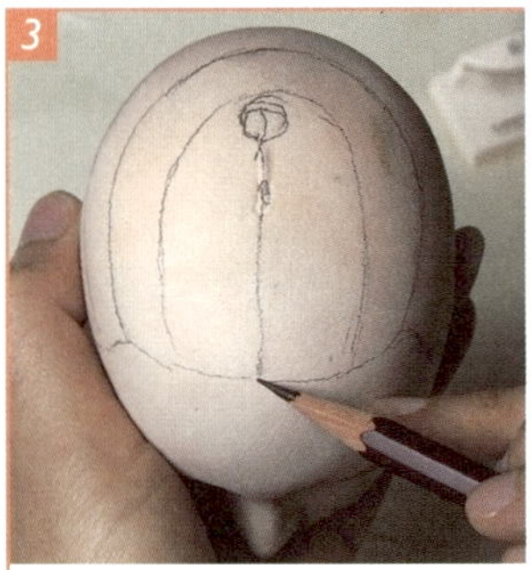

3 머리에 헤어를 붙일 위치로 가마의 가이드 라인을 그립시다.

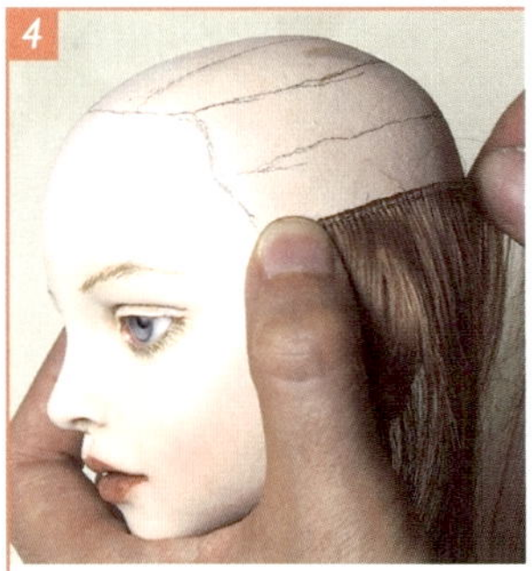

4 붙이는 라인에 「스트링」을 대어 길이를 측정합니다.

5

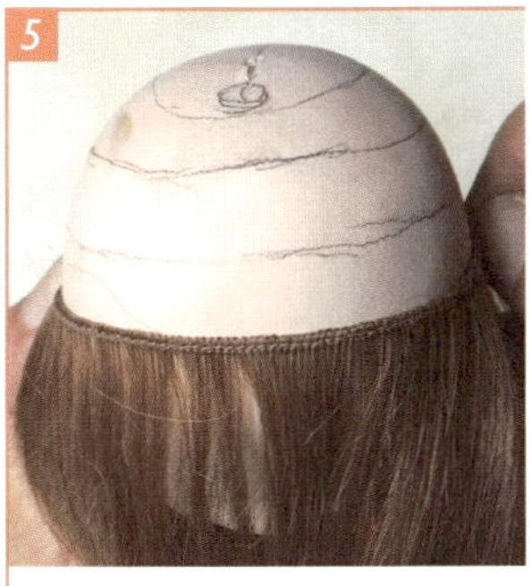

이 길이로 두 장 자릅니다. 스트링 한 장으로는 얇아서 비어 보이기 쉽기 때문에, 2장을 겹쳐서 붙일 필요가 있습니다.

6

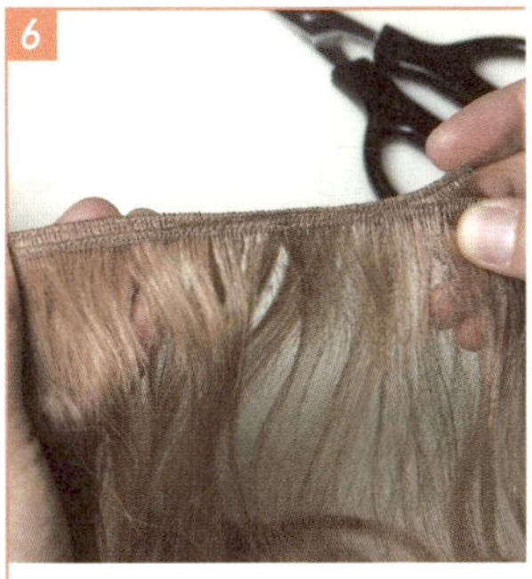

아래에서부터 첫번째 단을 재서 2장 잘랐다면, 두번째 단을 같은 요령으로 재서 두 장 자릅시다.

7

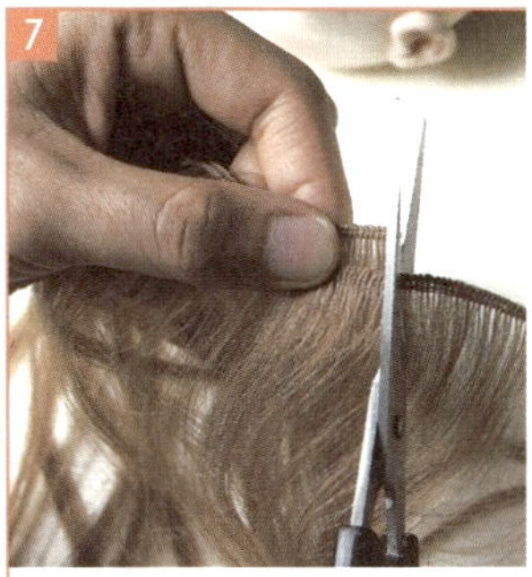

세번째 단도 같은 방법으로 2장 잘라냅니다. 아래에서 세번째 단까지는, 스트링을 각 단에 2장씩 붙입니다.

POINT

「스트링」의 재봉선 부분은 한쪽이 짧게 되어 있습니다. 짧은 쪽이 머리카락의 뒷부분으로, 붙이려는 쪽이 됩니다.

2»

첫번째 단

1st row

1

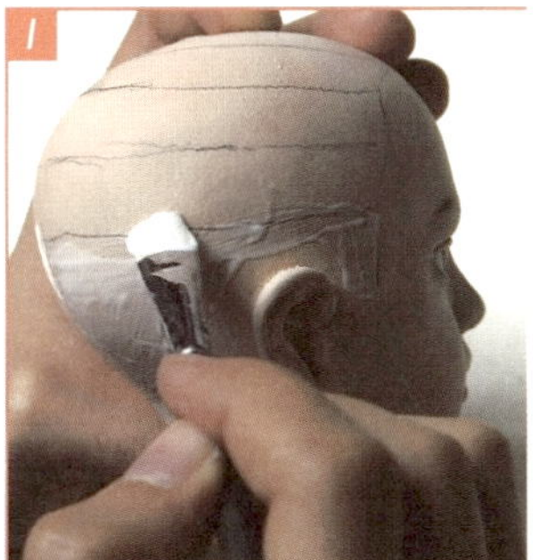

첫 단은 목공용 본드를 붓으로 엷게 펴 바릅니다. 목덜미의 난 곳까지 발라 주세요.

2

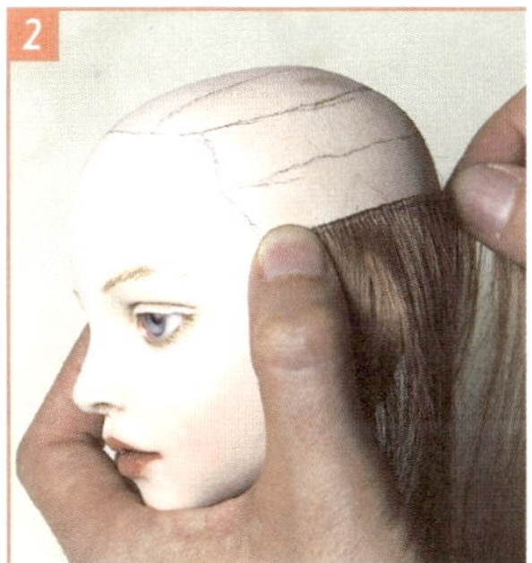

처음 한 장은 「스트링」선에 대고 접착합니다. 「스트링」의 뒷면에 주의해서 붙여 주세요.

3

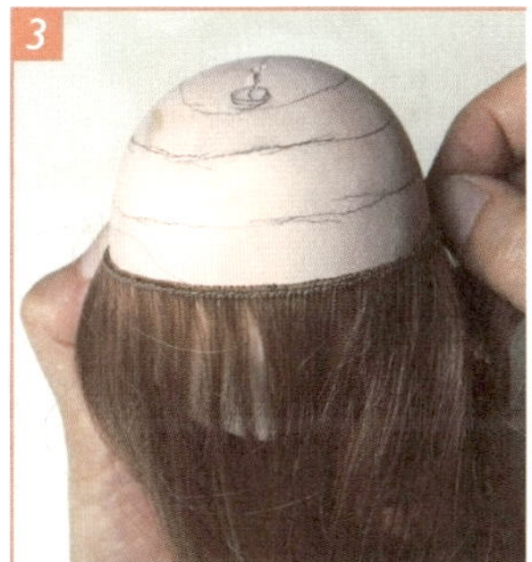

이때 「스트링」뒷부분을 반대로 하면 짧은 머리가 표면으로 나와서 삐친 머리가 될 수 있습니다.

4

붙였다면, 본드가 마르기 전에 머리카락의 흐름을 정돈해 주세요.

5

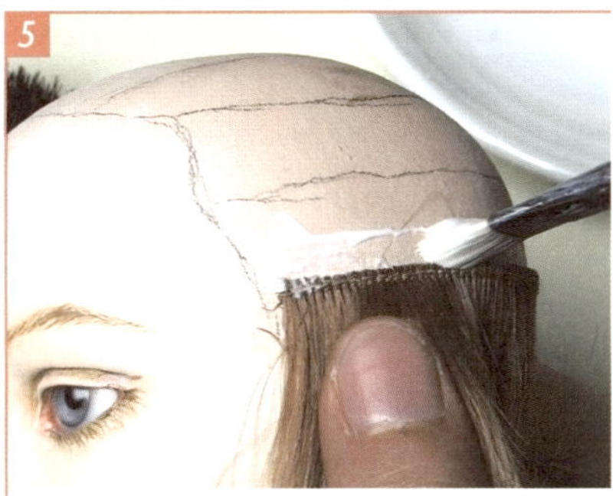

처음 한 장을 붙이고 바로 위에 접착제를 발라, 또 한 장을 겹쳐서 붙여 주세요.

6

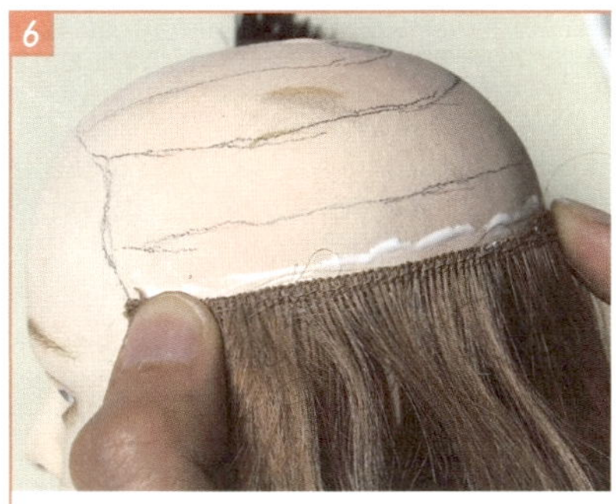

첫번째 단과 재봉 선을 엇갈리게 붙여 주세요.

3»

두번째 단 , 세번째 단

2nd & 3rd row

1

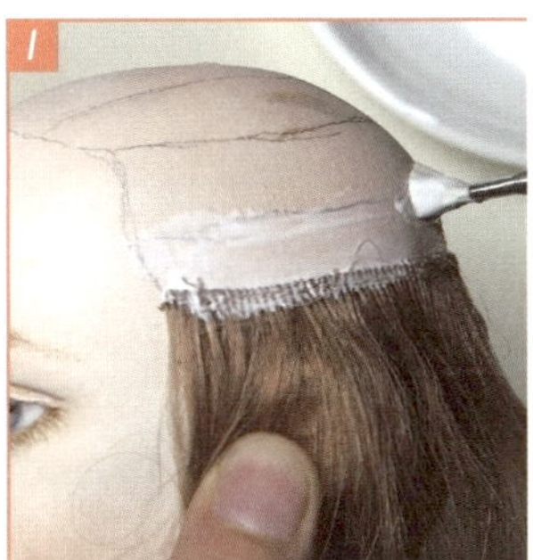

두번째 단을 붙입니다. 접착제를 첫번째 단의 재봉부분까지 바릅니다.

2

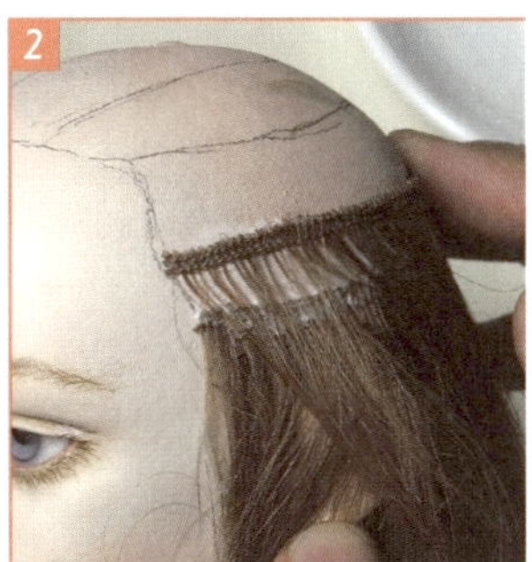

두번째 단의 첫 한 장째「스트링」을 붙입니다. 두 장째도 첫번째 단의 두 장째와 같은 방법으로 겹쳐 붙여 주세요.

3

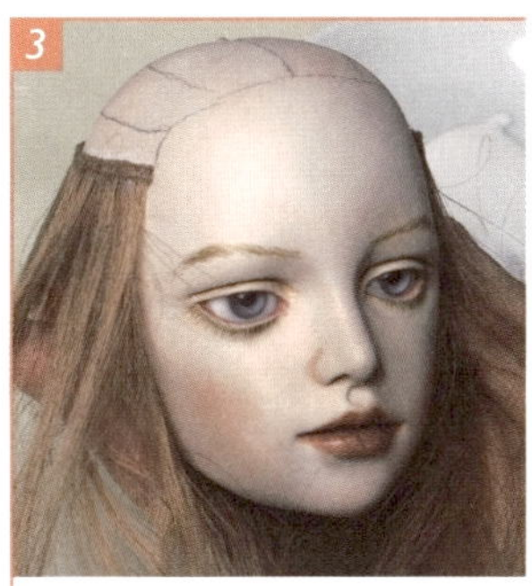

같은 요령으로 세 번째 단도 2장을 겹쳐서 붙여 주세요.

§2 정수리

Top of the head

1. 스트링 만들기 2. 네번째 단 붙이기 3. 가르마 4. 가마

아래에서 세번째 단까지「스트링」붙이기는 끝냈습니다. 이번에는 네번째 단, 다섯번째 단의 정수리부분의 작업입니다. 4,5번째 단은「스트링」을그대로 붙이면 밑바탕이 보이기 쉽고 재봉선도 눈에 띕니다. 그래서, 머리카락의 양이 두꺼운「스트링」을 고쳐 만들 필요가 있습니다. 고쳐 만든「스트링」을 정수리부분에 붙여서 가르마를 만듭니다. 가마는 G클리어로 머리카락다발을 붙여서 만듭니다. 피그마리온교실에서의 일반적인 방법입니다. 가르마나, 가마를 만들 때에는 그 외에도, 머리에 머리카락 다발을 찔러 넣을 구멍을 뚫어서 처리하는 방법도 있습니다. 그 경우에는, 사전에 가르마나 가마의 위치에 도랑이나 구멍을 뚫어두고, 그곳에 모발을 넣어 붙여서 만듭니다.

† 준비물

- 머리카락재료
- 목공용 본드
- 필기도구
- 가위
- 타일
- 브러시, 꼬챙이
- 전기다리미, 굽은 다리미

1» 스트링 만들기

make MINO

1

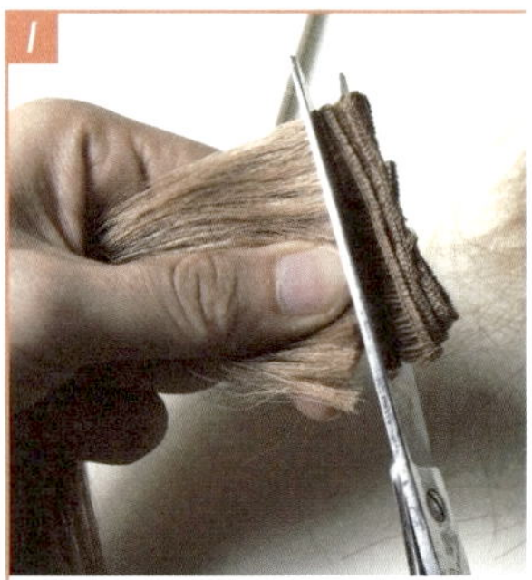

우선 30cm 정도의「스트링」을 4줄 접어서 재봉선을 자릅니다.

2

꼬챙이나 브러시로 짧은 머리카락을 빼내고, 두께를 균등하게 합니다.

3

브러시로 두께를 균등하게 하고 있습니다.

4

헤라를 사용해서, 타일 위에서 본드의 선 앞쪽(점선라인)을 갖추면서 계속 세게 훑듯이 본드를 바릅니다.

5

데워진 수공예용 전기다리미나 굽은 다리미로 굳힙니다. 자연건조로도 시간이 걸리지만 비슷하게 마무리 됩니다.

6

뒷면도 본드를 묻혀 같은 방법으로 처리합니다. 본드가 잘 침투하지 않으면 머리털이 빠지는 원인이 됩니다. 주의하세요.

7

풀칠부분을 5mm정도 남겨두고 자릅니다.

8

양끝을 사선으로 자릅니다. 본드를 붙일 때, 본드의 라인을 반듯이 갖추어주면, 이와 같이 깔끔하게 됩니다.

2»

네번째 단 붙이기

put MINO on the 4th row

1

완성된 머리카락 다발을 네번째 단에 붙입니다.

3»

가르마

part

1

가르마에 붙입니다. 가르마가 될 중심선의 한쪽에 본드를 바릅니다.

2

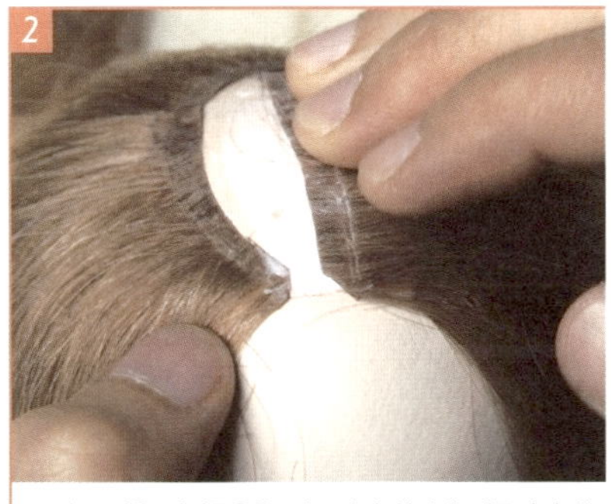

특히 두꺼운 머리묶음을, 가르마의 위치에 지금까지와는 반대방향으로 붙입니다.

3

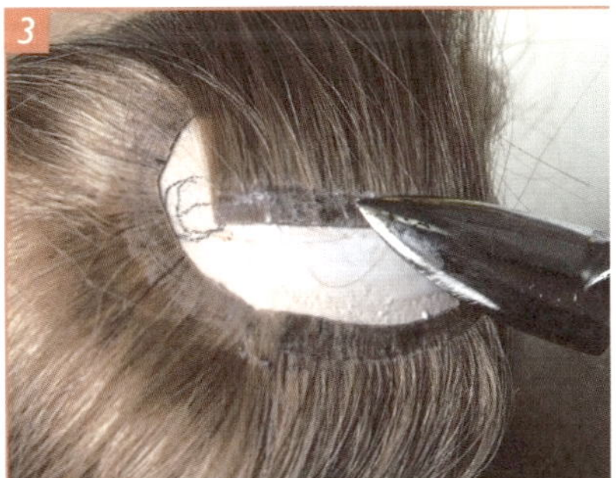

본드를 다리미로 굳힙니다만, 자연 건조해도 좋습니다.

4

반대방향에 붙인 머리묶음의 풀칠부분 위에 본드를 바릅니다.

5

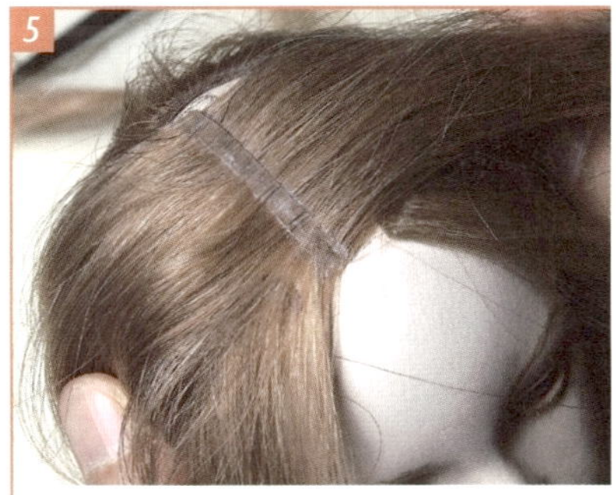

그 위에 평상시의 방향으로 머리묶음을 붙입니다.

6

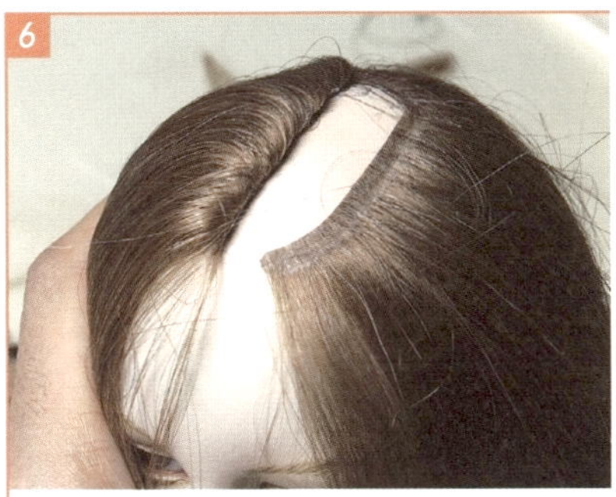

반대방향에 붙인 머리묶음을 접어 젖힙니다.

7

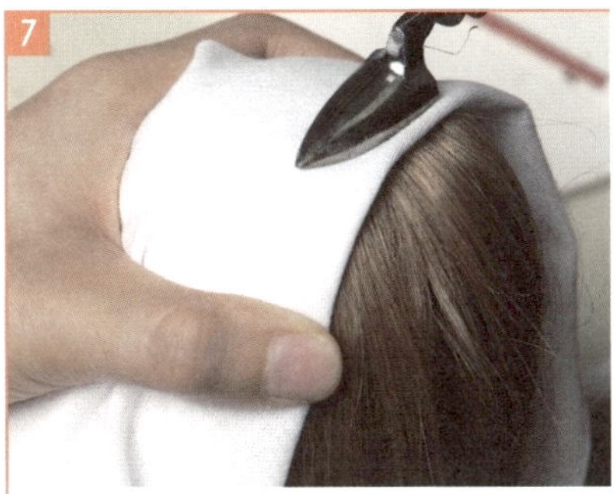

천을 두르고 접어 젖힌 가르마에 다림질을 합니다.

8

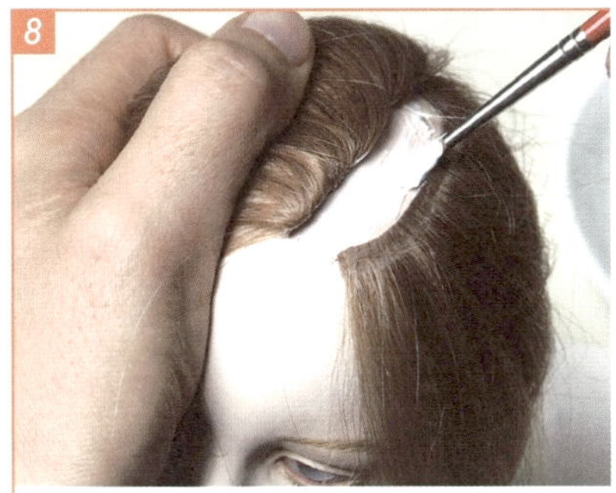

반대쪽도 같은 요령으로 마무리합시다. 우선 본드를 바릅니다.

9

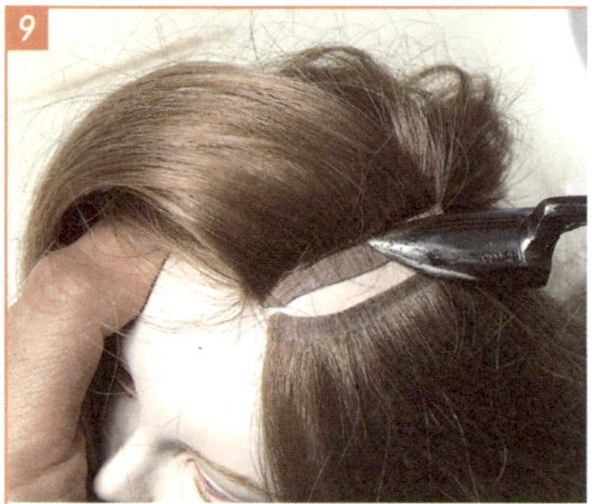

가르마의 위치에서 반대방향으로 머리묶음을 붙입니다.

10

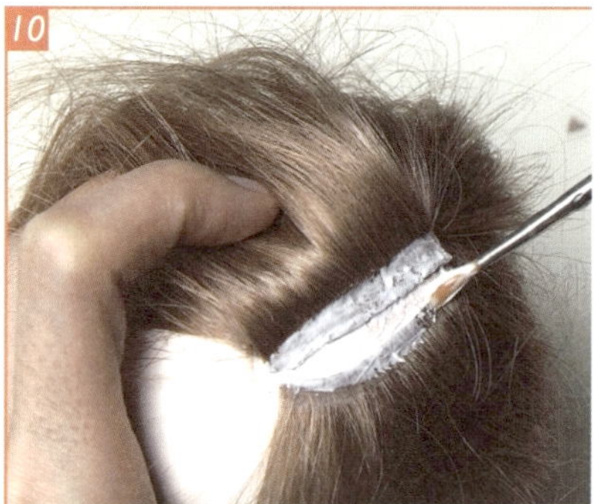

반대쪽에 붙은 머리묶음의 풀칠부분 위에 본드를 바릅니다.

11

머리카락 방향에도 묶음을 붙이고, 다리미로 눌러 줍시다.

12

가르마로 머리카락을 접어 젖히고 정리합니다. 이것으로 가르마의 완성입니다.

4»

가마

hair whirl

1

적당량의 머리카락 묶음을 노랑고무줄로 묶습니다.

2

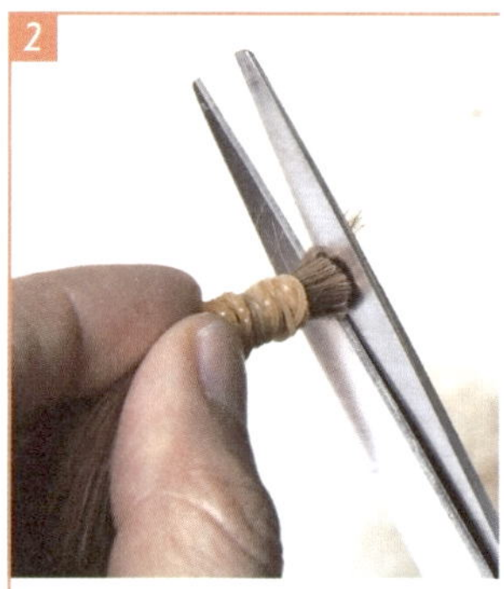

노랑고무줄로 묶었던 곳 위끝쪽을 평평하게 잘라서 정리해 주세요.

3

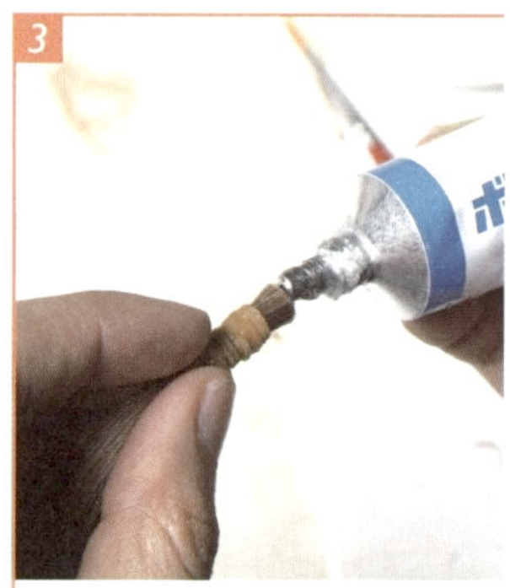

자른 면에 G클리어를 바릅니다.

4

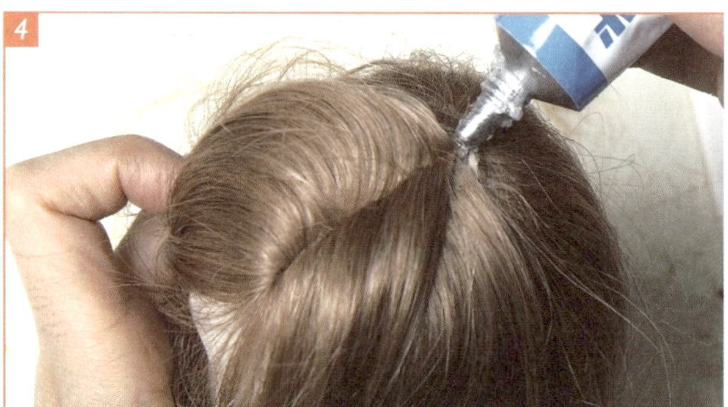

머리의 가마위치에도 G클리어를 바릅니다.

5

접착면을 맏대어 가볍게 눌러, 면끼리 접하게 합니다. 여기에서 그대로 붙이지 말고, 일단 떨어트려 각각 건조시킵니다.

6

손에 붙지 않을 때까지 잘 건조시킨 후에 눌러 붙입니다. 접착 후, 고무줄을 자르고, 머리카락 묶음을 풀어 줍니다.

7

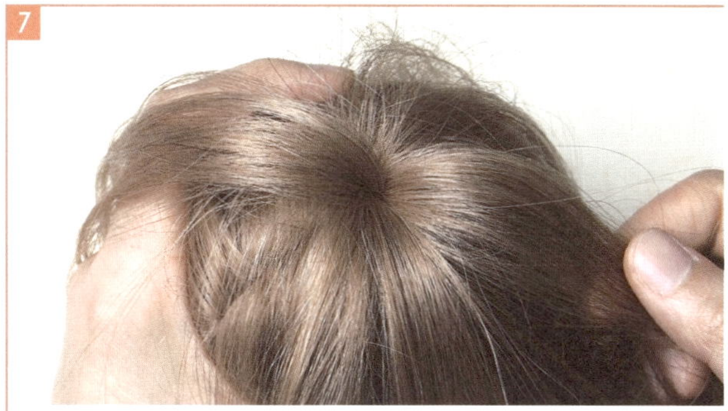

손으로 중심을 눌러서 가마를 만듭니다.

8

머리카락을 빗어서 자연스럽게 합니다.

Advice

머리카락이 나는 방향과, 헤어스타일에 의한 머리카락흐름의 방향에 주의하면, 자연스러운 느낌으로 완성됩니다.

심어 넣는 방법

심어 넣는 방법으로는, 사전에 가르마나 가마의 위치에 도랑이나 구멍을 뚫어, 그 도랑이나 구멍에 머리카락묶음을 찔러 넣고 접착해서 가르마나 가마를 만드는 방법입니다. 정수리부분 이외에는 p96부터와 같은 방법으로 작업합니다. 심어 넣은 식의 경우, 가르마가 되는 「스트링」의 머리묶음의 양이 적으면 피부가 비춰 보이기 쉽습니다. 도랑의 양쪽 가장자리에도 두꺼운 「스트링」을 붙여 주세요. 가마도 심어 넣는 식으로 만드는 경우는, 정수리부분의 가마위치에 머리묶음을 쑤셔 넣을 구멍을 뚫어서 같은 방법으로 처리합니다. 쑤셔 넣은 머리다발이 삐치기 쉽기 때문에 브러싱해서 정리된 후에 천을 두르고 다리미로 조정해 주세요.

1

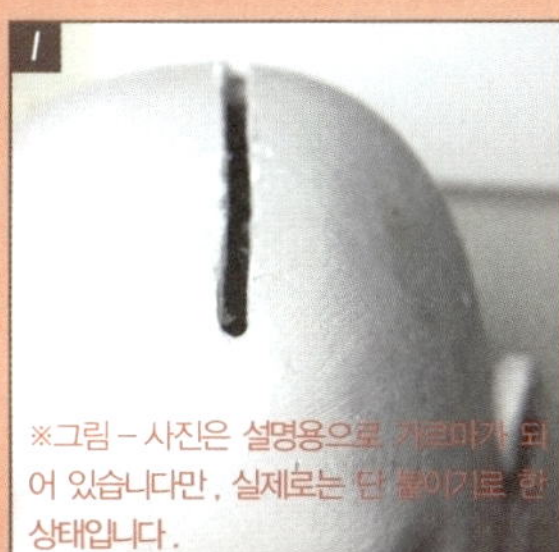

머리부분의 가르마위치에, 폭 2~3mm 정도의 도랑을 뚫습니다. 도랑의 뚫는 방법은 p71을 참조해주세요.

2

도랑의 길이에 맞추어서 두꺼운 「스트링」을 만듭니다. (p98)

3

여기에서도, 양끝이 방해가 되지 않도록 사선으로 잘라 둡니다.

4

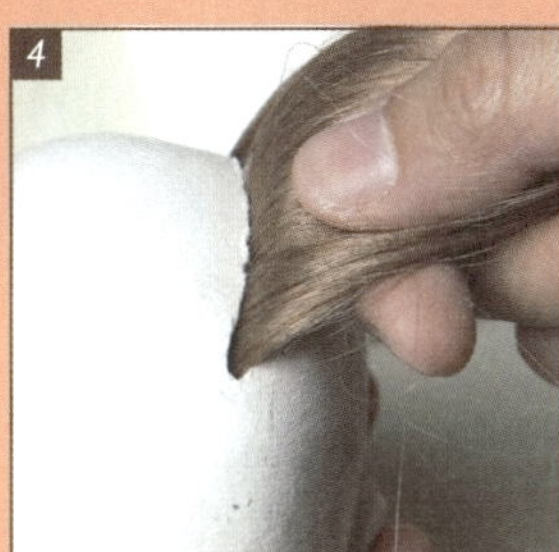

가르마 이외의 머리카락을 붙이기를 끝내고서 도랑에 접착제를 바르고, 두장의 머리카락다발을 찔러 넣습니다.

5

찔러 넣은 머리다발을 나눠서, 가르마를 만듭니다.

6

머리를 가다듬어서 완성합니다.

§3 머리 손질

Hair arrange

1. 스타일링

2. 속눈썹

머리카락을 다 붙이면, 이미지에 맞춰서 스타일링을 합니다. 열에 약한 소재의 특성에만 주의해 두면, 그 후엔 사람과 같은 방법으로 가다듬어가면 좋겠지요. 속눈썹은 길이가 지나치게 갖추어지지 않도록 주의해서, 랜덤으로 커트하도록 합시다. 눈의 커브에 맞추어서 속눈썹의 길이를 조절하면 자연스럽게 마무리됩니다.

준비물

- 이발용 가위·숱 가위·면도칼·꼬챙이
- 고데기·키친 타올 홀더 (머리를 세울 스탠드로 사용)

1» 스타일링

styling

1

우선 머리카락에 물이나 소량의 헤어무스를 바르고 꼬챙이나, 브러시로 정돈합니다. 머리에 더러움이 없도록 조심해 주세요.

2

좋아하는 길이로 자릅니다.

3

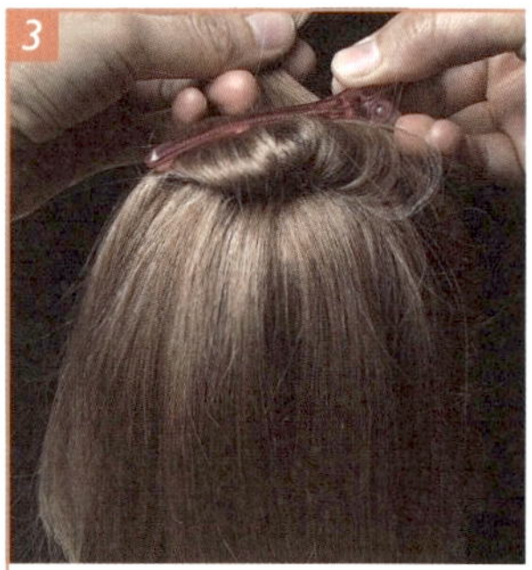

지금 상태로는 머리카락의 양이 많기 때문에 조금 줄이려고 합니다. 우선 머리카락을 블로킹(blocking) 합니다.

4

안쪽의 머리카락부터 바깥쪽으로 면도칼로 깎아서 조정합니다.

5

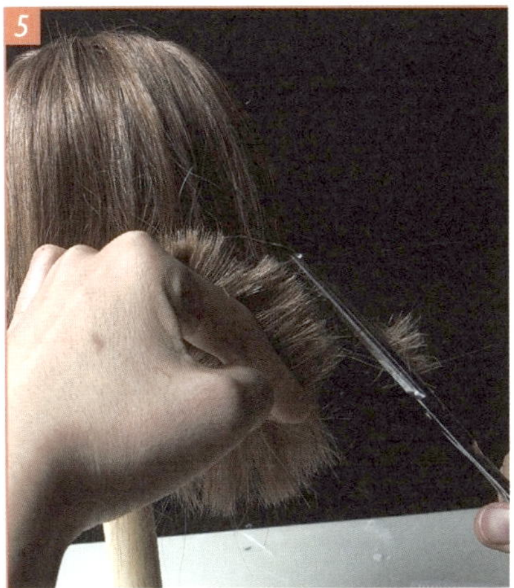

머리카락 끝 단을 숱 가위나 가위로 정리합니다.

6

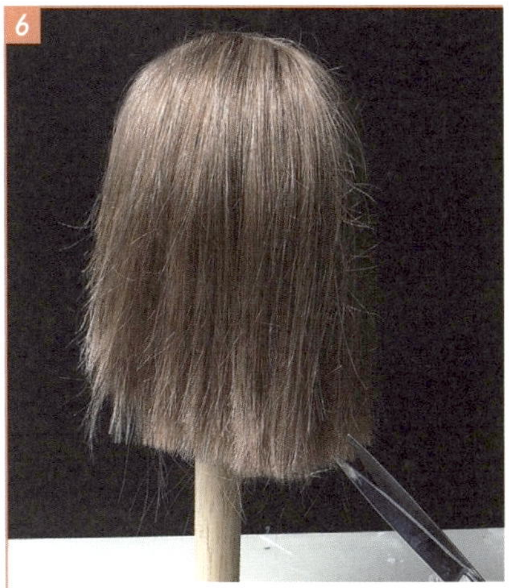

가위로 정돈하고 있습니다.

7

얼굴에 걸친 옆 모발을 자릅니다.

8

고데기를 사용해서, 웨이브를 만들거나 삐친 머리를 고쳐 놓읍시다.

9

웨이브를 만들고 있습니다.

10

마지막으로 모발 끝을 미세 조정해서 완성합니다. 만드는 사람의 이미지에 맞추어서 좋아하는 스타일로 마무리해 주세요

2» 속눈썹 eyelashes

1

이번에는, 시판되는 인형용의 속눈썹을 사용하여, 윗눈꺼풀에 속눈썹을 붙입니다. 속눈썹이 너무 길 경우에는 짧게 커트합니다. 길이가 지나치게 갖추어지지 않도록 주의해 주세요.

2

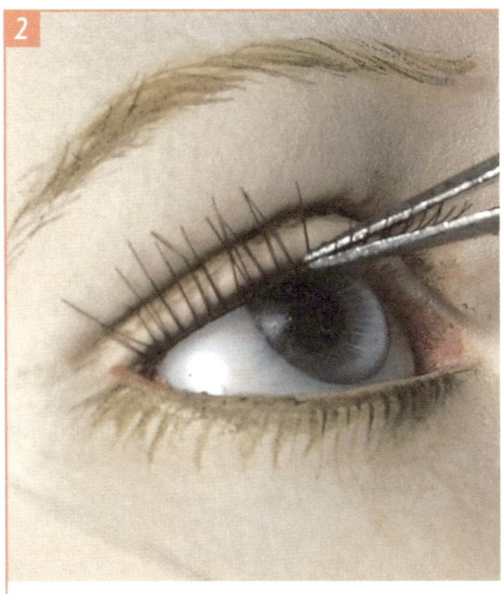

길이는 눈의 커브에 맞추어서 조절하면 자연스럽게 됩니다. 방향이나 길이의 조절을 보다 세밀하게 하고 싶은 경우는, 속눈썹을 한 올 한 올 떼어서 붙입니다.

3

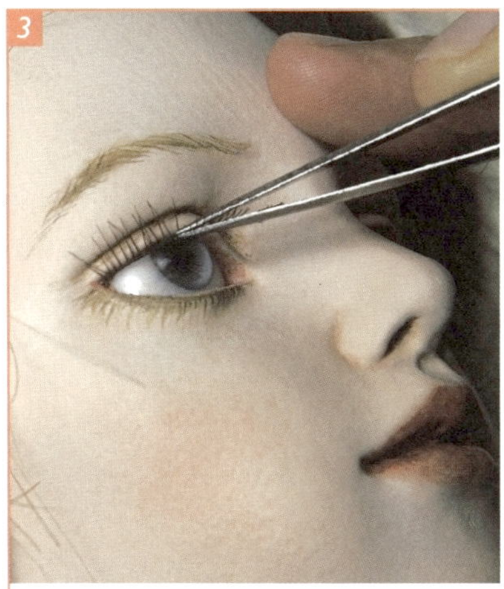

목공용 본드를 위 눈꺼풀의 안쪽에 바르고 접착시킵니다. 속눈썹은 매우 가늘어서, 꺾이거나 삐치면 번거롭습니다. 핀셋을 사용하면 작업이 편해집니다.

Chapter VII

구두
Shoes

§1 구두 만들기

Make shoes

1. 본 만들기 / 2. 구두파츠 제작 / 3. 조립 / 4. 스타킹

구두 만들기의 원 포인트는, 발부리부분을 예쁘게 만드는 일입니다. 발부리의 틀이 무너지거나 틀어지거나, 주름투성이로는 어떠한 구두도 쓸모 없어집니다. 이번에는 발부리를 석분점토로 성형해서, 그 위에 가죽을 붙여 만듭니다. 이 방법이라면, 발부리의 디자인을 자유롭게 할 수 있고, 얇고 부드러운 가죽을 사용해도 형태가 무너지지 않습니다. 같은 사이즈의 비슷한 디자인의 구두를 몇 개 만들 경우는, 사람의 구두와 같은 방법으로 목형을 만들어 사용할 수도 있습니다. 우선은 전체의 디자인부터 정해봅시다. 이번에는 약간 발부리가 가늘고, 위로 엮어 묶는 쇼트 부츠를 만듭니다.

† 준비물

- 가죽「두께 0.5mm 의 무두질한 검정 소가죽/ 공예용 2mm의 무두질한 부드러운 가죽(바닥용)/ 0.2mm정도의 기호의 가죽(깔창용)」
- 아일렛 (1.5~2mm정도)
- 가죽 끈 (100cm)
- 점토(소량)
- 펀치
- 경질고무의 작업대 (펀치 받침)
- 아일렛공구, 망치
- 가위 · 커터
- 목공용 본드, G클리어
- 다리미

1 »

본 만들기

draw a paper pattern

1

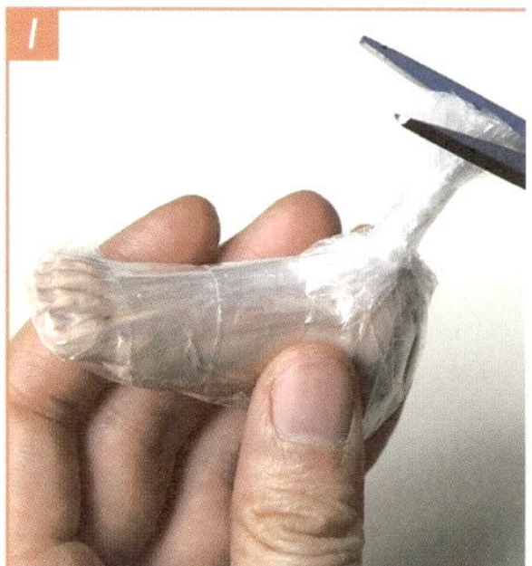

발을 비닐로 감싸 테이프로 묶습니다.

2

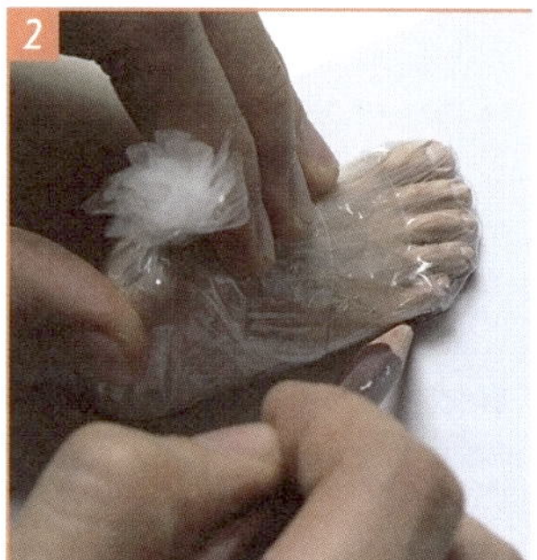

보드 판에 발의 윤곽을 본떠서, 구두 전체의 디자인을 결정합시다.

3

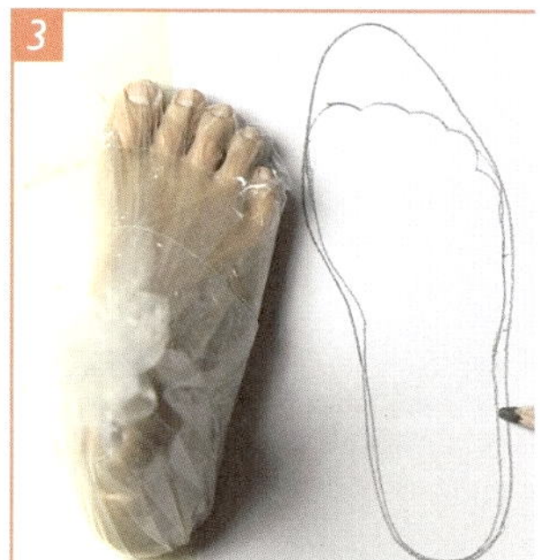

구두창의 형태를 정하고, 보드 판의 깔창을 만듭니다. 구두창의 모양을 정하면 발부리의 모양도 자동적으로 정해집니다.

4

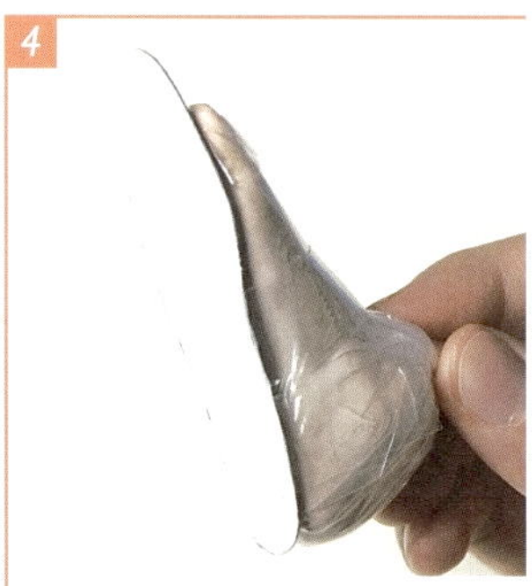

만들어진 깔창을 발뒤꿈치에 맞춥니다. 발등에서 발바닥부분까지 테이프로 한 바퀴 돌려 묶습니다.

5

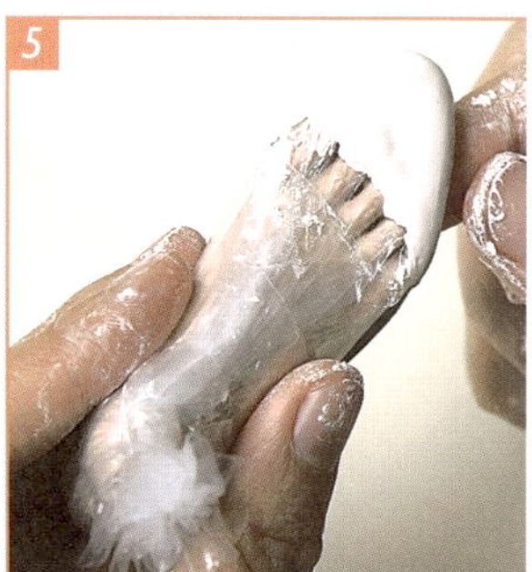

점토를 붙여서 발부리의 모양을 만들어 주세요.

6

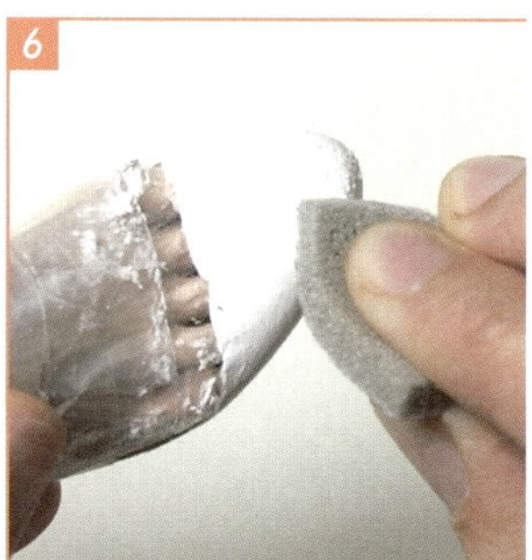

점토가 마른 후, 사포로 형태를 가다듬습니다.

7

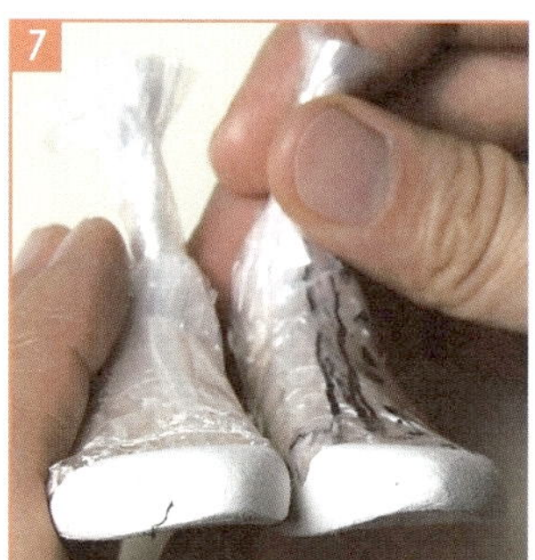

좌우의 모양, 두께가 같아지도록 체크합시다.

발부리의 형태

발부리의 형태는, 구두의 디자인에서 중요한 포인트입니다. 상하, 좌우로부터 발부리 라인을 잘 체크해 주세요. 특히 발등부터 발부리에 이른 라인에는 급격한 단 차가 생기지 않도록 주의합시다.

8

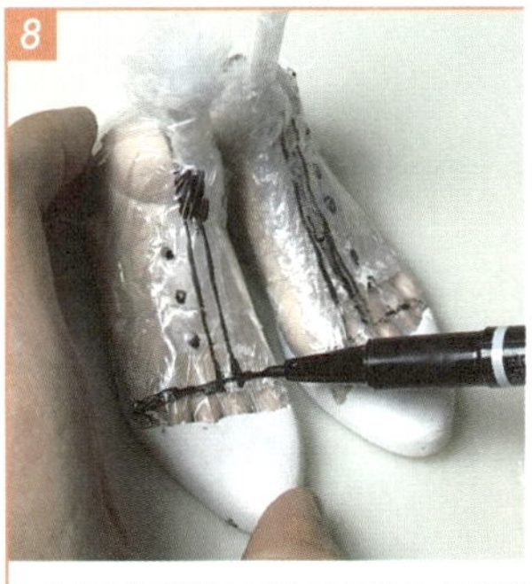

디자인에 맞춰서 본을 만듭니다. 우선은 비닐 위에서 매직으로 그립니다. 이것에 맞춰서 본을 만들어 갑니다.

9

발부리 부분입니다. 이번에는 종이에 본을 떴습니다만, 천으로 본을 떠서 시침바느질을 하면 보다 알기 쉽다고 생각합니다.

10

살포(혀 모양)라 불리는 끈 묶는 곳의 아랫부분입니다.

11

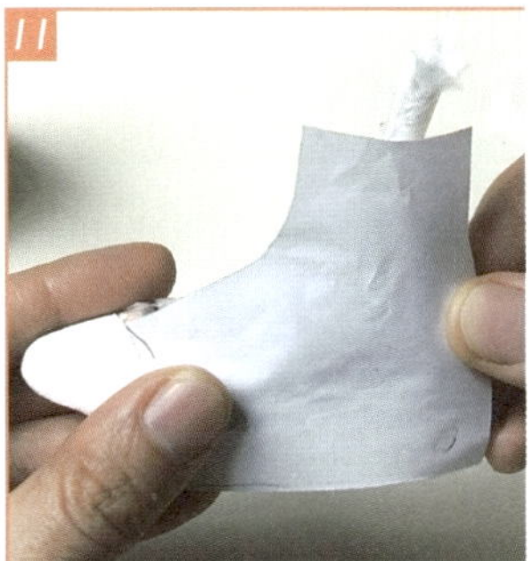

원래는 안쪽과 바깥쪽이 미묘하게 형태가 다릅니다만, 이번에는 초급편으로 같은 본을 사용합니다.

12

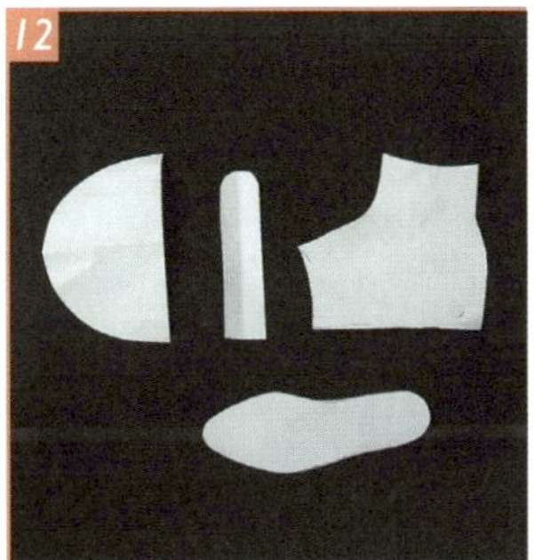

각각의 본을 나열했습니다.

2» 구두파츠 제작

make shoes' parts

1

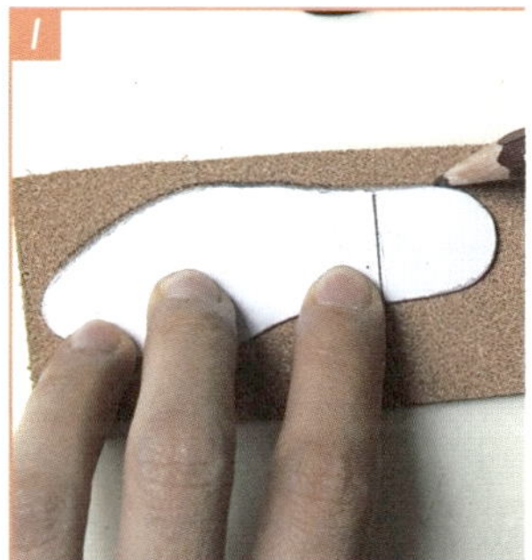

우선, 구두바닥의 가죽을 잘라 냅니다. 구두바닥의 본은 처음에 사용했던 깔창과 같은 것으로, 가죽은 공예용 두께의 가죽을 사용합니다.

2

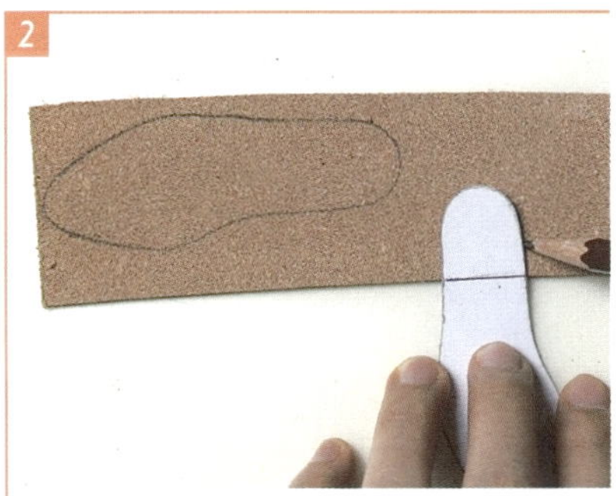

가위, 커터 칼, 가죽 공예용 칼등으로 신중하게 잘라 냅니다. 발꿈치는 실제의 크기보다 크게 자르고, 한쪽에 세 장씩 합계 6장을 준비합니다.

3

바닥 이외에는 얇은 가죽을 사용합니다. 본을 대고, 시접을 5mm두고, 측면 4장, 살포2장, 발부리 2장을 자릅니다. 바닥에 걸쳐진 시접은 1cm 이상으로 합시다.

4

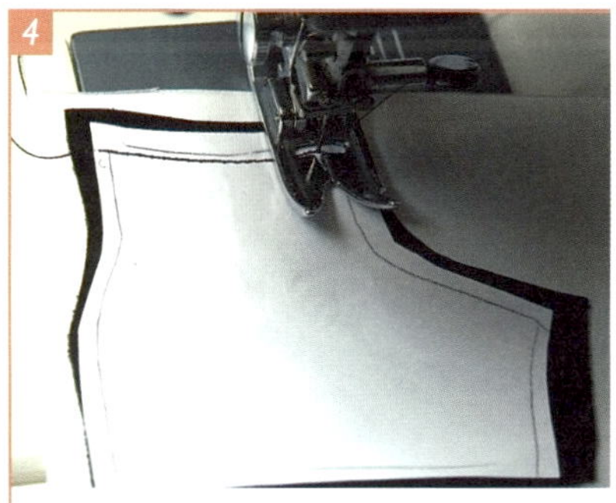

측면의 가죽에 스티치를 넣습니다. 일반적으로 재봉틀로 박을 때에는 미끄러지기 쉬우므로 본을 별도의 종이에 떠서, 2장의 종이로 가죽을 끼우고서 박습니다.

5

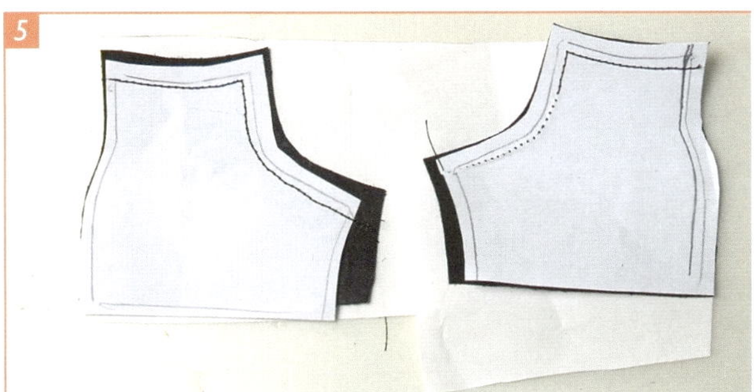

본뜬 라인의 2mm안쪽을 따라 스티치라인을 박았습니다.

6

2장을 겉끼리 맞대어 놓습니다.

7

뒤꿈치쪽 선을 맞춰서 박습니다.

8

시접을 5mm정도로 갖춰 잘라서, 본드를 바릅니다.

9

양쪽으로 벌려서 접착시킵니다.

10

스티치를 박은 신발 입구와 아일렛을 붙일 곳의 보강을 위해, 폭 1cm정도의 가죽을 준비합니다.

11

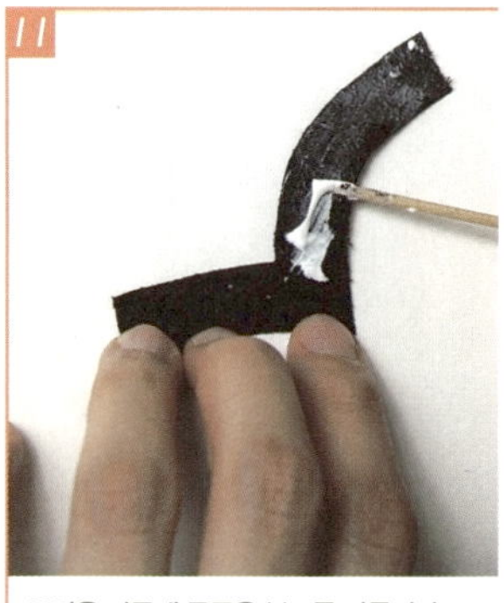

보강용 가죽에 목공용 본드를 바릅니다.

12

보강용 가죽을 스티치에 덮어씌우는 것처럼 측면 안쪽에 붙입니다.

13

표면에서 스티치라인의 가장자리 2mm로 자릅니다.

14

자른 상태입니다. 다음은 측면의 본에, 펀치로 가죽끈용의 구멍위치를 뚫어봅시다.

15

본을 대고, 가죽에도 펀치로 아일렛을 붙일 구멍을 뚫습니다. 위치가 벗어나지 않도록 주의합시다.

16

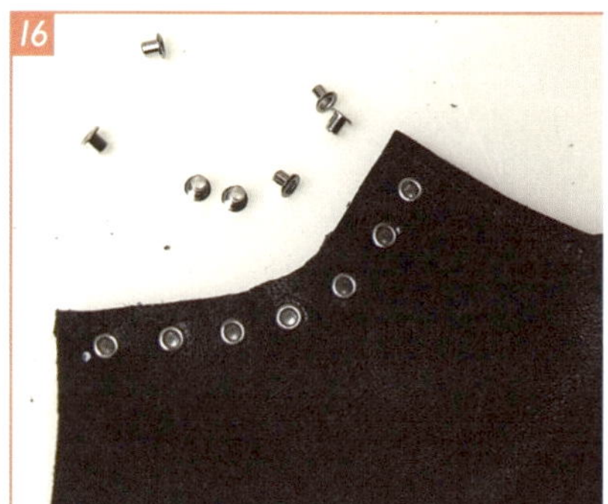

구멍에 아일렛을 찔러 넣습니다.

17

뒤쪽에서 공구를 사용하여 아일렛을 벌려 장착합니다.

18

아일렛을 모두 붙였습니다. 이것으로 가죽끈 주변이 생겼습니다.

19

구두바닥을 만듭니다. 이번에 바닥용의 두꺼운 가죽을 3장 겹쳐서 구두 굽으로 합니다.

20

먼저, 뒤꿈치 본보다 크게 잘라둔 가죽 3장를, G클리어로 붙입니다.

21

3장을 맞춰 붙여둔 상태입니다.

22

붙인 뒷굽의 앞 방향이 되는 면을 칼로 자르고, 종이사포로 평평하게 정리합니다.

23

잘라져 있는 구두밑창에 굽을 접착시킵니다.

24

굽이 조금 크게 되어있기 때문에, 구두밑창의 굽 가장자리 라인에 맞춰서 칼로 잘라 가지런히 합니다.

25

곡선 자르기는 어렵기 때문에, 차분하게 합시다.

26

자른 후 종이 사포를 사용해서 측면을 정돈합니다.

27

발과 깔창을 묶어둔 테이프를 가위로 잘라, 제거합니다.

28
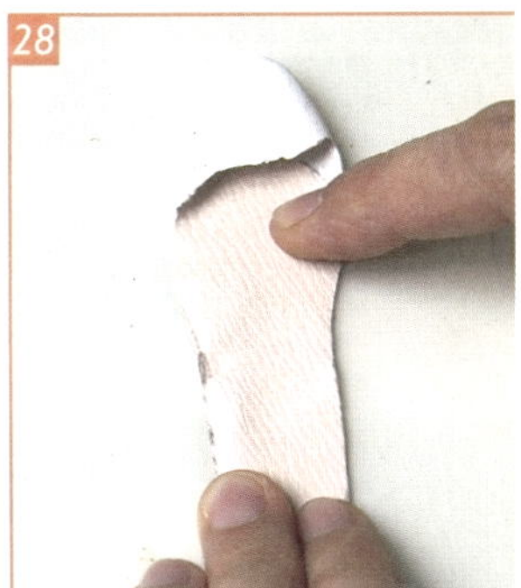
깔창의 본보다 조금 크게 잘라둔 얇은 가죽을 준비합니다.

29
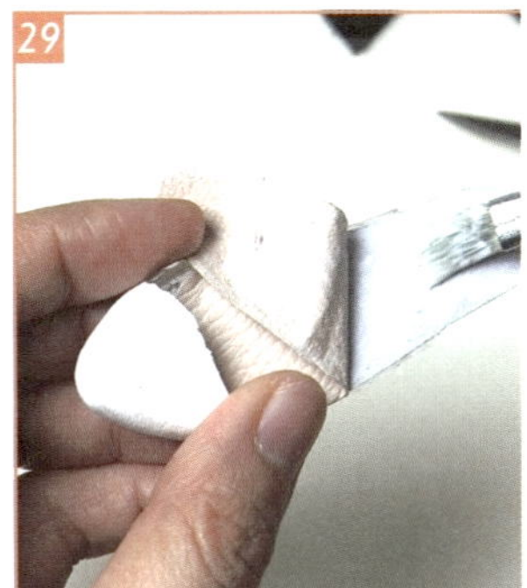
깔창의 안쪽에 본드로 붙입니다.

30

뒤쪽에서 남겨진 부분을 가위로 자릅니다. 깔창은 안쪽의 맵시를 위함이기 때문에 생략해도 좋습니다.

3 »

조립

assemble

1

발부리부분의 뒷쪽에 설포를 본드로 접착시킵니다.

2

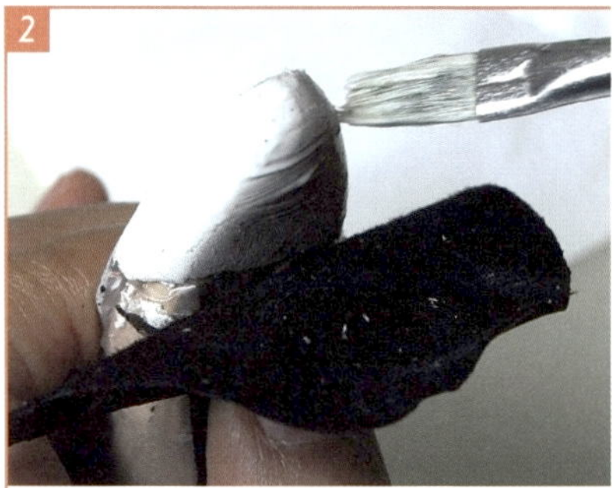

발에 안쪽 바닥을 신깁니다. 안쪽 바닥의 발부리 겉쪽에 본드를 바르고 설포가 붙은 발부리부분을 붙입니다. 여기서부터는 발과 구두가 고정되지 않도록 주의해 주세요.

3

바닥 쪽은 G클리어로 접착합니다. 우선 바닥의 보드판과 가죽의 접착부에 G클리어를 바릅니다.

4

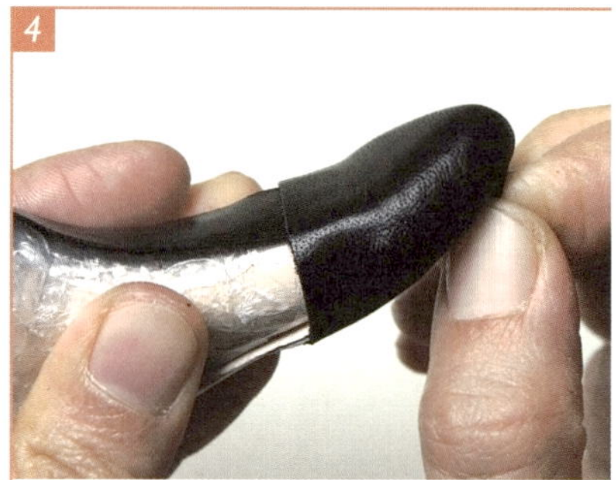

양면이 건조된 후에 붙여줍니다. 발부리표면에 주름이 나오지 않도록 밑바닥 쪽으로 잡아 당깁니다.

5

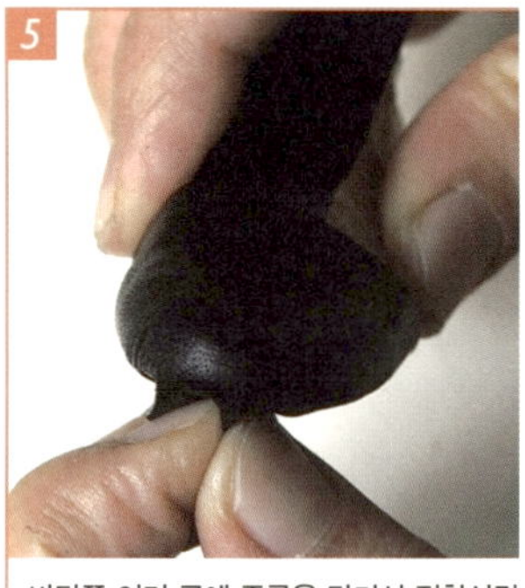

바닥쪽 여러 곳에 주름을 당겨서 접착시킵니다. 딱딱한 가죽을 사용할 경우는 물로 적셔두면 가죽이 부드럽게 되어, 주름처리가 쉬워 집니다.

6

당겨서 주름이 된 부분을 가위로 잘라냅니다.

7

다리미를 사용해서 밑부분을 평평하게 합니다.

8

아일렛에 가죽 끈을 끼워 앞을 모아둡니다.

9

뒤 재봉선을 중심에 맞춥니다.

10

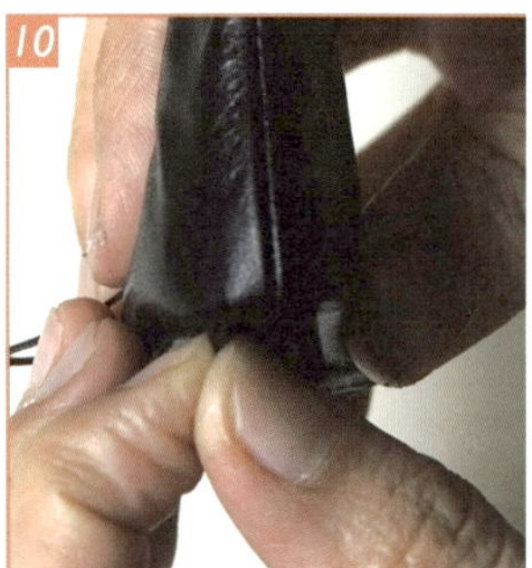

앞쪽으로 당겨 디자인의 밸런스를 확인합니다.

11

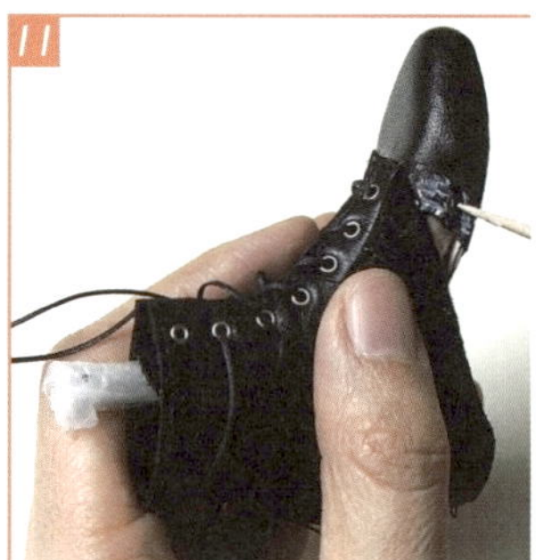

발부리 쪽의 가죽에 본드로 붙입니다.

12

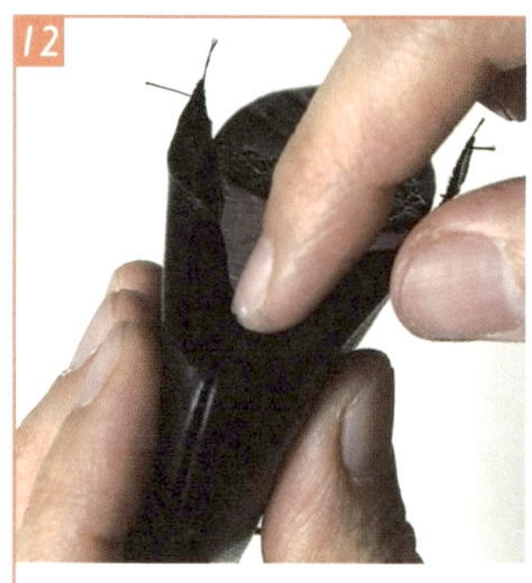

밑바닥의 여러 곳에 주름을 모아서 붙이는 부분에 G클리어를 바릅니다. 건조시킨 후에, 주름을 겹쳐서 접착시킵니다.

13

이때 반드시 뒤꿈치부터 주름이 표면에 나오지 않도록, 주의해서 접착시켜주세요. 접착 후, 여분의 가죽은 자르고, 다리미로 밑바닥을 평평하게 합시다.

14

밑바닥전체와 구두밑창의 접착면에 G클리어를 바릅니다.

15

G클리어가 건조된 후에 붙입니다.

16

완성입니다.

4 »

스타킹

stockings

1

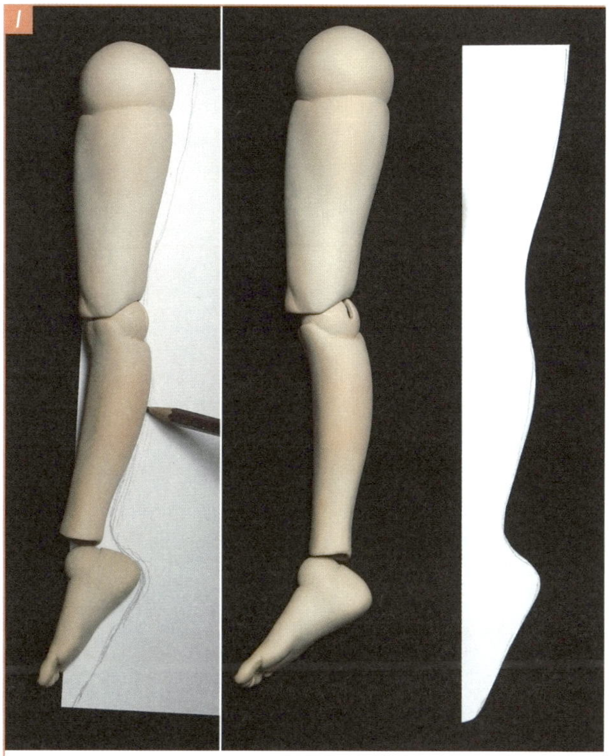

발에 맞춰서 본을 뜹니다. 얇은 양말이나 스타킹의 천을 사용하여, 다리의 앞쪽을 감싸 뒤쪽에서 꿰맵니다. 다음은 발부리 쪽의 라인을 기우고, 마지막으로 신는 입구부분을 접어 넣어서 바느질 합시다.

Advice

밑바닥부분과 구두전체를 같은 색으로 하고 싶은 경우에는, 나중에 아크릴이나 가죽용의 알코올계 염료로 착색하고, 마지막으로 클리어미디엄이나 수성니스를 코팅제로 바르면 좋겠지요. 가죽 취급에는 노련함이 필요합니다.

스타킹

잘 맞는 것을 시판용품으로 찾기 힘든 것이 양말이나 스타킹! 응용에 따라 얼마든지 변화를 줄 수 있습니다. 스타킹 천 등의 매우 얇은 천을 사용할 경우에는, 덧댈 종이를 사용하든가 손바느질하는 편이 깔끔하게 완성됩니다. 의외로 간단하기 때문에 꼭 도전해 보세요.

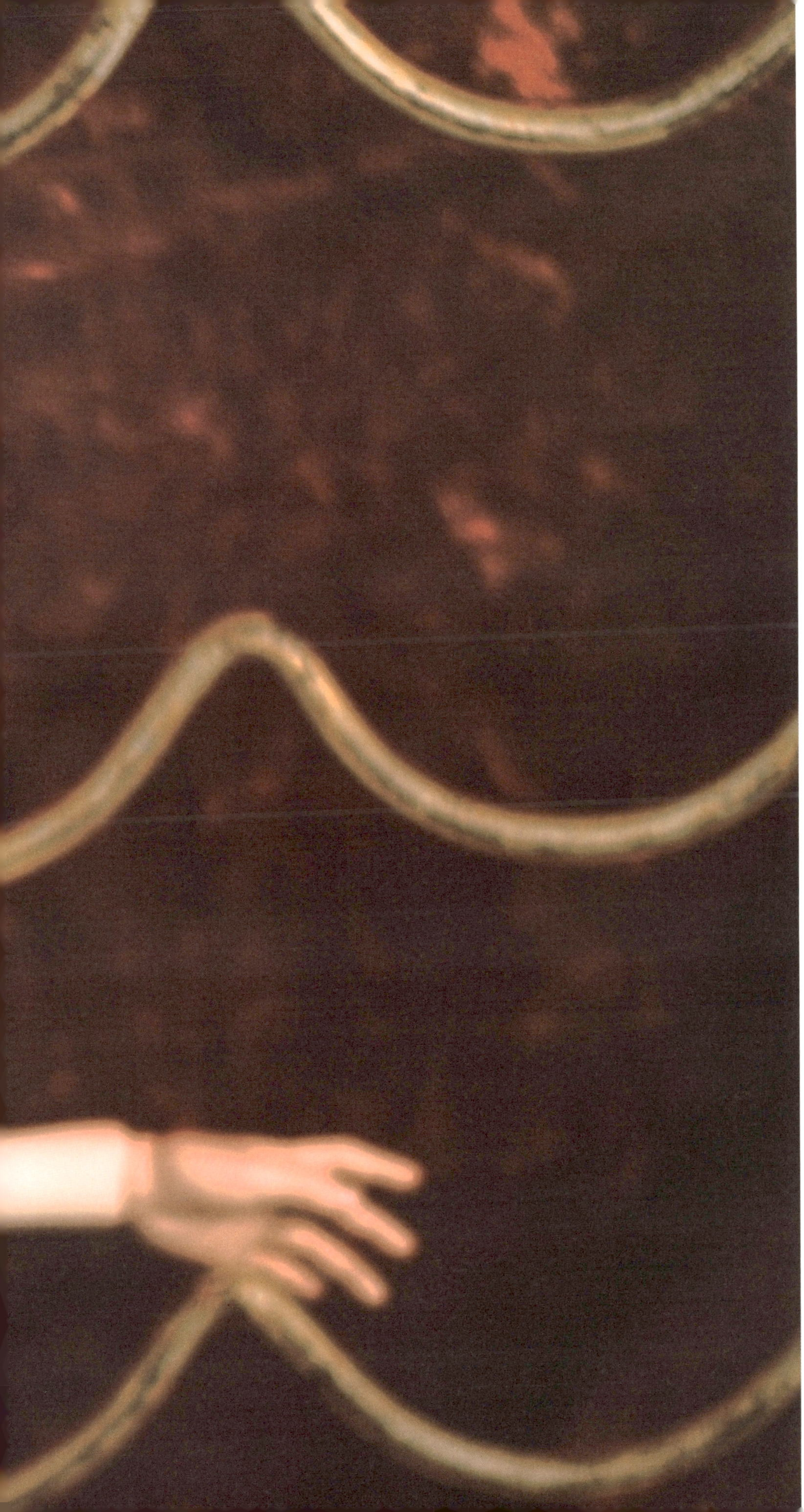

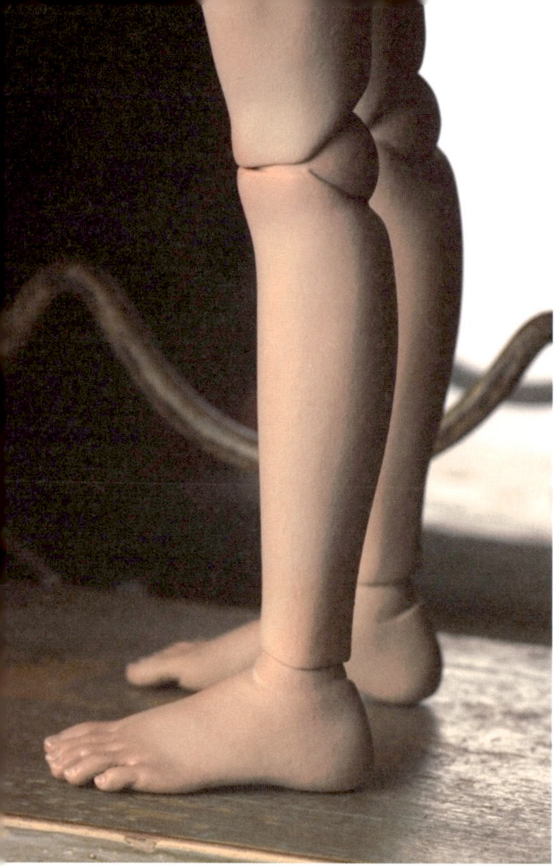
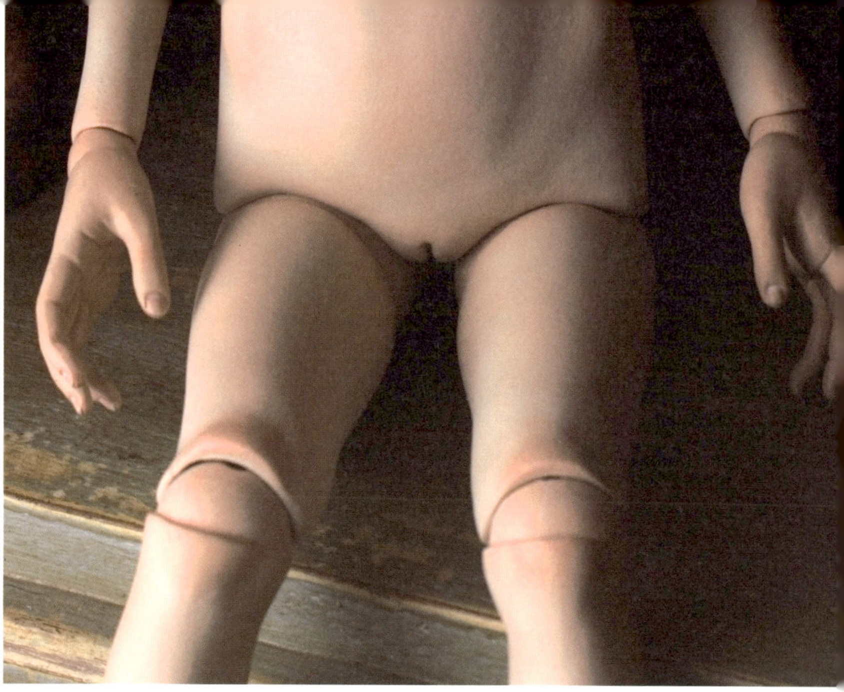

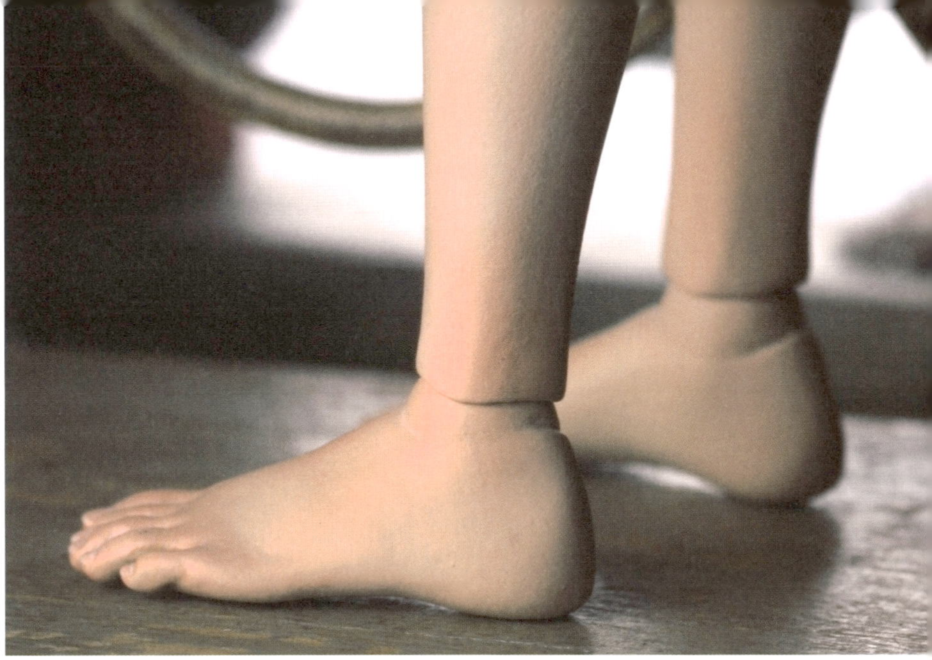
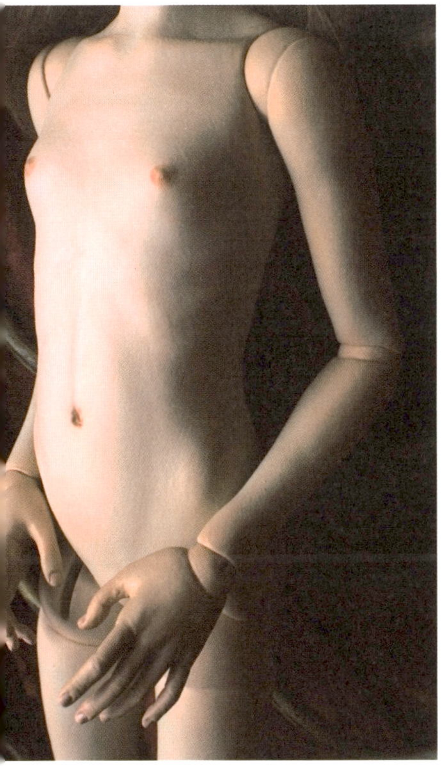
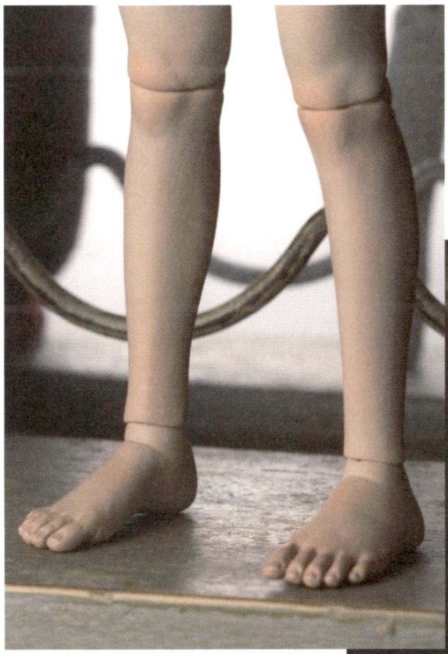

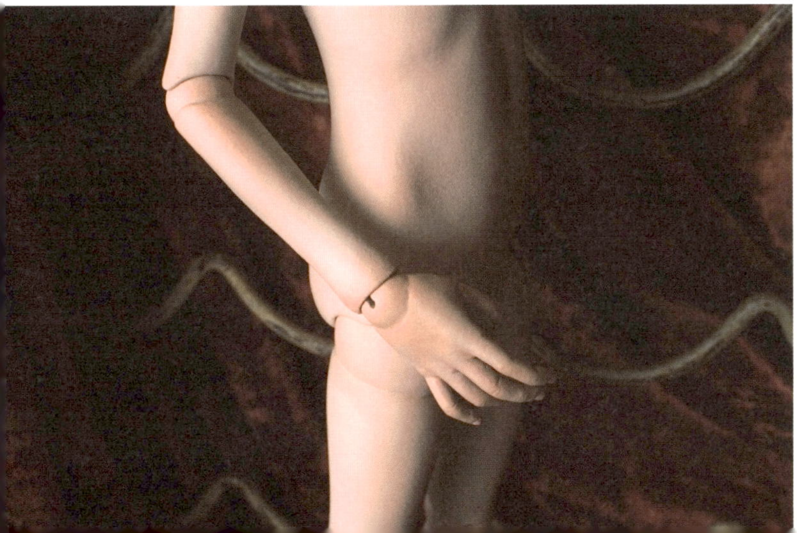

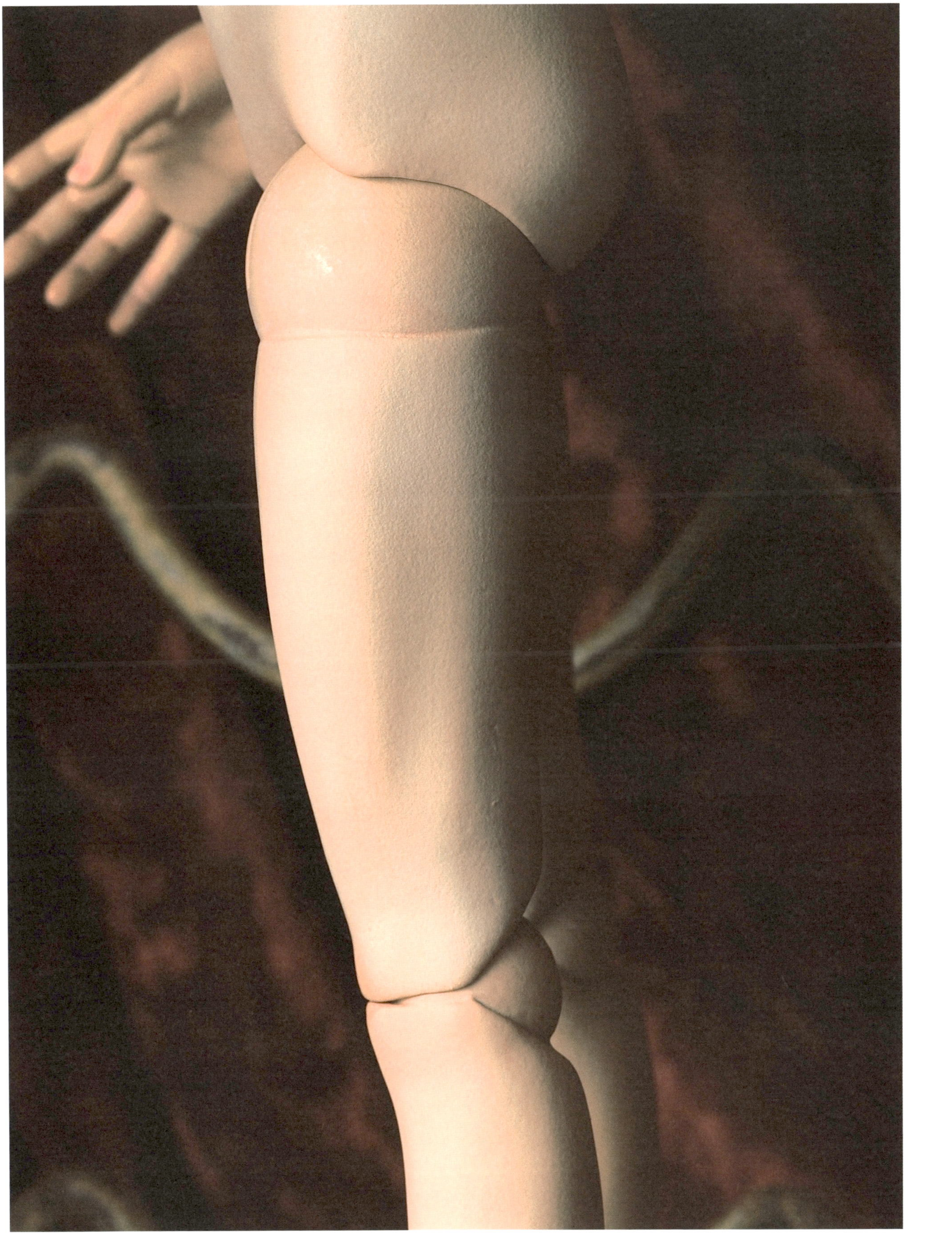

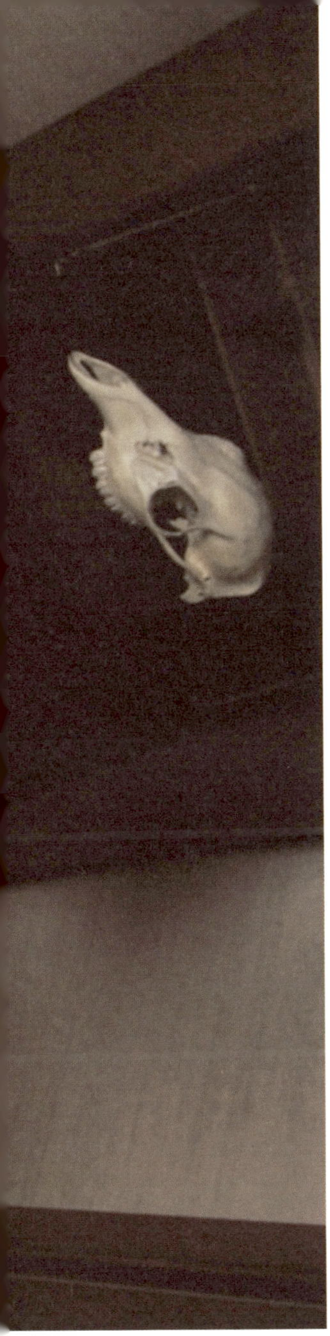

Shop List

인형 아이템 숍

본지에서 소개하고 있는 공구, 도구 등은 대부분이 TOKYU HANDS(재료상)나 DIY숍, 일반 공구점에서 구입 가능한 것입니다. 다만, 안구나 돌헤어 등 특수한 소재는 매우 입수하기 힘든 경우도 있습니다. 그럴 경우에는 아래 소개되어 있는 전문점에서의 통판, 구매를 추천합니다.

Padico

http://www.padico.co.jp/
本社:東京都目黒区東山3-2-4
Tel : 03-3710-3011 (代)
라돌등, 점토로 유명한 파지코. 종류가 풍부한 점토를 중심으로, 머리카락, 본지에서 사용하고 있는 기본적인 도구의 대부분을 폭넓게 취급하고 있습니다. 국내외에도 판매점 있습니다.

Kiki Doll

http://kiki.cool.ne.jp/
mail : afford@a.email.ne.jp
店舗:北海道札幌市西区宮の沢１条4-12-11
Tel : 011-667-9511
안구, 모헤어, 기타, 인형재료를 취급하고 있습니다. 홋카이도에 오프라인이 있습니다.

西陣の糸屋

http://www.savageblue.com/kaminoke.htm
本社:京都府京都市北区上賀茂桜井町22-1
Tel : 075-722-7155
Fax : 075-722-7161
견사가 구입가능. 우선은 머리카락 색 견본품을 주문하세요. 교토에 오프라인이 있습니다.

株式会社 川村かつら店

http://www.kkkatura.co.jp/
本社:大阪府大阪市東成区中道1-11-17
Tel : 06-6972-0515
인형용 가발, 인모가 구입가능
梅田, 東京, 宇和島에 영업판매소 있습니다.

みくにビスクドール

http://mikuni.cc/
mail : mikuni-bd@nifty.com
店舗:東京都練馬区関町北2-27-11
비스크돌 아이템이 중심이지만, 안구, 머리카락, 의상의 천과 레이스, 스탠드, 기구, 서적 등 인형용 아이템을 폭넓게 취급하고 있습니다. 도쿄에 오프라인이 있습니다.

Reference

参考文献

인체데생, 근육의 조형 등의 참고가 되는 자료를 몇 개 소개합니다. 양서도 있습니다만, 모두 인터넷 등으로 구입 가능한 것입니다. (2006년 현재)

やさしい人物画

프로의 서양화가를 지향하는 사람을 위한 책입니다만, 뼈나 근육 구조의 해설이 알기 쉽습니다.
A·ルーミス(マール社, 1890円)
ISBN 4-8373-0103-7

やさしい顔と手の描き方

남녀, 각 연령마다의 밸런스가 다르고, 머리부분, 손의 해부도 등, 그림을 그리기 위한 해설지.
A·ルーミス(マール社, 1890円)
ISBN 4-8373-0107-X

入門 美術解剖学

기본적인 인체의 형태나 구조를, 골격계와 근육계를 중심으로 기술.
高橋彬(医歯薬出版, 3990円)
ISBN 4-2634-5371-9

AN ATLAS OF ANATOMY FOR ARTISTS

인체의 해부학적 골격이나 근육의 구조, 움직임을 도판 · 해설과 함께 수록.
Fritz Schider(Dover社, $12.95)
ISBN 0-4862-0241-0

Modeling the Figure in Clay (PRACTICAL CRAFT BOOKS)

점토로 뼈대 세우기부터 뼈, 근육, 표피 등을 기록하면서 완성에 이르기까지 총 망라한 한 권의 책.
Bruno Lucchesi
(WATSON GUPTILL社, $19.95)
ISBN 0-8230-3096-2

AFTERWARD

인형 만들기는 끈기를 매우 필요로 하는 축적의 작업입니다. 생명이 없는 물질이 인간의 모습이 되고 인형으로서 생명을 지니게 되었을 때, 만드는 사람으로서의 흥분과 감동이 그곳에 있습니다.

이번 본서에서 설명하고 있는 구체관절인형의 기법은 제가 주재하고 있는 인형교실 피그마리온에서 초급을 대상으로 지도하고 있는 기본적인 내용입니다. 개설 이후 20 년 동안 기법도 변화하고 있습니다만, 현재의 피그마리온에서의 기본적인 기법 중 하나입니다.

교실에는 인형에 매료되어 자신의 손으로 인형을 만들어보고 싶어하는 분이 많이 계십니다. 최근에는 인형전시도 많아졌고, 인형이 회화나 조각과 같이 표현의 한 수단으로 알려지고 있습니다. 단순 취미에 머물지 않고 직업으로서의 인형제작을 목표로 하는 분도 늘고 있습니다.

기법은 인형을 제작하는 데에 중요한 요소입니다만 그보다 더 중요한 것은 만드는 사람의 열의와 기술입니다. 그러나 마음속에 끓어 오르는 이미지를 실현하기 위해서는 과정을 알고 있어도 기술이 없으면 실현은 불가능합니다. 기술은 습득해야 얻어지는 것으로, 이른바 장인 기술을 의미합니다. 손이 제멋대로 만들어 버릴 때까지 상당수의 인형을 만드는 것이 필요합니다만, 잘 되지 않더라도 포기하지 말고 반복해야 숙달이 됩니다.

이미지가 변화하면 기법도 당연히 변화합니다. 관절의 구조나 표면의 마무리, 틀을 떠서 새로운 소재로 만드는 등, 인형 기법에는 아직도 여전히 다양한 가능성이 있다고 생각합니다. 이후에도 더욱 더 개성적이고 독창적인 인형이 태어나길 기대하며 , 제 자신도 끝까지 노력하려고 합니다. 본서가 인형 만들기를 지향하는 분에게 참고가 된다면 매우 기쁘겠습니다.

본서는 HOBBY JAPAN의 편집부의 大村 씨의 열의 없이는 실현할 수 없었습니다. 편집부의 여러분, 어시스트를 해 주신 陽月씨, 디자이너의 田中씨, 그리고 무엇보다도 독자 여러분에게 감사 드립니다.

吉田 良

Doll making is hard work, as it requires you the accumulation of laborious tasks. But it's so exciting and joyful, too, to make clay into the human shape and breathe life into it.

Techniques I showed in this book are based on lessons of my beginners' class in DOLL SPACE PYGMALION. Though methods of doll making have being changing for last 20 years since establishment of PYGMALION, this book introduces you one of our current basic styles.

There are many people fascinated by dolls and visit my classes to make own dolls by themselves. Recently people start recognizing DOLL as a way of expression as well as other art works. You can see the fact from increasing number of doll exhibitions. Few people even aim at doll artist beyond above just a hobby.

Technique is a fundamental factor to make a doll, but enthusiasm and skills are more important. Without skills, you could never materialize it, even though you have an image and know how to make it. Skills are to learn, and it is called craftsmanship. You have to make many dolls before you get skills. You may not be good at first, but never give up and try again. Then your skills must be improved.

As your image changes, it is natural to change your skills. There are still lots of possibilities to explore in the ways to express original dolls -how to arrange ball joints, finish doll's surface, make a reproduction and develop with new material, and so on.. I wish that more unique and creative dolls would be born by you, and that encourages me to make new works. It's the most happiness for me that this book would help you who aspire to make original dolls.

This book wouldn't be published if there wasn't Ms. Omura, an editor of HOBBY JAPAN. Thanks a lot to all of the staffs of HOBBY JAPAN, Ms. Hizuki as an assistant, Ms. Tanaka who designed this book and you.

Ryo Yoshida